雇用政策と
キャリア権
――キャリア法学への模索

諏訪康雄 Yasuo Suwa

弘文堂

はしがき

■来歴

　経済的には豊かな社会化が、時間的には長寿化が、技術的には情報通信化が、そして地理的にはグローバル化が、人びとに多種多様な選択の機会と新たな課題を提起する。本書は、20世紀末から21世紀初頭にかけ、変化の波が次つぎと押し寄せてくる過渡期の出来事を眼前にしながら、人びとのキャリアをめぐる主題に沿って、主として労働法政策的な視点から考察した研究論文と解説論文などを集めたものである。

　キャリア（career）とは、経歴とか履歴と日本語訳されることが多かった。それは、ある個人の過去、現在、未来をつらぬく時間軸上の流れであり、個人の錯綜する経験、思考、感情、行動が絡まりあった展開過程である。多くの人の場合、生活維持と社会関係の形成においては職業活動が伴い、それを核におきながらキャリアは継起する。したがって、キャリアは領域的、形式的に、職業を核にした生活や意識の部分（職業上のキャリア）と、それ以外の生活や意識の部分（生活上のキャリア）とに、いちおう分離できるけれども、両者は複雑に絡みあい、一体となり、人それぞれに統合の程度を異にしつつ、人びとの意識と行動の累積、つまり人生経験そのものを形成していく。

　本書は、そうしたキャリアの全般をめぐる問題は扱わない。キャリアのうち、主として職業活動を核として展開される部分（職業キャリア）に着目し、その基盤を形成する雇用と労働をめぐる法と政策について、キャリア周辺のマクロとミクロの法政策的な課題を論じるにとどまる。近年、キャリアをめぐる心理学、社会学、経済学などにおける調査研究の進展には目覚ましいものがある一方、労働法学の領域では長い間、それほど多くの関心が払われないままできた。本書は、この空隙を埋めようとする、小さな試みである。それにより、なにが明らかとなり、なにがこれからの課題となるか、を検討している。

　著者は、キャリアをめぐる法的思考の旅を1980年代半ばに開始した。研究者間の研究対象分担で、労働市場法、雇用政策法の領域を受け持つこととなった

のがきっかけである。慣れ親しんでいた法の解釈適用というよりは、法制度の設計と運用という色彩が濃いため、当初はこの分野の研究にかなりの戸惑いがあった。しかし、市場経済メカニズムの不可欠な要素である労働市場と雇用政策を調査研究するなかから、労働法の構造と機能に関する自分なりの理解も徐々に深まっていった。

　それらの考察のうち、初期と最近のものを省き、研究の中盤期すなわち1997（平成 9 ）年から2012（平成24）年までの、ふたつの世紀を跨る時期に発表した論稿類から一定数を選び、本書に収録した[1]。

■内容

　本書は、世紀の転換前後の時期に、雇用政策とキャリアをめぐって労働法の分野から模索を繰り返した軌跡を示すささやかな例である。したがって、公表ずみ各論文の一部の表現を改めたり、多少の補足的な加筆をしたりしたところはあるけれども、論旨、論調、引用した文献、法令、裁判例、統計数値などは、いずれも論文執筆当時のものをそのままに残してある。時代変化のなかで補正すべき統計数値や立法などは少なからずあるし、文献類ではさらに参照すべきものが多い。読者の便宜を考えれば、注釈を付したり、数値を現時点のものに補正したりすべきであろう。だが、きりがないほどあるうえ、文脈を変更する必要が出てきて、発表当時の全体の論調や雰囲気を著しく改変せざるをえなくなることなどから、どの論文もあえて発表当時のままにしてある[2]。そうした形での刊行をどうかご海容いただけるよう希っている。

　本書に収録した論文のうち、著者なりに研究上のオリジナリティーを打ち出せたと思うものは、1999（平成11）年に発表した第 8 章（キャリア権の構想をめぐる一試論）である。本書全体の核となる考え方を展開している。これを基軸

---

1 ）　収録論文の 9 割近くは2000年初頭の10年間に発表したものである。これ以前にも1980年代から90年代にかけて、パートタイム労働、派遣労働、在宅勤務、雇用政策法などについての論稿を何度か執筆したが、これらはすべて割愛した。また、2010年代の仕事についても、同様に論文 1 本を除き、収録していない。したがって、本書は問題意識も、参照資料も、議論状況も、今世紀初頭前後のものに多くを依拠した内容である。
2 ）　各論文に直接の引用をしていないけれども、実に多くの先達の研究成果（とりわけA.バンデューラ、M.グラノヴェッター、E.H.シャイン、J.D.クランボルツ）から学ばせていただいたが、これらの引照についての補足もしていない。失礼をお許しいただきたい。

に、労働市場・雇用政策と法の問題を考察したのが2000（平成12）年に発表した第２章（労働市場法の理念と体系）である。また、20世紀末のキャリア権の提唱が21世紀になって立法や裁判例などにどのように反映してきたのかを経過的に確認したのが、2012（平成24）年に発表した第11章（職業能力開発をめぐる法的課題）である。したがって、これら３章にまず目を通していただけると、著者の提言と実務への一定の影響および今後の課題の確認が、それなりに可能となるかと思う。

　また、諸論文の背景的な認識としては、2009（平成21）年に発表した第１章（雇用政策はどこに力を注ぐべきか）に著者なりの問題意識が示されている。失業率が3.0％ほどまで下がり、有効求人倍率も1.40倍となり（2016年10月）、少子高齢化による人手不足基調のほうがむしろ問題視され、また、「働き方改革」が政治課題になっている現在、一時期の過剰な危機意識であったと評されるかもしれない。だが、日本の雇用をめぐる構造的な基本問題と必要な関連政策は、今も大きく変わっていないとみている[3]。

　本書は、形式的に４部、実質的に３部の構成である。すなわち、第１部「これからの雇用政策」が労働市場の状況変化と雇用政策の方向性や基本的なとらえ方などを論じ、第２部「キャリア権の提唱」が1999（平成11）年に発表したキャリア権構想と2012（平成24）年段階での実務への影響具合などを確認し、第３部「キャリア権の展開(I)」および第４部「キャリア権の展開(II)」がキャリアをめぐる周辺問題などを扱っている。

　各論文の配置は、発表年の順でなく、テーマ別に類似したものを４部のいずれかに割り振った。別途の機会に、いろいろな雑誌や書籍に発表したものがほとんどなので、説明や掲記した参照文献などに重複も少なくない。論文には、研究論文ばかりでなく、解説的な論文も含まれる。解説論文は、研究の基礎となる広がりがある諸テーマをめぐる覚書的なもの、枠組みや視点をめぐる試論、そしてキャリア権概念を説明するものなどである。諸論文における思索の微妙

---

3) 最近の問題意識は、諏訪康雄「雇用政策の方向性：活気につながるキャリア政策」日本労働研究雑誌663号（2015年）89-94頁に記した。なお、キャリア権については、日本キャリアデザイン学会監修『キャリアデザイン支援ハンドブック』（ナカニシヤ出版・2014年）20頁に、その後の考え方による簡略な解説を掲載させていただいた。

な揺れ具合などを含めて、キャリア領域への労働法学からの接近過程における著者の模索状態の表れと理解していただけると、幸いである。

なお、キャリア権概念に関しては、労働法だけでなく、他の学問領域から、また実務家からも、賛否両論が表明されている。公表されているかぎりでは、賛成論のほうが優勢のようであるが、無関心を含めて消極的なのがサイレント・マジョリティーかもしれない。本来であれば、それらを検討し、反論なり、自説の修正や補足などをなすべきであろう。しかし、いったん表明した学説を評価するのは、時間の経過と多数関与という研磨剤による甲論乙駁の議論と実証実験結果によるとの思いがあり、現段階での検討は見送らせていただいた。別の機会に試みたい。

■謝辞

いたずらに馬齢を重ねるばかりの研究キャリア（研究生活）を送ってきた著者ではあるが、学問研究の徒弟修業時代以来、国内外の実に多くの先生方から各種の教育訓練を与えていただいたことにより、なんとか研究者の末席に身をおくことができた。すべての方がたのお名前を記すことはできないので、若き日にイタリア法と労働法のご指導を通じて研究生活の基礎が身につくようご教導くださった山口浩一郎先生（上智大学名誉教授）のみに言及させていただくことにする。お世話になったすべての先生方、研究仲間、実務家の皆様に感謝の念を表する次第である。

本書が厳しい出版事情のなか刊行にこぎつけたのは、弘文堂編集部の清水千香氏の辛抱強く懇切丁寧な対応があったからである。数年前に刊行案の基本ができあがっていたけれども、論文集にするか、それとも大幅に書き直すかで著者が遅疑逡巡するうちに、時間ばかりを徒過してしまった。結局は、このよう

4） キャリア権を基軸に、より広い視野からキャリアをめぐる法的課題を検討する学問領域として、「キャリア法学」がありうると考え、2015（平成27）年より「季刊労働法」誌に「キャリア法学への誘い」という題で断章を連載している（現在までに249-255号の7回）。同連載の第5回「最新の立法から」（253号200-201頁）では2016（平成28）年段階での関連新規立法の内容を概説し、同第4回「構想の視点」（252号233-235頁）ではキャリア権に関する学界などの反応の一部を紹介した（なお、海外における類似の発想の研究成果などについても、順次、そこで検討していくつもりでいる）。

な形での刊行となったのであるが、当初から清水氏のご示唆に従っていれば、4〜5年前には出版できたものであった。お詫び申し上げるとともに、同氏の忍耐心の発揮に感激するばかりである。

　最後に、長い間にわたり研究生活を支え続けてくれた妻の悦子に心よりの感謝を表させていただきたい。そして、本書を雇用労働問題の改革に向けた志なかばにしてテロリストの凶弾に倒れた旧友マルコ・ビアジ（Marco Biagi）教授の霊前に捧げる[5]。

　　2016年12月

　　　　　　　　　　　　　　　　　　　　　　　　　　　　諏訪　康雄

5）　諏訪康雄「自転車はどこへ向かったのか？：マルコ・ビアジ教授のご逝去を悼む」日本労働研究雑誌502号（2002年）2-4頁参照。

目　次

　　はしがき　i

第1部　これからの雇用政策——理論と枠組み
第1章　雇用政策はどこに力を注ぐべきか
　　　　——現在の雇用問題と国の制度、政策のあり方 …………………… 2
　　Ⅰ　現在の雇用問題　3
　　　　1　雇用慣行の変容(3)　　2　変容の結果(4)
　　　　3　合成の誤謬(4)　　4　景気後退時の帰結(5)
　　　　5　現下の状況(6)　　6　予測される深刻な事態(7)
　　Ⅱ　制度としての雇用政策　8
　　　　1　労働市場にかかわる雇用政策(8)　　2　基本となる制度(8)
　　　　3　基本発想(9)　　4　現下の問題点(10)
　　Ⅲ　雇用政策のあり方　11
　　　　1　新たな基軸の設定(11)　　2　雇用政策のあり方(12)
　　　　3　キャリア形成支援の重要性(14)　　4　直面する課題対応(15)

第2章　労働市場法の理念と体系 ……………………………………… 16
　　はじめに　16
　　Ⅰ　労働市場と法　17
　　　　1　2つの位置づけ(17)　　2　消極主義と積極主義(19)
　　　　3　日本の経験(20)
　　Ⅱ　労働市場法の理念　25
　　　　1　法理念の位置づけ(25)　　2　理念の展開(26)
　　Ⅲ　労働市場法の体系　32
　　　　1　体系論の基礎(32)　　2　職業キャリア重視の体系(34)
　　おわりに　35

第3章　能力開発法政策の課題
　　　　——なぜ職業訓練・能力開発への関心が薄かったのか ………… 37
　　Ⅰ　法整備が後れた能力開発　37

Ⅱ　職業訓練をめぐる現行法制　39
　　　1　法の骨子(39)　　2　法の基本理念(40)　　3　法による諸施策(41)
　　　4　判例・学説(42)　　5　法制と法理の特徴(43)
　　Ⅲ　この分野が後れた理由(1)——法制が未発達だったからか　45
　　Ⅳ　この分野が後れた理由(2)——法律家が怠慢だったからか　47
　　Ⅴ　この分野が後れた理由(3)——関係者の関心が低かったからか　48
　　Ⅵ　この分野が後れた理由(4)——必要ないと思われてきたのか　50
　　Ⅶ　この分野が後れた理由(5)——「企業任せ」のせいだったのか　51
　　Ⅷ　要約と課題　53
　　　1　要約(53)　　2　課題(54)

第4章　雇用政策をめぐる断章　　57

　　Ⅰ　脚光をあびる雇用政策　57
　　　1　雇用政策とは何か？(57)　　2　雇用政策論の背景(58)
　　　3　起死回生策はあるのか？(59)
　　Ⅱ　OECDとEUの雇用戦略　60
　　　1　OECDの雇用戦略(60)　　2　EUの雇用戦略(61)
　　　3　2つの雇用戦略から読みとれるもの(62)
　　Ⅲ　日本の雇用戦略　63
　　　1　従来の雇用戦略(63)　　2　転換する雇用戦略(64)
　　　3　これからの雇用戦略(65)
　　Ⅳ　教育と訓練　66
　　　1　従来の能力開発(66)　　2　転換する能力開発政策(67)
　　　3　これからの能力開発政策(67)
　　Ⅴ　職業紹介　68
　　　1　雇用政策としての職業紹介(68)　　2　転換する職業紹介政策(69)
　　　3　これからの職業紹介政策(70)
　　Ⅵ　若年者の雇用政策　71
　　　1　学校から社会への架け橋(71)　　2　急速な変化への対応(72)
　　　3　若年雇用政策の重要性(73)
　　Ⅶ　高齢者の雇用政策　74
　　　1　高齢者をみる目(74)　　2　高齢者の雇用保障(75)
　　　3　エイジフリー型の雇用政策(75)
　　Ⅷ　女性の雇用政策　76
　　　1　分業と協業の見直し(76)　　2　政策の効果(77)
　　　3　仕事と生活の調和(78)

Ⅸ　外国人労働者の雇用政策　*79*
　　　　1　外国人労働の日常化(*79*)　2　民族国家と移民国家(*79*)
　　　　3　環境条件の変化(*80*)　4　今後の課題(*81*)
　　　Ⅹ　地域の雇用政策　*81*
　　　　1　地域雇用政策の必要性(*81*)　2　地域雇用政策の変化(*82*)
　　　　3　これからの地域雇用政策(*83*)
　　　Ⅺ　多様性と雇用政策　*84*
　　　　1　多様性の時代(*84*)　2　制度・基準の再編成(*85*)
　　　　3　効率性と公正性(*86*)
　　　Ⅻ　キャリアを基軸とする雇用政策　*87*
　　　　1　雇用政策とキャリア(*87*)　2　キャリアをめぐる時代変化(*88*)
　　　　3　雇用政策の基軸変化(*89*)

第5章　労働市場と法――新しい流れ……………………………………*90*
　　　Ⅰ　労働市場法の最近の展開　*91*
　　　　1　世紀末の転換(*91*)　2　転換の意味(*93*)
　　　　3　国際的な動向(*95*)　4　継起する法令改正(*97*)
　　　Ⅱ　労働市場法の動向をめぐる考察　*99*
　　　　1　労働市場法の役割(*99*)　2　動きの底流(*100*)
　　　　3　組織支援と個人支援(*102*)　4　足りないものは何か(*105*)
　　　Ⅲ　将来の展望　*107*
　　　　1　理念としての労働市場法(*107*)　2　具体策としての労働市場法(*108*)
　　　　3　労働法と労働市場法(*109*)

第6章　雇用戦略と自助・共助・公助…………………………………*112*
　　　はじめに　*112*
　　　Ⅰ　自助・共助・公助の関係　*112*
　　　Ⅱ　雇用戦略と戦略主体　*115*
　　　Ⅲ　雇用戦略と自助・共助・公助の関係(1)　*116*
　　　Ⅳ　雇用戦略と自助・共助・公助の関係(2)　*117*
　　　Ⅴ　雇用戦略と自助・共助・公助の関係(3)　*119*
　　　Ⅵ　前提条件の変化による自助・共助・公助の連携方式の変化　*120*
　　　おわりに　*120*

第7章　労働をめぐる「法と経済学」――組織と市場の交錯…………*122*
　　　Ⅰ　序論　*122*

Ⅱ　確認　*124*
　　　　1　「法と経済学」の台頭(*124*)　　2　労働をめぐる「法と経済学」(*126*)
　　　　3　議論の対比(*130*)
　　Ⅲ　考察　*131*
　　　　1　市場とその「組織性」(*132*)　　2　組織とその「市場性」(*133*)
　　　　3　「組織のなかの組織」たる国家(*135*)
　　　　4　組織と市場の相互補完性(*136*)　　5　「組織と市場」と労働法(*138*)
　　Ⅳ　結論　*141*

第2部　キャリア権の提唱

第8章　キャリア権の構想をめぐる一試論……………………… *144*
　　Ⅰ　序論　*144*
　　　　1　日本型雇用慣行(*144*)　　2　雇用慣行の変容(*145*)
　　　　3　新たな論点(*146*)
　　Ⅱ　理念としてのキャリア権　*147*
　　　　1　キャリア権は財産(*148*)　　2　キャリア権と憲法(*150*)
　　Ⅲ　規準としてのキャリア権　*154*
　　　　1　キャリアの設計主体とキャリア権(*154*)　　2　キャリア権の課題(*157*)
　　Ⅳ　当面の結論は何か　*161*

第9章　キャリア権とは何か……………………………………… *163*
　　Ⅰ　キャリアとは何か　*163*
　　Ⅱ　なぜキャリアか　*164*
　　Ⅲ　これまではどうか　*164*
　　Ⅳ　現在はどうか　*165*
　　Ⅴ　キャリアは財産？　*166*
　　Ⅵ　キャリア権とは　*167*
　　Ⅶ　どんな内容か　*168*
　　Ⅷ　どこまでキャリア権か　*169*

第10章　キャリア権をどう育てていくか ……………………… *171*
　　はじめに　*171*
　　Ⅰ　職業生活設計とその法的規整　*173*
　　　　1　法改正の概要(*173*)　　2　改正能開法の意義(*174*)

Ⅱ 「理念」としての職業キャリア権　*175*
　　1　憲法規定との関係(*175*)　　2　職業キャリア権(*176*)
 Ⅲ 職業キャリアをめぐる大きな流れ　*177*
　　1　19世紀ころまで(*178*)　2　20世紀(*178*)　3　21世紀(*180*)
 Ⅳ どう育て上げていくか　*183*
　　1　組織主導と個人主導の調整(*183*)　　2　理念から規準へ(*184*)
　　3　現場の知恵と工夫(*186*)
 おわりに　*186*

第11章　職業能力開発をめぐる法的課題
——「職業生活」をどう位置づけるか……………………*188*

 はじめに　*188*
 Ⅰ 法における「職業生活」の状況　*189*
 Ⅱ 理念としての「職業生活」　*191*
 Ⅲ 努力義務としての「職業生活」　*193*
 Ⅳ 措置を求める「職業生活」　*195*
 Ⅴ 文脈による「職業生活」　*197*
 Ⅵ 裁判例にみる「職業生活」　*199*
 Ⅶ 能力開発をめぐる自助・共助・公助　*202*
　　1　「職業生活」概念の再検討(*202*)　2　職業能力開発の主体(*203*)
　　3　職業能力開発の法的課題(*205*)
 おわりに　*206*

第3部　キャリア権の展開(Ⅰ)——社会人のキャリア形成支援

第12章　エンプロイアビリティは何を意味するのか……………*208*

 はじめに　*208*
 Ⅰ エンプロイアビリティとは何か　*209*
 Ⅱ 最近なぜ意識されるようになったか　*213*
 Ⅲ 企業にとって何を意味するか　*217*
 Ⅳ 労働者にとって何を意味するか　*221*
 Ⅴ 雇用政策にどのような課題を投げかけるか　*223*
 おわりに　*225*

第13章 キャリアデザインとは何か
　　　　──これからの職業能力形成の方向 ································ 227
　Ⅰ　幼い夢もキャリアデザイン　227
　Ⅱ　夢の実現可能性　228
　Ⅲ　キャリア専門職の出番　229
　Ⅳ　キャリアデザインは何度でも　230
　Ⅴ　キャリアの基盤整備　231

第14章 中高年のキャリア展開
　　　　──キャリアを「資産」として活かすために ···················· 234
　Ⅰ　キャリアとは　234
　Ⅱ　キャリア意識の変化　235
　Ⅲ　キャリア教育の大切さ　236
　Ⅳ　ミッド・キャリアの教育　238
　Ⅴ　キャリア自律の模索　239
　Ⅵ　キャリアの展開　240
　Ⅶ　キャリアの統合　242

第15章 内職と在宅就労 ·· 244
　Ⅰ　概念　244
　Ⅱ　沿革　245
　Ⅲ　現状　247
　Ⅳ　将来展望　248

第16章 テレワークの導入をめぐる政策課題 ···················· 250
　はじめに　250
　Ⅰ　テレワークの概況　251
　　1　テレワークの意義(251)　2　テレワークの普及状況(252)
　Ⅱ　テレワーク導入の利点とコスト　254
　　1　テレワークの利点(254)　2　テレワーク導入のコスト(255)
　　3　テレワーク導入の障壁(257)
　Ⅲ　テレワーク普及の障壁と政策的対応の方向　260
　　1　テレワーク導入への制度面の障害(260)
　　2　テレワーク導入に向けた配慮(261)　3　テレワーカー側の課題(265)
　おわりに　266

第17章　テレワークという働き方がもたらすもの……………………… 268

　　はじめに　*268*
　　Ⅰ　テレワークの意味　*268*
　　Ⅱ　テレワークの遅々たる進展　*269*
　　Ⅲ　テレワークへの着実な歩み　*271*
　　Ⅳ　テレワーク普及を加速するために(1)　*272*
　　Ⅴ　テレワーク普及を加速するために(2)　*273*
　　Ⅵ　テレワークが普及していくと　*274*
　　Ⅶ　テレワークは人びとを幸せにするか　*276*
　　おわりに　*278*

第18章　日本企業とテレワーク…………………………………………… 279

　　Ⅰ　4半世紀を超える歴史——日本ではいまだに未来の就業形態　*279*
　　Ⅱ　テレワーク普及の障害——80年代初頭はハード等が未発達　*280*
　　Ⅲ　克服された多くの障害——多くの技術的・法的な障害は解決　*281*
　　Ⅳ　なお残る強固な障害——従来型に慣れた層による反発等　*282*
　　Ⅴ　日本型の業務遂行体制——相対方式にそぐわないテレワーク　*285*
　　Ⅵ　日本型の変化と慣性の法則——従来型を放棄したくない上司たち　*286*
　　Ⅶ　ワーク・ライフ・バランスとテレワーク
　　　　——仕事と生活の両立にテレワークを　*287*
　　Ⅷ　テレワークのメリット・デメリット
　　　　——環境負荷軽減などのメリットも　*289*
　　Ⅸ　テレワーク導入上の留意点——無理なく部分的な制度から導入を　*290*

第4部　キャリア権の展開(Ⅱ)——若者のキャリア形成支援

第19章　グローバル化時代の若年雇用の方向…………………………… 294

　　Ⅰ　いま、なぜ若年雇用なのか　*294*
　　Ⅱ　若年の教育訓練は大丈夫か　*295*
　　Ⅲ　若年の雇用は大丈夫か　*298*
　　Ⅳ　いま、何をするべきか　*300*

第20章　キャリア考現学………………………………………………… 303

　　Ⅰ　さまざまなキャリア　*303*
　　Ⅱ　キャリアのアップ・ダウン　*304*

Ⅲ　自分内外のキャリア探索　*306*
　　　Ⅳ　個人のキャリアと組織のキャリア　*307*
　　　Ⅴ　キャリア教育は必要か　*309*

第21章　社会人基礎力とは何か………………………………………*311*
　　はじめに　*311*
　　　Ⅰ　社会人基礎力とは何か　*311*
　　　　1　概念(*311*)　2　研究会報告(*312*)　3　戸惑い(*314*)
　　　Ⅱ　なぜ必要か　*316*
　　　　1　社会環境の変化(*316*)　2　長期化する学校生活(*317*)
　　　　3　高等教育の動き(*318*)
　　　Ⅲ　どう涵養すべきか　*319*
　　　　1　学校生活の見直し(*319*)　2　採用基準の明確化(*320*)
　　　　3　教育訓練の見直し(*321*)　4　キャリア意識の育成(*322*)
　　おわりに　*322*

第22章　大学におけるキャリアカウンセリング………………………*324*
　　　Ⅰ　就職に悩む学生たち　*324*
　　　Ⅱ　多様化するキャリア相談　*325*
　　　Ⅲ　キャリア意識の未熟な学生たち　*326*
　　　Ⅳ　大学でのキャリアカウンセリングの重要性　*328*

第23章　アルバイトとキャリア教育
　　　　――「裏カリキュラム」再評価の視点………………………*330*
　　　Ⅰ　ますます盛んな学生アルバイト　*330*
　　　Ⅱ　中途半端なインターンシップ　*331*
　　　Ⅲ　アルバイトとインターンシップ　*333*
　　　Ⅳ　忘れてはいけない視点　*335*

初出一覧　*337*
事項索引　*339*

第1部

これからの雇用政策
―理論と枠組み

第1章

雇用政策はどこに力を注ぐべきか
——現在の雇用問題と国の制度、政策のあり方

　世界的な経済不況が各国の雇用問題を急速に深刻化させている。失業率がいまだ4％台前半にとどまる日本でも、予断を許さない。すでに2008年秋以来の急激な在庫調整・生産調整により、経済活動は落ち込み、雇用調整の動きが始まっている。これまでは主として派遣労働者、請負労働者、期間労働者などのいわゆる非正規労働者（非正規社員とも呼ばれる）に対して雇用調整が相次いできた。今後は、いわゆる正規労働者（正社員とも呼ばれる）に対して波及することは必至だとみられる。

　雇用は経済活動の派生需要であるだけに、経済活動の再活性化こそが基本対策となる。金融政策、産業政策などの経済政策がきわめて重要である。と同時に、経済政策の一環をなすとともに社会政策の重要な柱の1つである雇用政策にも、求められるところは大きい。

　雇用政策とは、労働（役務つまり労働サービス）に関する需給調整、すなわち求人（労働の需要）と求職（労働の供給）との間の調整（マッチング）を行う仕組みとしての労働市場の枠組みの設計、条件整備、運用調整などをめぐって、国や自治体、産業界や労働組合などが行うさまざまな政策措置を広く包摂する概念である。狭義の雇用政策として論じられるものは主に国や自治体が行う諸措置であり、業界団体、企業、労働組合、NPOなどが行う諸措置を含めた対応が広義の雇用政策体系を構成する。

　本章は、日本における雇用問題、主要な雇用政策制度について概観するとともに、雇用政策の今後のあり方について考察する。

I　現在の雇用問題

1　雇用慣行の変容

　第2次大戦後の日本における雇用問題の核心は、指摘するまでもなく、いわゆる日本型雇用慣行である。高度経済成長期に、公共部門において顕著である終身雇用（長期雇用の保障）、年功序列（勤続年数による処遇）、企業別労働組合（府省別の組織化）と近似した雇用慣行が大企業を中心に形成され、雇用政策もまたこれを前提あるいは基本柱として組み立てられていった。

　すなわち、高度成長期までが日本型雇用慣行の形成期であり、オイルショック後の安定成長期がその成熟期であり、バブル経済崩壊後は見直しと再編の時期となった。

　最後の時期は1990年代以降である。少子高齢化といった人口構造の変化、サービス経済化・知識化といった産業構造の変化、女性の雇用労働者化の進展に伴う男性を前提とした処遇方式の維持困難化、グローバル化による国際競争の激化などの環境変化により、就業形態の多様化とその組み合わせといった形で日本型雇用慣行の変容が始まった。

　とりわけ「失われた10年」と呼ばれた長引く不況を背景として、有名企業でさえも一夜にして消えかねない時代変化のなか、企業は生き残りをかけた諸方策を導入していく。加速する海外展開による国内雇用機会の縮小、リストラという名の雇用調整による雇用機会の縮小、年功序列処遇の見直しと成果主義の導入、新卒採用抑制という名の学校教育終了直後の若者に対する正規雇用機会の縮小、それに代わる非正規雇用機会の拡大、派遣・請負形態による社外の労働者の大幅導入、OJT（on-the-job training 就業しながらの訓練）やOff-JT（off-the-job training 仕事を離れての訓練）といった職業能力開発の縮減など、直接的または間接的に企図したものもあれば意図せぬ結果もあるが、これらを通じて日本型雇用慣行は変容してきた。

2 変容の結果

　当然、こうした諸措置と雇用慣行の変化には、メリットだけでなく、デメリットが伴う。諸措置の導入をした当の企業にとってさえ、そうである。メリットが企業競争力の強化にあったとしたら、デメリットでは中長期的にみた国内産業基盤の劣化、製品開発能力の低下などがよく指摘される。
　雇用との関係では、先輩から後輩に知識や技術技能が受け継がれて日本企業の強みとなったOJTをめぐり、前提となるコンスタントな若手正規労働者の補充が滞ったせいで円滑な技能伝承に支障が出たり、現場力といわれる問題対応能力が低下したりした。少ない正規労働者と相当数の非正規労働者が混在する現場では、前者の負担増による長時間労働も広がり、メンタルヘルス問題や過労死問題を深刻化させた。個人の短期的な成果に力点を置きすぎた成果主義では、職場のチームワーク力が弱まり、上司の部下育成がなおざりとなり、個人の中長期的な視点での能力開発も後回しにされた。
　そうした経緯から、2000年代半ば過ぎからは、景気の回復基調もあって、企業は新卒正規労働者の定期採用、正規労働者の中途採用、非正規労働者の正規労働者化、成果主義の見直しなどを進めるようにもなった。企業の社会的責任（CSR）といった議論をし、仕事と生活の調和（ワーク・ライフ・バランス）への配慮などが語られ始めた。組織としての持続的な展開という視点から、軌道修正が必要だと感じる企業が増加したのである。

3 合成の誤謬

　過去に個別企業が陸続として採った措置を社会的にみるならば、いわゆる「合成の誤謬」が起きたことは否めない。個々の企業が生き残りをかけ、個別企業にとっては合理的と思われる措置を次つぎに採用した結果、社会全体の観点からはかえって問題視せざるをえない矛盾がいろいろと生じてしまった。典型は、能力開発である。
　日本型雇用慣行においては、職業能力開発は正規労働者の先輩から後輩へのOJTが主流であった。これが正規社員の間で弱まっただけでなく、非正規労働者の場合はさらに深刻な課題を提起した。そもそも企業が長期的な関係を予定

しない即戦力であり、知識・技術技能水準がさほど高度でなかったり、高度化を予定しなかったりすることが多いため、企業が能力開発に熱心とはなりづらい。Off-JTもOJTも相当に弱体なのが通例である。これには企業経営的に一概に否定できない面があるとしても、日本社会総体でみると、知識社会化と少子高齢化のなかで貴重な人的資源への投資が低下し、日本の国力が蚕食されていく危険を内包する。もちろん、非正規労働者自身にとっては、個人の潜在的な可能性が開発されず、市場で評価されて雇用につながる力としてのエンプロイアビリティーが高まらず、将来にわたる雇用不安がつきまとうだけに、由々しき問題である。

昔から「鉄は熱いうちに鍛て」のたとえがあるように、若年労働者の職業能力開発、教育訓練は、個人にとってだけでなく、企業にとっても、さらには社会にとっても、きわめて重要な課題である。非正規雇用が量的に拡大し、雇用労働者全体の3分の1を超えるまでになったことで、人的資源開発、人的資本投資の面での社会的な対応、とりわけ雇用政策における職業能力開発政策の重要性が喫緊の課題に高まっている。

4　景気後退時の帰結

非正規労働者の量的な拡大は、景気後退時の雇用動向に与えるインパクトをきわめて大きくする。従来の日本型雇用慣行は、正規労働者への長期雇用保障の反面として、業務減少期の非正規労働者による雇用調整を織り込んでいた。そのための有期雇用であった。したがって、高度成長期における景気後退時にも、オイルショックのような急激な景気後退時にも、非正規労働者を削減する方法による雇用調整はごく一般的にみられた。

こうした社会経済的な慣行は、非正規労働者である「臨時員の雇用関係は比較的簡易な採用手続きで締結された短期的有期契約を前提とするものである以上、雇止めの効力を判断すべき基準は、いわゆる終身雇用の期待の下に期間の定めのない労働契約を締結しているいわゆる本工を解雇する場合とはおのずから合理的な差異があるべきである」(日立メディコ事件・最一小判昭和61・12・4労判486号6頁)として、認識されてきた。

そこで、もし正規労働者の雇用調整に先立って非正規労働者の雇用調整に手

をつけることが日本型雇用慣行に内包される「合理的な差異」にもとづく経営判断だとすると、オイルショック時をも上回りかねない急激な景気後退が起きるならば、同種の措置が繰り返されることは、システムに組み込まれた装置の作動となる。

また、日本型雇用慣行はすでに企業内に正規労働者として雇われている人びとの雇用維持を最重視するので、非正規労働者の雇用調整とは別に、新規採用の抑制も当然のこととして想定する。その結果、景気後退時には新卒採用も中途採用も絞り込まれ、就職・採用戦線が冷え込む。たった1年の差で大手企業から内定をいくつも取ることができた学年と、氷河期に苦しむ学年とが、出てしまう。統計的にみて、就職容易期と就職困難期とではそれぞれの時期に卒業した人びとの生涯所得の間に顕著な差が出るというが、個別企業はそれなりに合理的な判断をしているとしても、これもまた社会全体として不公平感を否めず、合成の誤謬の例となろう。

5　現下の状況

米国発の世界同時の金融不況は、当初さほど日本には影響しないとの希望的観測もあった。だが、一部製品の海外輸出に多くを依拠する産業構造が、その弱点をさらけ出す。米国の金融不安と実体経済の落ち込みが欧州諸国などに波及し、さらにBRICs、途上国にも次つぎと波及していくことで、円高とあいまって輸出関連企業の生産活動を急速に落ち込ませた。また、積極的に海外展開する企業の場合は、進出先国の経済不況で売り上げが減り、これに円高の追い討ちがあって、現地法人からの配当が減ったことも効いた。日本屈指の企業さえも在庫調整、生産調整を急ぐ。その過程で仕事のなくなった部門や関連企業における人員過剰といった事態に進み、失われた10年を通じて徐々に比率を高めてきた非正規労働者に対する急速な雇用調整へと一気につながった。

他方、海外とのコスト競争にさらされた製造現場で1990年代から広がってきた製造請負がしばしば請負に名を借りた「偽装派遣」であったことを整理し、製造派遣に転換してきていただけに、派遣切りと呼ばれる現象を生んだ。さらに、請負にせよ派遣にせよ、企業外の労働者の利用であったことから、場合によっては直接雇用の契約社員や期間工などの雇用調整に先立って、請負会社と

の請負契約や派遣会社との派遣契約の不更新や中途解約となり、請負企業や派遣会社がその付回しをそれぞれが雇用する労働者に向けることで、有期労働契約や登録派遣型労働契約の更新拒否や中途解約などの事態が頻発した。

これには、請負契約や派遣契約を締結するのが通例、人事労務部門や総務部門でなく、外部人材を求める現場部門であり、人事労務の観点から当然に要請されるような配慮には欠けがちなことも、指摘されてきた。

そして、工場における請負労働や派遣労働とのかかわりで深刻な問題となったのは、請負会社や派遣会社が他の地方から採用した労働者に宿舎を用意して請負や派遣に従事させていた場合、雇用喪失が同時に居住場所の喪失へとつながり、二重の生活苦を招いたことであった。寄宿舎や社員寮に住む場合は雇用喪失が即、住居喪失につながる構造にある。また、雇用喪失で収入の道が絶たれアパートなどを出ざるをえなくなったり、住宅ローンを返済できなくなる問題も発生している。

6 予測される深刻な事態

現在の不況が100年に一度かどうかはいまだ不明であるが、経済学者のなかには少なくとも50年に一度の事態だとする議論がある。それによると、失業率は日本でも6％台、場合によっては7％台に乗りかねないというのであるから、今後は、近未来の経済活動の不活発化を予想して雇用調整、採用抑制をする企業も増えそうである。すでに2008年春より転職採用戦線での落ち込みが観測されているが、そうした動きは新卒採用にも波及するであろうから、バブル経済崩壊後のように若年労働者における非正規雇用（フリーターなど）の拡大という事態ともなりかねない。

それだけに、当面の状況を乗り切るために、労働需給調整システムをどう強化するか、雇用保険制度という重要なセーフティネットをどう再編整理するか、職業能力開発による人的資源開発をどう進めるかなど、従来の雇用政策の延長で対処が可能か、それとも、新たな視点で制度を見直す必要があるかなど、戦略的な議論と具体的な解決策が求められる課題は山積している。

また、非正規労働者をはじめとする住宅問題についても、持ち家政策に傾斜してきた住宅政策とは別個の、社会政策（社会保障政策）としての公共住宅政

策があらためて問われている。

Ⅱ　制度としての雇用政策

1　労働市場にかかわる雇用政策

　労働市場は、労働の需給調整、すなわち求人と求職との間の調整を行う仕組みである。市場経済メカニズムの重要な一環を担う労働市場の枠組みの設計、条件整備、運用調整などをめぐって、国はどのような政策を用意してきたか。
　国は、労働市場の諸制度を整備し、それを円滑に運用するため、雇用対策法、職業安定法、労働者派遣法、高年齢者雇用安定法、障害者雇用促進法、雇用保険法、職業能力開発促進法、地域雇用開発促進法などの諸法規によって基礎づけられた、主として厚生労働省が担う関連政策を行っている。それにより、雇用創出、職業安定、失業対策、就業率向上、職業能力開発、若年・女性・高齢者・障害者・外国人労働者の雇用への対応などに向け、多くの施策を行っている。

2　基本となる制度

　働く人びとの職業生活の進行に即して国の対応を説明していくと、
　①職業生活の準備時期をめぐる政策
　②職業生活に入ろうとする時期をめぐる政策
　③職業生活を展開する時期をめぐる政策
　④職業生活に幕を引く時期をめぐる政策
といったいくつかの段階のそれぞれの時期の課題に応じた制度がある。
　まず、「①職業生活の準備時期をめぐる政策」では、キャリア形成準備を支援するため、何よりも学校教育と職業教育訓練（職業能力開発）が用意される。義務教育、公教育の無償または低料金での提供、学校法人への助成や税の優遇措置、教育水準の確保措置などがあり、職業教育訓練機関の設置や運営を主として厚生労働省が主管するほかは、大部分を文部科学省が担当する。キャリア教育では、これら2省のほか経済産業省も若者向けの政策に関与する。

次に、「②職業生活に入ろうとする時期をめぐる政策」では、職業生活に向けた専門教育訓練（インターンシップを含む）が大学、専門学校、専門高校、職業能力開発学校などでなされ、就職・採用をめぐりハローワーク（公共職業安定所）、人材サービス機関（職業紹介事業、求人広告事業、派遣事業など）が需給調整にかかわる。主管が文部科学省から厚生労働省へと移る時期である。学生がアルバイトを行う場合、学校教育が直接に関与することはまれであり、ほぼ労働市場の実勢、求人広告、雇用主の対応に委ねられており、雇用労働という点では所管は厚生労働省となって、雇用対策法、職業安定法、労働基準法などの法律を基礎に対策が展開される。

「③職業生活を展開する時期をめぐる政策」は、雇用政策・労働政策の主領域であり、厚生労働省が主管する。雇用されて働くことについては労働契約法、労働基準法、男女雇用機会均等法ほかの多くの法律があり、失業時の保険給付や雇用安定事業については雇用保険法が、職業能力開発では職業能力開発促進法があって、それぞれセーフティネットの機能を担う。健康保険法も職業生活を背後から支える役割をはたす。

最後に、「④職業生活に幕を引く時期をめぐる政策」がある。就業継続やなだらかな引退過程につき高年齢者雇用安定法が、募集・採用時の年齢差別禁止につき雇用対策法が、引退後の生活をめぐっては厚生年金法などが存在する。いずれも厚生労働省が管轄する。

以上のほか、公共部門（国、自治体など）の雇用では内閣府、総務省、人事院などが、外国人労働者の問題では法務省がかかわるなど、領域ごとにいくつもの府省にまたがる制度設計がなされていることも多い。また、自治体は、これまで直接に雇用政策にかかわることが少なかったが、地方分権化の流れを受け、今後は役割が拡大することが予想される。現在でも、地域雇用開発促進法などで計画の策定・運用といった任務を担っている。

3 基本発想

雇用政策制度の基軸は長らく、特定の企業や組織に所属しての「雇用の安定」であった。

高度経済成長期以降は、男性の正規雇用を軸とする日本型雇用慣行と表裏を

なし、その慣行を前提とし、補完するような政策措置が多く用意されてきた。若者が多く、高齢者が少ない人口ボーナスと呼ばれる状態を背景に、経済成長が急速で国際競争力があった時代には、まさに適合的であったといわれる。雇用政策も、できるだけ多くの人（主として男性を想定していた）が正規雇用されることに向けて整備され、展開された。

だが、少子高齢化と成熟経済化という２つの大きな外部環境の変化は、日本型雇用慣行の基盤を揺るがす。ライフサイクルを異にする女性の雇用労働者化と戦力化の流れも、男性中心の雇用慣行との不適合を露呈する。

さらに1990年代には国際競争におけるグローバル化と中国やインドなどの台頭が加わり、日本型雇用慣行の維持困難を加速させた。労働市場における現実は、日本型雇用慣行が適用される人数を絞り込むことでそれを維持する方向を選択した。そして、硬直性を補完し、要員不足を補うために、日本型雇用慣行が適用されない雇用形態（非正規雇用）を慣行の外側で多様に展開した。

1980年代なかば以降の男女雇用機会均等法、労働者派遣法、パート労働法、育児介護休業法、労働基準法改正、雇用対策法改正、職業安定法改正、雇用保険法改正などは、いずれも新たな外部環境に対応して労働市場制度の基本を組み立てなおそうとする動きであったが、日本型雇用慣行の再編成に応じようとするものでもあった。日本型雇用慣行をできるだけ原型のまま維持したいという立場からは行き過ぎだとの批判がなされ、逆にそれからの離脱と他の先進国型の雇用慣行（ただし北欧型や欧州型と米国型では大きく方向性が異なる）を企図する立場からは中途半端だとの不満が表明されてきたところである。

この間、米国型の柔軟な労働市場モデルだけでなく、政労使合意を基礎に処遇均等と柔軟な働き方を導入したオランダ方式、手厚い職業教育訓練政策を前提に柔軟な解雇法制をもつデンマーク方式などが注目され、代替案として論じられもした。だが、いずれも日本社会とは前提条件の違いが大きすぎ、ただちに導入することは容易でなく、安直な代替モデル探しは困難だと思われている。

4　現下の問題点

直面する問題のコアには、日本型雇用慣行を前提としつつ就業形態の多様化を図る方式を適切に導入することは可能なのか、という問いがある。

もし答えが不可能だというならば、非正規労働者の就業条件を種々の政策介入で改善していこうとする動きは偽善的または無意味だということになり、端的に非正規雇用を禁止または制限し、その拡大を阻止し、正規雇用への切り替えを促進すべきだということになる。正規雇用の創出と有効活用のために、また、日本型雇用慣行のデメリットを補正するために、積極措置を求める動きも帰結されよう。

逆に、問いに肯定的に答えようとするならば、従来の政策介入が生ぬるかったり、不徹底であったりすることから現下の問題が発生しているとの見方につながり、機会均等、処遇均等、非正規労働者の能力開発などの政策の推進がより強く求められることとなる。とりわけ処遇均等と能力開発に向けた抜本策が不可欠とされるだろう。

もちろん、現実の答えは、この両者の拮抗のはざまで、あちらに揺れ、こちらに揺れながら、その時どきの環境条件に適合的な雇用の姿を追い求める形で、均衡点を模索し続けることが予想される。非正規雇用が雇用労働者の3分の1を超えたとはいえ、いまだ正規雇用こそが多数派であり、その考え方や利害得失が雇用政策のあり方に大きく影響し続けることもある。

III 雇用政策のあり方

1 新たな基軸の設定

雇用政策は、未開地に新規の都市を構想するのとは違い、既存の市街地の整備や再開発を試みる作業に似た努力が求められる。すでに根づいている雇用慣行と人びとの行動様式を前提に、変化する時代環境のなかでの利害調整が不可避であり、多くの試行錯誤を運命づけられる。しかも、一方で経済政策との整合性が求められ、他方で社会政策としての独自性や整合性も要請される。

とはいえ、いくら現実の制度設計や政策に「揺れ」が不可避であったとしても、短期的な視野だけで状況追随的に工夫するだけでよいものかと問われれば、多くの人はよいはずがないことに同感であろう。政策を評価する「ぶれ」の少ない基軸が必要なのではないか、と。

この点では、公労使のコンセンサスにより、雇用・労働政策を評価する際の3つの基軸が打ち出されている（厚生労働省・労働政策審議会建議・2007年12月）。
　第1が「公正の確保」であり、労働市場を前提に、機会均等や処遇均衡における公正さを評価し、尊重していこうとする軸である。第2が「安定の確保」である。ここには、一定の組織に雇用されている状態での安定と、組織を超え職業として安定していくことの二面が指摘される。当然、どちらもキャリア形成や職業能力開発が不可欠になる。第3は「多様性の尊重」である。二十代から五十代までの男性労働者だけでなく、女性、高齢者、障害をもつ者、外国人労働者などの多様な人びとが雇用され、また、それぞれのライフサイクル上の実態や希望を反映した働き方が用意されるべきとなると、単一モデルでは対処不可能である。公正と安定を確保しつつ多様性を尊重することが、これからの雇用政策の柱であると打ち出されたのである。

2　雇用政策のあり方

　現在の雇用情勢の深刻化、とりわけ非正規労働者をめぐる問題点は、かつて雇用政策のコアとして存在してきた日本型雇用慣行が変容してきたのに対応して雇用政策体系を先回り的に大胆に見直すことができなかったことに起因する。
　もし非正規雇用の拡大を許さず、1980年代またはそれ以前と同様の政策スタンスで臨んだならば、失われた10年の失業率（年平均では2002年の5.4％が最高）はさらに上がったことが推測される（非正規雇用を厳しく制限していた欧州のいくつかの国では一時期、失業率が10％を大きく超えた）が、その代わりに近時のような非正規労働者による雇用調整は少なかったろう（ただし、正規雇用に対する雇用調整がもっと早期に始まったかもしれない）。
　もし非正規雇用の保護措置をもっと強めていたならば、非正規による雇用創出は一定程度、弱められたであろうが、その代わりに近時のような深刻な事態も軽減されたことだろう（この場合も失業率や正規労働者による雇用調整への跳ね返りは予想される）。
　しかし、現実には、そのどちらも採られなかったし、実際にも採ることは難しかった。そこで、急速な景気と雇用情勢の悪化の動きのなかで、あらためて次元を異にする三種類の政策対応が問われている。

①直面する深刻な事態への応急的な対応措置
②その後に予想される事態への対応措置
③中長期的に予想される事態を見越した対応措置

　直面する課題への対応では、緊急性への対処として求められ、考えられる多くの措置が採用されるであろう。雇用保険制度の最大限活用は、もっとも重要なものの1つである。その場合、雇用政策が対処すべきことと他の社会政策（住宅政策や社会保障政策）で対処すべきことを意識しつつ、対応することが必要である。この点、緊急雇用創出として一部の自治体が臨時的でキャリア形成にはつながらない雇用を提供したが応募者がごく限られていたという例は、いくら緊急対策とはいえ、公正や安定を軽視し過ぎることには問題があることを示す。その先にもつながる政策こそが求められる。

　応急措置の先にくる対策では、日本型雇用慣行との関係をどうするかが、あらためて問われよう。原則論で甲論乙駁になると、相互に干渉しあってしまい、機動的な施策は打ち出せない。かといって、原則を無視して突っ走れば、そう遠くない時期に禍根を残すことだろう。いずれの原則論に拠るにしても、健全な常識を発揮しつつ、具体的な問題点の是正を1つひとつ図っていくほかなかろう。目的地こそ異なっているようにみえても、当面、一緒に目前の課題を具体的に解決していくなかで新たに、真に目指すべき目的地が別にあったことを発見するかもしれない。

　中長期的な課題も忘れられてはならない。人口ボーナス（人口構造が経済活動に有利な状況）が人口オーナス（逆に不利な状況）へと1990年代半ば過ぎから転換した日本は、少子高齢化の労働力人口にどう対処すべきか。当面、放置すれば毎年数十万人の規模で労働力人口は減っていく。年金制度だけでなく、多くの社会経済制度の基盤が揺らぎかねない。就業率の向上などによる就業人口の確保に向けて、また、日本の経済活動や社会サービスの水準を持続させるために、雇用政策はもっと機会均等、処遇均衡、職業能力開発に力を注ぐ必要がある。さらに、中央政府が伝統的に担ってきた政策機能を地方自治体に分権化する流れと、国と地方自治体の相互間の役割分担と連携のあり方についても、新たな考慮が必要となろう。

3 キャリア形成支援の重要性

　人口減のなかで人的資源の高度化策は、避けて通れない政策である。他の先進諸国に比して、対GDP比で学校教育も職業教育訓練も、公的支出がOECD内の下位群かほぼ最低水準にある実態を直視するならば、総体として人的資源の劣化が始まっているかもしれない現実をどうするか。

　就職戦線の冷え込みでまた非正規雇用が広がりかねない現在、非正規労働者に現実に届きうる職業能力開発とキャリア形成支援策が求められる。各国ともいろいろな工夫をしている。たとえば、フランスのように一定の基準で教育訓練費を企業に課し、正規労働者だけでなく非正規労働者にも一定の水準と時間の職業能力開発を進めようとしたり、スウェーデンやデンマークのように失業給付と職業能力開発とを組み合わせる方策を工夫したり、あるいは、イギリスのワークフェアのように社会福祉政策と就業促進政策とを組み合わせたりと、いずれも決め手には欠けるけれども、政策措置を模索する。

　失業者への支援策としては、10％を超える失業率と多数の長期失業者の存在に苦しんだ欧州で、試行錯誤のすえ、いくつかの政策の有効性が確認されている。何よりも失業後２週間以内のキャリアカウンセリングが失業者の不安感や喪失感をやわらげ、再就職に有効だとされている。日本でも相当数のキャリアコンサルタント（一定時間の講座終了レベルで５万人ほど）が生まれてきており、ジョブ・カードほかの活躍の場を広く提供することが望まれる。また、腰をすえた職業能力再開発も長期失業の回避、地方雇用の再生に有効だとされる。政策原資に乏しいため、これまでの職業教育訓練はどうしても短期のものが主流となっていたが、キャリアコンサルティングを受けながら長期の職業能力開発に取り組める態勢の構築は、きわめて大切だと考える。さらに、雇用政策の地方分権化も有効だったといわれる。

　なお、こうしたキャリア形成支援策は、憲法にもとづき個々の労働者に認められたキャリア権（職業上のキャリアを準備し、展開していくうえですべての労働者に認められる現代的な基本的人権）を理念から現実に移すために不可欠な政策の一環をなす。非正規労働者への政策の基礎も、こうしたキャリア権を抜きには根拠や政策の方向性が曖昧となりかねないと思われる。

4　直面する課題対応

　厳しさを増す雇用情勢に対しては、石油危機、バブル後に採られた雇用政策で有効であったものを矢つぎばやに措置することとなる。雇用調整助成では不況後に備えた教育訓練も重要である。今回は従来欠けがちだった若者雇用への配慮がとりわけ不可欠だ。労使関係では、労働時間や賃金の抑制による雇用優先の動きも出始めているが、日本型雇用慣行のよりよいあり方を求める議論もなされよう。社会連帯により難局を乗り越える方向が出ることが期待される。

　問題はワークシェアリング（雇用の分かち合い）である。緊急的な雇用維持・創出に有効なだけでなく、将来的な就業率向上にも期待される手法であるだけに、実現可能性が高いところから具体的な実験が進められるよう雇用政策としても支援することが望まれる。

　また、公共事業投資では、ハコモノ対象だけでなく、キャリア形成支援やワークシェアリングなどを視野に入れた、人的資源への投資も望まれる。現在、社会的意義の高い学力向上で名をはせているフィンランドが、1990年代の高失業時代に若き文部大臣のもと教育改革をし、人材投資を進め、社会経済的にも成果を上げた例は、忘れてはならない視点だろう。

〔初出：月刊労委労協638号（2009年）〕

第2章

労働市場法の理念と体系

はじめに

　本章は、労働法の重要な構成分野でありながら、これまで注目される度合いの少なかった「労働市場法」に関して、その理念と体系を論じる。

　労働市場法は、労働の需要と供給を調整する市場をめぐり、関係する求職者（労働者）および求人者（使用者）ならびに仲介業務ほかの市場関連サービスを提供する者（公共職業安定所・公共職業訓練機関・職業紹介業者・労働者派遣事業者など）が行動をする際に拠り所となる基本枠組みと準則を設定することで、労働市場の効率的かつ公正な機能の発揮を確保しようとする法の分野である。労働市場法は、こうした役割をはたすにあたり、労働市場において交渉力の弱い側（労働者）に必要となる支援措置を提供する視点を当初より保持してきている。その意味で労働法の重要な一環を構成する領域・体系となっている[1]。

　労働市場法は「雇用政策法」と呼ばれる法分野ともほぼ重なる。労働市場と雇用システムに対して国家が政策的に介入するという、雇用をめぐる政策を定める法という意味においてである。しかし、本章では「労働市場法」という用語に従っておく。労働市場を対象として、その独自性・自律性を尊重しつつ、必要な法政策的対応をとるという核心からすると、この種の呼び名の方がより包括的であるからである[2]。

　現在の日本における労働市場法は、憲法25条1項（生存権）、同27条1項（勤

---

1)　労働市場と労働法全体との関係については、菅野和夫＝諏訪康雄「労働市場の変化と労働法の課題─新たなサポート・システムを求めて」日本労働研究雑誌418号（1994年）2頁以下、土田道夫「変容する労働市場と法」『岩波講座現代の法12巻　職業生活と法』（岩波書店・1998年）43頁以下など参照。

労権)、同22条1項（職業選択の自由）、同18条（奴隷的拘束・苦役からの自由）、同13条（幸福追求の権利）などが定める基本理念を踏まえて制定された、雇用対策法、職業安定法、労働者派遣法、雇用保険法、高年齢者雇用安定法、障害者雇用促進法、地域雇用開発促進法、職業能力開発促進法などの多くの法を含む。

I 労働市場と法

1 2つの位置づけ

　もし労働市場がまったく自律的に機能しており、これに対して国家が自由放任策を採るだけで、何らの特別な政策的介入もしないということになると、労働市場法を論じる実益はなくなる。せいぜい私法の領域における法規制のみにとどまることで、市民的自由としての職業選択の自由、幸福追求の自由、奴隷的拘束・苦役からの自由に関連した法規制などが考えられるくらいとなる。[3]

　しかしながら、現実の近代国家を眺めた場合、さまざまな方式による労働市場への政策的介入が試みられ、労働市場法の領域と体系も構成されてきている。その際、労働市場への政策的介入には、大別して、消極策と積極策がある。消極策は、市場としての自律性を尊重し、国の法的介入は労働市場が成立するための基本枠組みの用意や周辺条件の整備にとどめ、あれこれの人為的な直接政策によって市場機能を撹乱することは控えようとするものである。他方、積極策は、市場としての自律性に任せるのみであると問題が生じると考え、国が労働市場の基本枠組みや周辺条件を整えるだけでなく、種々の政策的介入を積極的に進めることで市場機能の欠陥を補う必要があると考える。

---

2) 他にも積極的雇用政策に着目した「雇用保障法」という呼称が有力である。林迪廣ほか『雇用保障法研究序説』（法律文化社・1975年）、日本労働法学会編『現代労働法講座13巻 雇用保障』（総合労働研究所・1984年）、清正寛『雇用保障法の研究』（法律文化社・1987年）、松林和夫『労働権と雇用保障法』（日本評論社・1991年）など参照。この系譜への雇用政策法の観点からの検討に、黒川［両角］道代「雇用政策法としての職業能力開発(1)」法学協会雑誌112巻6号（1995年）759頁以下がある。

3) 職業能力開発（その一般的形成）に関しては、当然、学校教育と関連法が別途に問題となる。

消極的労働市場政策の流れは英米系の諸国（米国、英国など）に強く、積極的労働市場政策は欧州大陸系の諸国（ドイツ、フランス、北欧など）に特徴的である。前者は、国家介入がもたらす硬直性や不公正を指摘することで「政府の失敗」に敏感であり、柔軟な労働市場の存在意義を高く評価する。これに対して後者は、市場における格差拡大や限界を指摘することで「市場の失敗」に鋭敏であり、各種の政策的介入による市場機能の制御と補完が不可欠だと主張する。

　国際労働機関（ILO）における労働市場政策の国際基準はどうだろうか。伝統的には後者の流れに与しており、積極介入政策の立場を採用してきた。すなわち、第2次世界大戦の前に、失業に関するILO2号条約（1919年採択）は無料職業紹介所の整備と民営職業紹介との調整に言及し（2条）、ILO34号条約（1933年採択）は効力発効後3年以内に有料職業紹介所を原則廃止すべきだとしていた（2条）。また、「国際労働機関の目的に関する宣言」（フィラデルフィア宣言・1944年）が「労働は、商品ではない」として、労働を通常の市場における商品取引と同じように扱うべきではないとの根本原則を示した（1(a)）。さらに、第2次世界大戦後には34号条約を改定した有料職業紹介所条約（96号・1949年採択）により、民営職業紹介を全面的に禁止するか、国家の厳格な規制のもとで例外的に認めるかのどちらかの態度を求めてきた。こうした流れが最近、民間職業仲介事業所に関する181号条約（1997年採択）により大きく見直され、労働市場の機能を正面から認めたうえで、適切な労働者保護を図るという方向に変わった。

　すなわち、国際比較をするならば、先進諸国においても労働市場政策の流れは、いまだ十分に収斂しておらず、これを反映してILOの国際労働基準は、戦前来の市場否定的な積極介入政策を修正したものの、さりとて市場中心の消極介入政策の立場に移ったわけでもなく、より市場を直視しつつも両者の中間的なところに政策理念を移してきているように思われる。雇用政策に関する条約（122号・1964年採択）が「完全雇用、生産的な雇用及び職業の自由な選択を促進するための積極的な政策」を各国に求め（1条）、雇用の促進及び失業に対する保護に関する条約（168号・1988年採択）が同様の政策宣言を求めたところ（7条）などにうかがえるとおり、消極主義ではなく積極主義の流れに立ってきた基本姿勢をいまだ全面的に改めるほどには至っていない。[4]

2 消極主義と積極主義

　当然、労働市場政策をめぐる消極主義と積極主義は、労働市場法を導く法理念の世界に大きな影響を与える。そこで、この2つの流れを、もう少し検討してみよう。

　消極主義の場合、積極的介入策は「政府の失敗」の危険を高め、市場本来の機能を撹乱することで、経済的、社会的な効用を損なうとみる。そこからおのずと、労働市場法は受け身的になる。すなわち、市場機能が適正に働くよう、契約、情報公開、機会均等、公正競争・独占禁止、紛争処理などに関する他の市場規制とも共通する基礎条件を整えるとともに、いかに完全な労働市場が成立したところで市場メカニズムではうまく機能しない「市場の失敗」領域があるうえ、現実の市場には不完全さに起因する欠陥があることから、これらに対応する安全網（セーフティネット）として失業保険制度、職業訓練制度などを構想する。しかし、一般的な市場政策と安全網を超える、雇用統制、雇用維持、補助金などの政策には、どれも否定的となる。

　積極主義の場合、消極的介入では「市場の失敗」の危険を高め、市場機能の欠陥があらわになりすぎることで、社会的、経済的な効用を損なうとみる。そこからおのずと、政策介入の基礎となる法の役割が能動的になる。すなわち、労働市場に代替したり、その欠陥を補正するため、市民法的な対応にとどまらず、社会法・労働法の観点による独自の政策的介入が不可避であるとして、政策介入を基礎づける公法的な措置により、各種の罰則付の事業活動禁止、許認可制度、労働者保護などの規制を導入する。市場らしさを発揮する余地を最小にしたり、あるいは、市場とは名ばかりの状態にする厳格な統制をかけたりもする。労働市場法独自の措置としては、失業保険や職業訓練のような消極主義

4）　国際比較とILOについては、諏訪康雄ほか『欧米主要国における労働者派遣法の実態』JIL調査研究報告書No. 93（日本労働研究機構・1997年）、下井隆史ほか『労働市場・雇用関係の変化と法』JIL調査研究報告書No. 103（日本労働研究機構・1997年）、馬渡淳一郎「ILO有料職業紹介所（改正）条約（第96号）の再検討」姫路法学16=17合併号（1995年）7頁以下、鎌田耕一「国際機関における職業紹介制度見直しの動向」日本労働研究雑誌437号（1996年）21頁以下、同「民間職業紹介所に関するILO条約（第181号）の意義」日本労働法学会誌91号（1998年）108頁以下など参照。

と共通する制度（安全網）のほか、職業紹介や労働者派遣の規制や各種の失業対策、雇用創出や維持に向けた助成金などの各種の対策を工夫する。しかも、労働市場政策の積極主義は、これだけが独立して積極的なのではなく、ほとんどの場合、国の市場政策における統制主義や介入主義と強く相関してきた。

　また、消極主義の国と積極主義の国とを比較すると、前者の消極主義では企業横断的な外部労働市場における需給調整の役割が大きく、その分、特定の使用者のもとでの勤続期間が短めとなるのに対して、後者の積極主義では企業内部に成立する内部労働市場における需給調整の役割が強調され、それだけ勤続期間が長めとなる傾向がみられる。また、消極主義は内部と外部の労働市場の接合に意を注ぐことから、内部労働市場への帰属関係を特別扱いとするような政策介入を回避する傾向が生まれるのに対して、積極主義は内部労働市場への帰属関係を重視する政策介入を生みやすい。こうして、消極主義の系列にある英米系の諸国（とりわけ米国）では勤続期間が短く、法的な解雇規制や雇用維持政策（雇用助成金など）も消極的である代わりに、職業大学院、コミュニティ・カレッジ、人材事業などの外部労働市場における種々の支援サービスが発展した。他方、積極主義の系列にある欧州大陸諸国（とりわけドイツ）では勤続期間が長くなり、法的な解雇規制や雇用維持政策が広く採り入れられてきた[5]。

3　日本の経験

　こうした立場を日本における経験で確認してみよう[6]。

(1)　放任から規制へ

　古くて新しい問題である市場と政策介入の調整は、日本でも、江戸時代の有料職業紹介業者（口入屋や桂庵など）をめぐって放任と規制（主として同業組合規制）の関係がみられたし、明治前期までも似た事態が続く[7]。その後も戦前期

---

5)　注4）の文献のほか、労働大臣官房国際労働課編著『海外労働白書（平成7-11年版）』（日本労働研究機構・1995-1999年）など参照。

6)　ここでの記述は、諏訪康雄「労働市場と法」季刊労働法190=191号（1999年）2頁以下を下敷きとする。

7)　簡潔な職業紹介史である中島寧綱『職業安定行政史』（雇用問題研究会・1988年）のほか、牧英正『雇用の歴史』（弘文堂・1977年）、大竹秀男『近世雇傭関係史論』（有斐閣・1983年）、森下徹『日本近世雇用労働史の研究』（東京大学出版会・1995年）など参照。

には、有料職業紹介の弊害や不完全さを意識して、無料職業紹介制度が設けられたり、有料職業紹介の規制が意識されるようになるが、1940年代の戦時体制までは、基本的に国は政策介入に抑制的であった。

実際、戦前の労働市場法制は、民間職業紹介事業の弊害が指摘されつつも、労働法制全般がそうであったように、すこぶる不徹底なものであった。失業保険法制や職業訓練法制はついに成立していないし、公的職業紹介の体制整備も後れた。ようやく成立した職業紹介法（1921年）も有料職業紹介を厳しく規制してはいない。[8]

しかし、戦時体制が色濃くなると、1938年改正と1940年改正を経て、職業紹介法も戦時立法の一画を占める法となる。道府県または市町村営であった職業紹介所が国営化され、労働市場に大きく介入する労務統制の実施機関となった。また、労務統制の強化に向けて、民間における無料・有料の職業紹介事業、労働者募集に関する規制も導入される。「政府ハ労務ノ適正ナル配置ヲ図ル為本法ニ依リ職業紹介事業ヲ管掌ス」（職業紹介法1条）とあったり、「何人ト雖モ職業紹介事業ヲ行フコトヲ得ズ」（同2条）と規定するように、国家統制色をはっきりと打ち出した法となった。統制経済体制のもと、政策介入が頂点に達した時期であった。

(2) 規制の再編成

これに対して戦後の職業安定法（1947年）は、新憲法22条の職業選択の自由と同27条の勤労権の規定を受けて、まったく異なった視点から準備された。法案の提案理由説明は、「従来の労務の統制配置を目的とした現行の職業紹介法を廃止して、あらたに新憲法の精神に則る法律を制定する必要が生じた」とした。[9] 実際、「この法律は、公共に奉仕する公共職業安定所その他の職業安定機関が、関係行政庁又は関係団体の協力を得て、各人にその有する能力に適当な職業に就く機会を与えることによつて、工業その他の産業に必要な労働力を充足し、以て職業の安定を図るとともに、経済の興隆に寄与することを目的とす

---

8) 戦前については、武藤文雄『労務統制法』（日本評論社・1941年）、清正・前掲注2）193頁以下など参照。
9) 工藤誠爾『職業安定法解説』（泰流社・1948年）5頁の引用による（著者は事務局として起案に当たった1人）。

る」(制定時の1条)と規定している。そして、「何人も有料で又は営利を目的として職業紹介事業を行つてはならない」(同32条)し、「無料の職業紹介事業を行おうとする者は、労働大臣の許可を受けなければならない」(同33条)と定めた。委託募集も労働大臣の許可が必要とされ(同37条)、労働大臣の許可を受けた労働組合以外による労働者供給事業は禁止された(同44・45条)。

同法は、もはや統制経済を前提にしていなかったが、しかし、労働市場には介入的な姿勢を維持した。つまり、国家統制を廃するとしながらも、労働市場における自由な需給調整を正面から一気に認め、これを促進しようという方向には向かっていない。職業紹介の事業、さらには労働市場の機能規制を、いわば国家が「独占」しつづけることについて、当然の前提のごとくに位置づけていたものである。

したがって、国家が紹介事業を管掌する職業紹介法における基本方式は受け継がれた。実施機関としては戦前の勤労動員署が戦後の公共職業安定所となり、民間の職業紹介機能(労働市場における需給調整・仲介の機能)は極度に制限され、国家の市場介入に対するごく補完的な存在にとどめられた。つまり戦後には、目的こそ労働者保護と新しくなったが、その目的達成のために採用された手法と発想は旧来のもの(いわゆる1940年体制)を相当に受け継いでいたのであった。

それもあってか、「この法律は、労働基準法と相俟つて、工場並びに鉱山における事実上の奴隷労働に対する募集及び親分の多数労働者に対する支配という、日本古来の思想並びに慣習を違法としている」ように、「健全な思想に基いた、そして深甚な注意を以て起草された立派な法律である」とお墨付きを与えたGHQ(連合国軍総司令部経済科学局労働課人力班長チェスター・W・ヘプラー声明)が、「とは言え、それは根本的に日本的性格を有して居り、日本の特殊事情に適合するように作られている」と付け加えたことも見逃せない。[10]

事実、職業安定法は、アングロ・サクソン流の民間紹介事業を中心とする発想と手法には立っておらず、国家による職業紹介を基本とする欧州大陸法諸国(ドイツ、フランス、北欧など)の系譜に属し、また、後者の流れを汲む国際労

---

10) 工藤・前掲注9)13頁の引用による。

働機関（ILO）の考え方に沿っていた。当時のILOでは、その34号条約（1933年採択）が効力発効後3年以内に有料職業紹介所を原則廃止にすべきだとし、「国際労働機関の目的に関する宣言」（フィラデルフィア宣言・1944年）が「労働は、商品ではない」として、労働を通常の市場における商品取引と同じように扱うべきではないとの根本原則を示していたことも大きく影響していたであろう。職業安定法成立後には、34号条約を改定した96号条約（1949年）が採択され、これについては、日本は国家の厳格な規制のもと有料職業紹介所を例外的に認める第3部を批准する。労働市場をめぐる、戦後の法政策的な対応の、基本路線が確立したのである。職業安定法は、その後も、大きく変更されることなく、1999年の法改正にまで至った。

こうした労働市場法を背後で支えたのは、政策介入を求めるケインズ経済学などの考え方であった。雇用対策法（1966年・昭和41法132号）の目的規定（1条）は、「国が、雇用に関し、その政策全般にわたり、必要な施策を総合的に講ずることにより、労働力の需給が質量両面にわたり均衡することを促進して、……国民経済の均衡ある発展と完全雇用の達成とに資する」と宣明した。

(3) 規制の見直し

1999年の職業安定法と労働者派遣法の改正は、労働市場と政策介入の関係を大きく変える方向に踏み出した[11]。

その象徴がネガティブ・リスト方式の採用であった。従来は、もっぱら国家が労働市場の仲介業務を行うことを原則とし、特に認めたごく狭い範囲についてのみ民間企業の参入を例外的に許可してきた。だが、許可対象となる職業や業務を列挙するポジティブ・リスト方式は、市場の動きに後れをとり、その円滑な機能発揮に不可欠な仲介業務の出現と発達を抑制してしまう。そこで、原則と例外を逆転させて、基本を守るならば原則として民間企業も労働市場サービス事業に自由に乗り出すことができるけれども、特に支障があるとされてネガティブ・リストの禁止対象となった職業や業務だけは扱えない、という原則

---

11) 小嶌典明「労働市場をめぐる法政策の現状と課題」日本労働法学会誌87号（1996年）5頁以下、同「改正労働者派遣法の意義と課題」季刊労働法190=191号（1999年）52頁以下、土田道夫「改正職業安定法の意義と課題」日本労働研究雑誌475号（2000年）36頁以下、鎌田耕一「改正労働者派遣法の意義と検討課題」同48頁以下など参照。

と例外が逆転した方式に変わった。

　市場と政策介入をめぐる調整基準は明確に変化した。労働市場の機能を正面から認め、市場サービス提供の国家独占状態を解除した。したがって、機会均等や個人情報の保護のようなサービス提供が健全に運用されるための基本原則は定めるが、従来型の細かな規制はなくす方向に歩みはじめたのである。[12]

　規制の見直しには、折からの規制緩和論が現実的な後押しをしたが、しかし以前から市場規制のあり方を模索してきた流れがあったことと、何よりも、高度成長の時期に社会的に定着していった、内部労働市場を重視し、これと平仄を合わせる形で発達した日本型雇用が転換点に至っているとの認識があったことが大きかった。[13] 人口構造の変化（高齢化・少子化）と経済成長率の鈍化は、日本型雇用慣行を支えてきた基礎条件を揺るがす。人口のピラミッド型構造と高い持続的な成長率が前提となり、これに簿価主義の会計制度、株式持合い、間接金融中心のメインバンク制、製造現場の働き方などが絡まって形成された雇用慣行は、前提となる条件が変わろうとするとき、再編成を避けられなくなる。また、戦後の産業構造の転換を労働の供給面で支えた若年労働者が極端な減少傾向となり、これからの産業構造の変化に転職で対応せざるをえないとなると、社会的に公正で、経済的にも効率的な、新たな雇用慣行をどのように形成していくかも、重要な課題となった。こうして、これまで何かと軽視されがちであった外部労働市場の構造と機能の問題に、あらためて正面から向かいあう必要が生まれる。市場機能の確保に必要な措置も求められるようになった。

　もちろん国際労働基準の変化も国内法の見直しに影響した。ILO96号条約を改定した181号条約は、労働市場の機能を活性化させるとともに、労働者保護

---

12) 労働法学者の主張では小嶌典明・前掲注11）両論文、馬渡淳一郎「職業安定法の再設計」日本労働研究雑誌437号（1996年）2頁以下、経済学者では島田晴雄＝太田清編『労働市場改革』（東洋経済新報社・1997年）、八代尚宏『雇用改革の時代』（中央公論社・1999年）、経済学・人事管理・労働法の共同研究に佐野陽子＝宮本安美＝八代充史編著『人と企業を活かすルールしばるルール』（中央経済社・1999年）などがある。

13) 脇田滋『労働法の規制緩和と公正雇用保障』（法律文化社・1995年）のほか、中嶋士元也「有料職業紹介事業・労働者派遣事業の規制緩和」ジュリスト1082号（1996年）100頁以下、有田謙司「職業安定法における民営職業紹介事業の法規制のあり方」労働法律旬報1394号（1996年）6頁以下、馬渡淳一郎「職業紹介事業・労働者派遣事業の規制緩和」日本労働研究雑誌446号（1997年）33頁以下など参照。

がないがしろにされないための基本線を打ち出したが、ネガティブ・リスト方式の採用（2条）や個人情報保護（6条）などは日本の改正法にも取り入れられ、同条約の批准もなされた。

(4) 日本の位置づけ

日本の雇用政策は、戦時中の統制経済と結びついた労働市場統制の時代（1940年代）以来、長らく積極主義を採用してきたものである。内部労働市場を重視した長期勤続、解雇規制、雇用維持政策などはどれも、積極主義の系列に連なる。欧州大陸諸国（とりわけドイツ、スウェーデン）と並び、積極的労働市場政策を採用する代表例となってきた。

ただし、消極主義といい、積極主義といい、実際の姿は極端なものではなく、両者の違いは、いわば程度の差といっていい部分がある。その意味では、市場経済システム、労働市場を前提にしない労働市場法の議論は非現実的であるが、市場原理だけに立脚する法政策もまた現実性に乏しく、労働市場を前提にした効率と公正、衡平を調整する視点に立ちつつ、制度設計と運用において、臨機応変な政策的介入を行うといった立場に、国際社会は収斂しつつあるように思われる。ILOの新条約は、こうした観点を打ち出しているのであろう。[14]

II　労働市場法の理念

1　法理念の位置づけ

労働市場と法の関係を検討して気づくことは、次の4点である。

第1に、経済体制としてどのようなものを前提にするかにより、市場放任的となるか、市場介入的となるかの大枠が決まり、労働市場法の法理念もまた揺れてきた。市場軽視・統制重視の時代には、全体的な経済介入の度合いとほぼ軌を一にして、労働市場への政策介入も積極的に追求される。逆に、市場重視・統制軽視の時代には、経済放任の度合いに応じて、政策介入も基本的なものにとどまり、手控えられる方向を向く。

---

14) この点は、八代尚宏・前掲注12)のような原理的な立場からの批判を免れないが、現実の政策選択という点ではむしろ堅実だと評されよう。

第2に、労働市場への政策介入の消極主義と積極主義は、歴史的にみて、19世紀の消極傾向から20世紀の積極傾向へと移り、21世紀にはまた消極傾向へ政策理念の軸が振れていくかのようである。人間の経済社会的な営為を非統制化・非組織化しようとした19世紀の行きすぎの反省から、20世紀にはその統制化・組織化の流れが強まったが、また逆の行きすぎが反省されて、21世紀に向けて非統制化・非組織化が胎動している、と解釈することができる。

　第3に、しかし、政策介入の積極主義と消極主義は原理のうえでは水と油の関係にあるが、実際の運用においては失業給付、職業訓練をはじめとした、かなり共通した政策が採用されてきており、まったくの対極にあったわけでもない。自由放任化の市場と組織化の政策介入は、それぞれに長短所があり、特定の社会経済的な脈絡のなかで動的な最適均衡を求めて、常に揺れる性格にある。社会経済的な脈絡が異なれば、国ごと、時代ごとの差異が生まれるのも当然であるし、社会システムとして健全なことである。動的な均衡には、経済的な諸要素だけでなく、政治的な諸要素も、社会文化的な諸要素も反映する。

　第4に、したがって、労働市場をめぐる法政策的な理念に関しては、経済理念の影響は多大であるが、たんなる経済理念だけから一元的に法理念が定まるものではない。法政策の大枠を決める際には、社会経済的な脈絡に対応した経済理念および関連する基本的人権のバランスがとられなければならないし、より下位に位置する政策運用においても、社会経済的な必要性とコスト負担の程度などから優先順位をつけつつ、全体の動的な均衡を図るために、経済原理と法原理とのバランスに配慮する必要がある。

2　理念の展開

　明治・大正期のわずかな規制を伴った放任状態から、厳格な規制と統制の昭和前期、規制を相当に厳格にかけ続けた昭和後期、そして、市場と規制の関係が問い直される平成の改革と、労働市場をめぐる法政策の軸足は変遷してきた。では、戦前はともかくとして戦後、どこに労働市場法の基本理念が求められてきたのか。また、これからの労働市場法の柱となる基本理念はどこに求められるべきか。

(1) 伝統的な論議

　憲法25条1項が「すべて国民は、健康で文化的な最低限度の生活を営む権利を有する」としたのを受けて、生活を営むために労働することに関して、憲法27条1項で「すべて国民は、勤労の権利を有し、義務を負ふ」と規定する。これにより国は、働く能力と意欲のある国民に労働の機会が与えられるための政策的な配慮をし、もし労働の機会が与えられない場合には失業給付などの代替的な策を用意する責務を負うと考えられてきた。[15]

　伝統的な労働市場法の理論は、27条1項にいう「勤労の権利」（労働権）を基礎において、全体を構想した。労働権こそが重要な理念であり、その実現が労働市場法の役割だと観念されてきたのである。さらに進んでは、内部労働市場を重視する日本型雇用慣行と労働権概念とが結合することによって、「雇用の安定」という視点を前面に出して、雇用保障法といった位置づけもなされてきた。実際、労働市場法制の目的規定では、まず「職業の安定」（職業安定法1条ほか）が出現し、次いで「完全雇用の達成」（雇用対策法1条）が加わり、さらに雇用調整給付金などの制度を設けた雇用保険法1条では「雇用の安定」が加わる。このように、各種の企業を渡り歩いたり、雇用と自営と行き来しうる「職業」を安定させることに端を発した戦後の労働市場法は、特定の企業に雇われ続けることを核とする「雇用の安定」へと行き着いた。かくして、第1次石油ショック時期の1974年以降、雇用の安定を政策目標にした法制度が続々と出現した。[16]

　しかしながら、労働権がプログラム規定とならざるをえない背景となる自由経済つまり市場経済のもとでは、好不況の波は自然なメカニズムであり、また、経済体制の基本原理が「自己責任にもとづく自由」を基礎にする以上、個々の企業に栄枯盛衰は避けえない。技術革新や産業構造の変化といった時間の流れも、考慮に入れざるをえない。こうして、経済成長率が鈍化し、人口の少子化が進むなかで、日本型雇用慣行が前提とした条件が揺らぎつつある結果、「雇

---

15) 以下での叙述は、諏訪康雄「キャリア権の構想をめぐる一試論」日本労働研究雑誌468号（1999年）54頁以下を下敷きとする。なお、憲法27条1項をめぐっては、ドイツの議論を丹念に検討した内野正幸『社会権の歴史的展開―労働権を中心にして』（信山社出版・1992年）参照。

16) 諏訪康雄「雇用政策法の構造と機能」日本労働研究雑誌423号（1995年）4頁以下参照。

用の安定」をほとんど唯一の政策目標に、横並びと護送船団方式の、国による企業経営への介入と保護を堅持し、すでに内部労働市場に組み込まれた人の雇用維持を図るだけでよいのか、という声が高まる。その結果、中央集権の統制経済ではなく、分権的な市場経済のもとで、必然的に生起する変動の揺れを織り込んだ労働権の実現あるいは雇用の安定は、どうしたら達成できるのか、とあらためて問われる。すなわち、基礎理念の再構築が必要となっている。

(2) 見直しの論議

とはいえ、少し見渡せば、労働権だけが労働市場法の理念ではない。経済社会の発展段階が高くなければ、何よりも最低限度の生活保障のための生存権的な労働権を重視しなければならないし、また、その実現だけでも政策的に容易なことではない。だが、経済社会の成熟化が進めば進むほど、この種の労働権だけでなく、個人としての尊重、個人の幸福追求の権利（憲法13条）と職業選択の自由（同22条）を見落とすわけにはいかなくなる。事実、職業安定法2条も職業選択の自由に言及する。つまり労働市場法においても、ナショナル・ミニマムを確保する安全網としての役割を超えた領域では、個人の尊厳、職業の選択、自己実現の自由などを最大限に尊重する必要があるのである。

こうして労働権を核に、種々の憲法理念を構造化していったとき、そこに新たな理念が浮かび上がる。いわば労働の「量」の確保へと向かわざるをえない性格の伝統的な労働権や社会権に加えて、個人の選択の自由と責任による労働の「質」を問う自由権を重ね合わせると、これから予想される雇用システムに対応できる基本理念を考えることができるかどうかが、現在、問われている。

以下では、そのような試みの1つである考えにふれる。労働権を「キャリア権」という視角からとらえ直し、これを基礎理念として労働市場法さらには労働法全体を再構成しようとする試論である。

(i) 職業・雇用・キャリアの相互関係　労働市場法制の目的規定には「職業の安定」という政策目標が頻出する（雇用対策法1条、職業安定法1条、職業能力開

---

17) とりわけ八代尚宏・前掲注12) は、きわめて厳しい批判を投げかけ、伝統的な労働立法と法理一般にも挑戦的な論を展開する。
18) 注2)、注16) の各文献・論文参照。
19) 詳しい展開は、諏訪・前掲注15) 参照。

発促進法1条、障害者雇用促進法1条ほか）。他方、「雇用の安定」という政策目標も併用される（雇用保険法1条、高年齢者雇用安定法1条——ただし「安定した雇用」などの表現も採られる）。かと思うと、「雇用の安定」だけが掲げられる法もある（労働者派遣法1条）。「職業の安定」と「雇用の安定」はどのような関係にあるのか。

概念的には、自営業や一人親方などを除くならば、企業横断的に職業生活を展開するなかで特定の企業による雇用があると考えられるので、職業の方が市場横断的であり、雇用よりも広い範囲を含むだろう。しかし、多くの法令における用語法からすると、本来は厳密には使い分けられるべきにせよ、大部分の場合、内部労働市場を重視する実務と政策姿勢を反映して、あたかも「職業」を「雇用」と読み替えたようなとらえ方がこれまで広まっていた。

それには、19世紀の労働運動のスローガンにもあった Job is property（職務は財産、あるいは職業は財産）が産業構造の変化や技術革新による職務・職業の改廃で維持しがたくなり、20世紀には Employment is property（雇用は財産）といった方向で雇用維持・解雇規制などが進んだ事実が反映しているだろう。ILOの職業・雇用関連の諸条約にもこの軌跡が読みとれる。戦後日本の場合、経済成長の過程に並行して、終身雇用・年功序列・企業別組合という強度に内部労働市場を志向する雇用慣行が形成されたことで、20世紀型の「雇用は財産」の意識は関係者間においてすこぶる強固なものとなった。「雇用の安定」の政策理念は、ここに根ざすだろう。

だが、雇用の安定と相互に関連してきた二大条件、経済の高度成長と人口構造は、大きく変化した。しかも、人の就労期間が20歳前後から65歳かそれ以上にまでと、半世紀にも及ぶ時間の流れとなってきた現在、優良企業の比較優位も30年といわれる「企業の寿命」を就労年数が超える事態がいくらでも発生するようになった。この間には、社会経済環境の変化、産業構造の変化、技術革新のなか、職務も職業も改廃と再編が著しいことだろう。職業（とりわけ職務）も、雇用も、生涯を通じてあらかじめ見通せるような安定状態を望むことが非常に難しくなった。その意味でも、人びとが希望を抱いて新たな政策立案の座標軸とすることができるような、新しい法理念、政策理念が望まれている。

結論的にいえば、それは Career is property（職業経歴つまりキャリアは財産）というスローガンではないだろうか。「キャリアは財産」とする政策目標

を示すことは、職業の安定（職務は財産）と雇用の安定（雇用は財産）という従来の考え方の核心に存在した要素を包含しうる。職業生活を通じて「生活保障」が図られ、社会との関わりでの「自己実現の機会」が付与され、生涯にわたる「職業キャリア」の保障も達成されるというように、これまでのスローガンを包み込んだうえで、従来以上にダイナミックな形での一貫した政策軸を構想する考えかたである。

　（ⅱ）キャリア権の構想　　「キャリアは財産」という政策スローガンをこれまでの立法にみられた政策理念に転換すれば、それは「キャリアの安定」ということになるであろう。ただし、静的な安定ではなく、ダイナミズムを含んだ、結果としての安定である。こうして21世紀には、従来通り職業の安定や雇用の安定によってこれを達成する人びとも多いだろうが、望むと望まざるとに関わりなく、長い職業生活を通じて動的にキャリアを展開する人びとも増えよう。そうした職業生活を支える「法理念」は何だろうか。

　キャリアに対する権利の保障を、雇用政策や労働法の基本にまで遡らせるならば、個人の主体性と幸福追求の権利（憲法13条）にもっとも根本的な基礎をおくとともに、労働の場における社会的な役割と自己実現を確保するという観点から、憲法22条１項の職業選択の自由と同27条１項の勤労権（労働権）の双方が浮上する。また、キャリアの準備や形成に配慮するならば、憲法25条１項（生存権）と同26条１・２項（教育を受ける権利・受けさせる義務——むしろ「学習権」ととらえるべきもの）とも関係してくる。その結果、法理念として浮上すべき「キャリア権」は、生存権を基底とし、労働権を核にして、職業選択の自由と学習権とを統合した性格の権利であるということになる。これは、たんに量的な意味での労働を考えるだけでなく、質的な意味での労働にも対応し、静的な意味だけでなく、動的な意味での安定を実現しようとする権利概念であり、新たな時代の基本的人権として構想される必要がある。このように再構成されたキャリア権は、雇用政策と労働法の核となりうる重要な鍵概念（キー・コンセプト）となる。

　（ⅲ）キャリア権の骨子　　キャリア権の骨子をより具体的に論じる。
　第１に、キャリア権はそもそも労働権思想が内包する重要な核概念である。職業キャリアの形成と展開が保障されることで生存（生計）の手段も確保され

ることからして、また、キャリアの形成と展開を抜きにした労働概念は貧困で魅力に乏しい内容となってしまうことからして、キャリア権は労働権の実質的な内容に読み込まれるべきものである。労働権が保障すべきものは、たんに量的に確保されるべき就労機会であってはならず、労働者の能力、適性、意欲を考慮した質的要素を含む就労機会でなければならない。

第2に、このように労働権の具体的な内容の1つとしてキャリア権を読み込んだとしても、これで労働権の法的性質が大きく変わるわけではない。プログラム規定としての社会権という基本的な性格に変化はない。ただし、労働権が解雇権濫用法理の導入や雇用機会均等法制に一定の理念的な基礎を与えてきたのと同様に、キャリア権を前提とした労働権からは、労働関係のいくつかの場面において、これまでと異なった対応を要請することがありうる。[20]

第3に、職業選択の自由（憲法22条1項）との関係では、キャリア権は個人の主体性と自由意思を尊重する性格をはっきりと示す。個人の発意により、その能力、適性、意欲をもっともよく体現できる職業を選択する可能性を認める。そうでなければキャリア準備と形成・展開が円滑には進まないからである。長い職業人生を考えるとき、どんなに善意であっても、また、職業関係のエキスパートであったとしても、本人以外が本人の意思を排除して職業の割当をすることは、多くの危険を含む。誰であれ不確定な将来について責任を負いきれないからである。自分の将来は自分で責任を負うという方式以外に、関係者の満足を極大化する策はない。憲法により労働の権利・義務があるからといっても、徴用と強制配置といった方式で就労機会を確保するような法制は、きわめて例外的な場合を除いては、許されないのである。

第4に、教育の権利（憲法26条）との関係はどうか。教育の機会均等を実現するために経済的な配慮を国家に求める権利と、子供の学習権すなわち成長・発達の権利を保障する学習の権利とが認められるならば、これは「子供」だけの問題にとどまらず、「人間」全体に妥当する。そして、まさしくこのままキャリア権の内容となる。生涯学習の時代には、教育訓練政策の対象を子供（青

---

20) たとえば就労請求権の場合、キャリア権に着目すると、読売新聞社事件・東京高決昭和33・8・2労民集9巻5号831頁のような消極論ではなく、高北農機事件・津地上野支決昭和47・11・10労判165号36頁のような積極論の再構成が課題として浮かび上がる。

年)に限る必要はないし、また、そうした限定はまったく不適当であろう。

　第5に、このように検討してくると、キャリア権は職業をめぐる人間の自己実現の権利そのものであることがよく理解できよう。こうしたキャリア権が狭い意味での雇用(民法623条)やこれに類似した労働形態に就く場合に限って認められるというのでは、おかしいことになる。戦争直後には就労人口の半分に満たなかったが、今や就業者に占める雇用労働者の割合が8割を超えるにしても、労働政策や労働法の対象を他人に雇われてその指揮命令のもとで働く「雇用」のみに限ることは、どうみても狭すぎる。SOHO(自宅や小規模オフィスでの開業)やテレワーク(在宅勤務・就労)といった働き方がますます広がるだろうし、ネットワーク型のプロジェクト労働などの場合には、雇用、請負、委任が混在することも増えた。まして労働市場とその隣接領域では、自営業主も、請負・委任型の労働者も、雇用型の労働者も、混在する。就労形態とは無関係に、ある人の職業という切り口で括ったキャリア形成と展開は、どのような労働形態にあっても中断していないことが少なくない。将来的には、これらを包摂できるような労働法のあり方も求められていくのではないだろうか。

III　労働市場法の体系

1　体系論の基礎

　労働市場における求職者(労働者)の側に視点をおいて労働市場をめぐる法を整理すると、①能力形成(学校教育・社会教育・職業教育などをめぐる諸法)、②就職(職業紹介・派遣労働・就職情報・就職支援・雇用創出などをめぐる諸法)、③労働関係の形成・展開・終了(雇用関係・雇用管理・雇用継続・能力開発・労使関係などをめぐる諸法)、④失業(失業給付・就職促進・能力再開発などをめぐる諸法)、⑤引退(退職金・引退生活・年金制度・生活保護などをめぐる諸法)、と大括りされる。このうち③労働関係の形成・展開・終了が主として内部労働市場に関連する領域であり、残りの①②④⑤が主として外部労働市場に関連する[21]。

---

[21]　諏訪・前掲注16) 8頁参照(そこでは関連する主な法を整理・列挙した表を掲げた)。

他方、労働市場における求人者(使用者)の側に視点を移すと、②に対応して求人活動(職業紹介・求人情報・求人支援・派遣労働などをめぐる諸法)があるほか、⑥企業経営(企業の設立と運用・市場参入・事業展開・市場退出などをめぐる諸法)が付け加わる。たとえば、ベンチャー企業を支援して雇用創出を図る施策は、②③④に関連するとともに、それ以前の⑥の領域に踏み込んでいる。

労働市場法の典型的な対象としては、ややもすると、①能力形成のうちの職業教育(職業能力開発)、②就職、④失業の領域に絞り込まれる傾向があった。労働法のうちで雇用関係法と労使関係法が守備する範囲外であり、外部労働市場における就職前と退職後に関係した部分を扱うという、消去法による残余領域の色彩が濃かった。これには、公共部門や大企業・中堅企業でもっとも顕著なように、内部労働市場型の雇用(正規雇用)と外部労働市場型の雇用(非正規雇用)を明確に区別し、内部労働市場における処遇体系を外部労働市場における需給調整、価格調整と一線を画する形で運用することを重視し、また、当然視してきた実務(日本型雇用慣行)が影響を与えた。その結果、転職市場の整備が脇に回され、内部労働市場は主として就職前と退職後の段階でしか外部労働市場と接合しないできた。そして、雇用関係法と労使関係法が内部労働市場に関連した領域を守備範囲としてきたので、労働市場法はおのずと外部労働市場における問題をもっぱら扱う法領域となってしまった。

しかしながら、労働法を広い意味での労働市場に関連し、その基盤整備と適正運用のための法であり、とりわけ労働市場における交渉力の弱さを補うために労働者をさまざまに支援する法の体系であるとして位置づけるならば、労働市場法の対象を狭く限定することは、実態的にも、また、法政策的な議論の一貫性を確保するためにも、望ましいことではない。細切れ状態の部分領域を対象に、その範囲内だけでの部分均衡をもっぱらとするのでは、まさしく縦割り行政が批判されるのと同様の弊に陥りかねない。

したがって労働市場法は、最広義としては、上掲の①から⑥の領域のすべてのうちで内部・外部の労働市場が直接に絡むか、密接に関連してくる部分を対象とする法の領域であり、狭義のそれとしては、上掲の①能力形成のうちの職業教育(職業能力開発)、②就職、④失業を中心とし、内部・外部の労働市場が接合する領域に関連した部分をも対象とする法の領域である、とみることが妥

当であろう。広義の労働市場法ではとりわけ、次に述べるような職業経歴（キャリア）の準備形成、展開、転換に関連した領域を対象とする必要がある。

いずれにせよ、労働市場法では、市場と法的介入との最適バランス、調整基準が常に問われる。市場の確立と機能確保には、制度的な枠組みの設定のほか、市場における関係者の主体的行動の自由がどの程度となるかが影響するし、逸脱行動の予防と事後的規制も課題となる。しかも関係者は、求職者（労働者）と求人者（使用者）だけにとどまらない。労働市場に関連するサービスを提供する主体、特に仲介的な事業を営む者（市場サービス提供者としての公共職業安定所・公共職業訓練機関、民営職業紹介事業者、労働者派遣事業者、職業・求人情報提供事業者など）の扱いが大事である。各種の市場関連サービスなくして市場の円滑な運営や活性化が難しい以上、これをもっぱら公共機関の提供するサービスだけに頼っていて足りるかどうか、民間に委ねるとしてどこをどの程度にするか、などが問われる。

2　職業キャリア重視の体系

職業経歴（キャリア）の視点は、個人の発達の過程に注目する。①社会と持続的な関わりをもつ職業人生に向けた準備と職業能力の形成をする児童から青少年までの時期、②職業経歴を開始し展開を遂げて自己実現をしていく青年から中高年までの時期（この間には職業キャリアの中断や転換もありうる）、③職業経歴を縮減または終了させて引退していく高年齢の時期のそれぞれに、人びとはさまざまな壁（課題）に直面し、工夫や苦労をしながら、これを乗り越えていこうとする[22]。

労働市場法は、①〜③の時期ごとに人びとが遭遇する課題に対して、①では自立した職業人になるための準備段階として能力開発（教育訓練）やキャリアカウンセリング（職業指導）といった支援サービスを行い、②では職業人生が円滑に進むよう職業キャリアの開始、展開をめぐるキャリアカウンセリング、

---

[22] この意味ではライフ・キャリアをめぐる心理学の成果が参考になる。ダニエル・レビンソン（南博訳）『ライフサイクルの心理学（上・下）』（講談社・1992年）、木村周『キャリア・カウンセリング』（雇用問題研究会・1997年）など参照。また、キャリアの中断をめぐっては、Douglas T. Hall et al., The Career Is Dead: Long Live the Career, The Jossey-Bass Inc. (San Francisco), 1996. が示唆深い。

職業紹介、就業支援、能力開発・再開発、失業時の給付といった支援サービスを行い、③では職業人生の締括りと引退生活に向けて限定的な就労を行う先の職業紹介、就業支援、退職時の給付、公的・私的年金、引退生活カウンセリングなどの支援サービスを行う任務を担う。

　より具体的には、①の児童・青少年時代には、学校教育、社会教育に関連する法のほか、職業能力開発促進法、職業安定法などが関係する。②の実年時代には、職業・雇用政策の全般を調整する雇用対策法のほか、職業安定法、労働者派遣法、職業能力開発促進法、高年齢者雇用安定法、障害者雇用促進法、中小企業労働力確保法、地域雇用開発等促進法、雇用保険法などの、伝統的な職業安定・能力開発行政に関連した諸法が含まれる。また、男女雇用機会均等法、育児介護休業法、パート労働法、勤労者財産形成促進法などの諸法も関連する（内部労働市場における雇用関係と労使関係に関わる労働基準法・労働組合法などの諸法も最広義の労働市場法には関連する）。③の引退過程の時代には、雇用対策法、職業安定法、労働者派遣法、職業能力開発促進法、高年齢者雇用安定法、雇用保険法、パート労働法、勤労者財産形成促進法などのほか、新たに厚生年金法、国民年金法、国民健康保険法などの社会保障法の領域との接点が生まれる。

　したがって労働市場法の体系としては、効率的で公正な労働市場の機能確保と動的な職業キャリアの確保の視点から、人の生涯にわたる職業人生を統一的に見渡し、公共政策の観点からその時どきに必要とされる支援措置を提供する法の体系である、という括り方が考えられる。そして、労働法の一環という意味では、働く人びとのキャリアの準備形成、展開、終了が円滑に進むように、職業経歴の各段階を通じて労働者のキャリア支援をする法の体系であるという視座が必要である。

おわりに

　今後に予想される、変化する雇用環境と流動化のもとでは、各人の職業キャリアこそが「財産」となる。労働者のキャリア意識を高め、キャリア選択とキャリア形成の機会を広げていく必要がある。また、キャリア活用の仕方を企業

が理解し、培ってきたキャリアの断絶を少なくすることで、個人と社会全体の生産性、効率、公正そして満足を高めることも重要である。

　したがって、これからの労働市場法は、キャリア権という形で新たな息を吹き込まれた労働権を基礎理念におきつつ、キャリア準備（自己学習権を核とする教育権）、キャリア選択（自己実現に向けた職業選択の自由、個人の幸福追求）、キャリア形成（個人の自己実現とキャリアの安定に向けた選択の自由）、キャリア転換（いざというときのキャリアのやり直しの自由）などを支援する各種サービスをめぐる法体系として、新たな展開が求められる。19世紀から20世紀にかけて展開された、職業・職務の安定と雇用の安定という理念の中心にあった「キャリアの形成・展開」を確保するという核心は、現在ではかつてないほど重要であり、かつ有効な政策方向である。

　その意味で、関連する労働市場法の再編成も必要となる。雇用保険法、職業能力開発促進法などの基本法を、個々人のキャリア支援という視点から、新たな状況に対応するように再調整していくだけでなく、労働契約法制の整備、解雇の正当性をめぐる立法規定の整備など、広義の労働市場法制における新たな対応も要請されていくことだろう。

　また、その他の課題として、予想される雇用の流動化の進展により人的資源が枯渇するような事態を招いてはならない[23]。その意味では、内部市場で人事部がはたしてきたほどに、あるいは、それ以上に、民間と公共の人材支援サービスが高度な専門能力を蓄積、発揮する一方、高い職業倫理を確立して社会から信認される存在になるかどうかは、重大な関心事となってきている。

〔初出：日本労働法学会編『講座21世紀の労働法２巻　労働市場の機構とルール』
（有斐閣・2000年）〕

---

[23]　日本型雇用の変質による人的資源形成と活用を懸念するものに、小池和男『日本企業の人材形成』（中央公論社・1997年）、荒井一博『終身雇用制と日本文化』（中央公論社・1997年）、宮本光晴『日本の雇用をどう守るか』（PHP研究所・1999年）などがあり、いずれも考慮すべき指摘をする。

第3章

能力開発法政策の課題
── なぜ職業訓練・能力開発への関心が薄かったのか

　本章は、職業教育・職業訓練・能力開発に関する法制を対象として、なぜ労働法学（者）がこの分野に大きな関心を払ってこなかったかについて探るとともに、これからの法政策的な課題について考察する。

I　法整備が後れた能力開発

　労働法は、労働者と使用者との間の労働契約の締結と運用を中心において、周辺にさまざまな法的規制のネットワークをめぐらす。伝統的な労働法の理解によると、労働者は使用者に比して圧倒的に弱い立場に立たされるので、特別の法的規制により保護されるべきだとして、労働基準法、労働安全衛生法、最低賃金法などのような個別的労働関係にある労働者を対象に保護する法規制、労働組合法、労働関係調整法のような団体的労使関係にある労働者を対象に保護する法規制、雇用対策法、職業安定法、職業能力開発促進法、雇用保険法などのような労働市場にある労働者を対象に保護する法規制を、それぞれ発展させてきた。これらの諸規制をめぐって法理も積み重ねられてきている[1]。
　そうした戦後日本の労働法を振り返ると、法制では労働組合と使用者・使用者団体との間の団体的労使関係の規整がまず先行し、ほぼ同時に個々の労働者

---

1) 詳細はもっとも標準的な体系書である菅野和夫『労働法〔第6版〕』（弘文堂・2003年）参照。他に、菅野和夫『新・雇用社会の法』（有斐閣・2002年）、菅野和夫＝岩村正彦編『岩波講座現代の法12巻　職業生活と法』（岩波書店・1998年）、諏訪康雄『雇用と法』（放送大学教育振興会・1999年）など参照。なお、労働市場とのかかわりの観点から労働法をとらえなおそうとした試みに、菅野和夫＝諏訪康雄「労働市場の変化と労働法の課題─新たなサポート・システムを求めて」日本労働研究雑誌418号（1994年）2頁以下、荒木尚志「労働市場と労働法」日本労働法学会誌97号（2001年）55頁以下などがある。

と使用者との間の個別的労働関係の規整が用意され、やや後れ気味ながらやがて労働市場をめぐる法制の整備もなされていった。そして、高度経済成長の1960年代後半以降、とりわけ1970年代の石油ショック後は、労働市場法制が量的に増加した。最近では、個別的労働関係と労働市場をめぐる法的規整の見直しが継続している。やがては団体的労使関係や公共部門の労働関係の見直しも本格化せざるをえないだろう。産業労働をめぐる環境と社会の関心のありかが少しずつ移行してきている様子がうかがえて興味深い[2]。

　法理の展開はどうであったか。当初は圧倒的に団体的労使関係法に関心が集中し、1970年代ころから個別的労働関係法への関心が高まっていき、1980年代半ば以降は個別的労働関係をめぐる法理がすこぶる盛んとなった。労働市場法への関心は、立法が活発化した1970年代以降、学界の一部に出現するが、全体的には広がらず、1990年代以降になって、ようやく広く議論の対象とされるようになった。しかしながら、職業訓練・能力開発をめぐる労働法研究は、現在も他分野に比して、後れ気味である[3]。

---

2) たとえば、菅野和夫ほか「日本型雇用システムの変化と労働法の課題」ジュリスト1066号（1995年）12頁以下、諏訪康雄「雇用政策法の構造と機能」日本労働研究雑誌423号（1995年）4頁以下参照。

3) 最新の論文に、両角道代「職業能力開発と労働法」日本労働法学会編『講座21世紀の労働法2巻 労働市場の機構とルール』（有斐閣・2000年）154頁以下。また、この分野の本格的論文に、黒川［両角］道代「雇用政策法としての職業能力開発（1〜3）」法学協会雑誌112巻6号750頁以下、112巻9号1212頁以下、112巻12号1679頁以下（1995年）がある。これ以前の労働法学者によるめぼしい研究としては、斎藤将『職業教育訓練法制の研究』（法律文化社・1986年）、同『職業能力開発法体系』（酒井書店・1993年）のほか、常盤忠允「職業訓練」日本労働法学会編『新労働法講座8巻 労働保護法(2)』（有斐閣・1966年）334頁以下、同「職業訓練法制の沿革」日本労働法学会編『現代労働法講座13巻 雇用保障』（総合労働研究所・1980年）170頁以下、上村學「現行の職業訓練法制の仕組みと問題点」同192頁以下、斎藤将「職業訓練政策の展望と立法論上の課題」同216頁以下、清正寛『雇用保障法の研究』（法律文化社・1987年）183頁以下、松林和夫『労働権と雇用保障法』（日本評論社・1991年）56頁以下などがある。また、行政実務担当者によるものでは、渋谷直蔵『職業訓練法の解説』（労働法令協会・1958年）、労働省職業訓練局編著『職業訓練法』（労務行政研究所・1971年）、労働省職業訓練局編著『新訂職業訓練法』（労務行政研究所・1979年）、宮川知雄『解説職業能力開発促進法』（日刊労働通信社・1986年）、労働省職業能力開発局編著『職業能力開発促進法』（労務行政研究所・1987年）、労働省職業能力開発局編『改正職業能力開発促進法の解説』（雇用問題研究会・1993年）、労働省職業能力開発局編『改訂版職業能力開発促進法』（労務行政研究所・1994年）などが出ている。なお、職業訓練の発達史については、隅谷三喜男編著『日本職業訓練発展史（上・下）』（日本労働協会・1970・1971年）、隅谷三喜男＝古賀比呂志編著『日本職業訓練発

なぜ関係法理の展開がかくも乏しく、後れ気味できたのだろうか。次節では、現行法制を概観したのち、原因となったと思われる要素を順に検討する作業を試みる。

Ⅱ 職業訓練をめぐる現行法制

日本の職業訓練、能力開発の法制は、「職業能力開発促進法」（昭和44年法64号として成立した職業訓練法を1985（昭和60）年に法改正し、さらにその後の数次にわたる法改正を経て、現行法に至る。以下、「能開法」と略）を核として整備されてきている。[4]

1 法の骨子

同法は、「雇用対策法（昭和41年法律第132号）と相まつて、職業訓練及び職業能力検定の内容の充実強化及びその実施の円滑化のための施策並びに労働者が自ら職業に関する教育訓練又は職業能力検定を受ける機会を確保するための施策等を総合的かつ計画的に講ずることにより、職業に必要な労働者の能力を開発し、及び向上させることを促進し、もつて、職業の安定と労働者の地位の向上を図るとともに、経済及び社会の発展に寄与することを目的とする」（1条）と定める。

すなわち、この目的規定を分解すると、

①究極の目的は「職業の安定と労働者の地位の向上を図る」こと、および、「経済及び社会の発展に寄与すること」の双方にあり、

②これに至るための当面の直接的な目的は「職業に必要な労働者の能力を開発し、及び向上させることを促進」するところに置かれ、

展史（戦後編）』（日本労働協会・1978年）、梁忠銘『近代日本職業教育の形成と展開』（多賀出版・1999年）など参照。また視点を異にする分析として、黒澤昌子「職業訓練・能力開発施策」猪木武徳=大竹文雄編『雇用政策の経済分析』（東京大学出版会・2001年）133頁以下も参照。

4） 以下の詳細は、前掲注3）掲記の諸文献を参照。このほか、安西愈「教育訓練」季刊労働法別冊『職場の労働法』（1986年）136頁以下、林和彦「入社前・後研修の法的問題」季刊労働法159号（1991年）35頁以下、小西國友「業務命令としての教育訓練とその限界」労働判例694号（1996年）15頁以下など参照。

③このための手法として「雇用対策法……と相まつて」、関連する諸施策を「総合的かつ計画的に講ずること」を規定し、
　④関連諸施策には「職業訓練及び職業能力検定の内容の充実強化及びその実施の円滑化のための施策」、ならびに、「労働者が自ら職業に関する教育訓練又は職業能力検定を受ける機会を確保するための施策等」を想定している、
ことがみてとれる。
　そして、これら諸施策の対象となる労働者としては、「事業主に雇用される者」および「求職者」の双方を想定する（2条）。
　つまり能開法は、内部労働市場にある労働者（事業主に雇用される者＝95条2項にいう雇用労働者）と、失業者などの状態で外部労働市場にある労働者（求職者）を対象に、職業教育訓練と職業能力検定を、総合的かつ計画的に進めるための枠組みを提示し、その運用に必要な措置を講ずるといった法律なのである。

2　法の基本理念

　能開法は、「労働者がその職業生活の全期間を通じてその有する能力を有効に発揮できるようにすることが、職業の安定及び労働者の地位の向上のために不可欠であるとともに、経済及び社会の発展の基礎をなすものであることにかんがみ、この法律の規定による職業能力の開発及び向上の促進は、産業構造の変化、技術の進歩その他の経済的環境の変化による業務の内容の変化に対する労働者の適応性を増大させ、及び転職に当たつての円滑な再就職に資するよう、労働者の職業生活設計に配慮しつつ、その職業生活の全期間を通じて段階的かつ体系的に行われることを基本理念とする」（3条）と定める。そして、「労働者の自発的な職業能力の開発及び向上の促進は、前条の基本理念に従い、職業生活設計に即して、必要な職業訓練及び職業に関する教育訓練を受ける機会が確保され、並びに必要な実務の経験がなされ、並びにこれらにより習得された職業に必要な技能及びこれに関する知識の適正な評価を行うことによつて図られなければならない」（3条の2第1項）と続ける。
　ここには、
　①労働者の「職業生活の全期間を通じて……能力を有効に発揮できるようにすること」の不可欠性

②能力開発が労働者の「職業生活設計に配慮しつつ、その職業生活の全期間を通じて段階的かつ体系的に行われる」こと
③労働者の「自発的な職業能力の開発及び向上の促進」をすること
④労働者を取り巻く雇用と産業をめぐる状況変化に即応できるようにすること
⑤「教育訓練を受ける機会」「実務の経験」「適正な評価」が要ること

が指摘され、個々の労働者を中心においた生涯学習（教育）体制が志向されている。

すなわち能開法は、失業中の労働者が就職できるように職業能力の開発に助力するという、あるいは、現に雇用される企業による職業訓練を促進するという、短期的かつ対症療法的な性格の施策を用意するだけでなく、より広くまた深い観点から「職業生活の全期間を通じて段階的かつ体系的」に職業能力の発展が図られることを希求するのである。

また、学校教育との関係では、重複を避けつつ、これと密接な関連をもつようにすることとされている（3条の2第2項）。

3　法による諸施策

以上のような目的と基本理念を実現していくために、能開法は、
①国による「職業能力開発基本計画」、都道府県による「職業能力開発計画」、事業主（すなわち企業・使用者）による「計画的な職業能力開発」（5・7・11条）
②国、都道府県、事業主による「多様な職業能力開発の機会の確保」（8・15条）
③国と都道府県による「職業訓練」（15条の6・16条）
④国による技能検定（44〜51条）
⑤国と都道府県による事業主等に対する援助、助成等（15条の2・15条の3）
⑥事業主によるOJT、Off-JTの実施、能力検定の受験（9・10条）、情報提供、時間や配置上の配慮（10条の2〔現10条の3〕）、「有給教育訓練休暇」（10条の3〔現10条の4〕）、「職業能力開発推進者」の選任（12条）、「認定職業訓練」（13条）

などを実現しようとする。

　このように同法は、近時の法改正（平成13年法35号）で労働者の「職業生活設計」（2条4項）という視点が導入されたが、各種の措置をめぐってはもっぱら国や都道府県（および職業能力開発協会などの外郭団体）が主体となって行う部分と、事業主が主体となって行う部分とに依拠する。そして同4条（関係者の責務）によると、両者の関係として能開法は、まず事業主の自主的努力を要請し（1項）、次いで国と都道府県によるその尊重や援助などに言及する構造になっている（2項）。つまり、民間部門（事業主と労働者など）が各種の能力開発の自主的な努力を行うことが何よりも大切で、これを公共部門（国と都道府県など）が補佐、補完するという方向でこれまでやってきたし、現在もそこにとどまる。

4　判例・学説

　職業教育訓練をめぐっては、国・地方自治体、使用者・使用者団体、労働者・労働組合などが、関係者として登場する。そして、法的に主として問題となるのは、教育訓練をめぐる権利義務関係である。

　この場合、職業教育訓練は「義務教育」（憲法26条）の直接的な対象ではないので、国・地方自治体の教育訓練施設設置義務や保護者の教育を受けさせる義務などは生じないが、国・地方自治体と事業主は、能開法4条による援助や訓練実施などの一定の責務と、同5条以下による能力開発をめぐる計画を策定するなどの責任を負う。また、国は、「労働権・労働義務」（憲法27条1項）を受けた雇用保険法において、公共職業安定所長が求職者に公共職業訓練の受講などを指示できるとともに、技能習得手当、訓練延長給付などを支給することを定める（10・24・36条ほか）。労働者は、一定の要件のもと、教育訓練給付を請求できる（雇用保険法60条の2）。さらに、労働組合は能開法などに直接的なかかわりをもたないが、助成金との関係で職業訓練計画などをめぐる協定の締結主体などになる（雇用保険法施行規則102条の3など）。

　これらをめぐって、現実に争いとなってきたのは、使用者による教育訓練の受講命令の扱いである。使用者にはいかなる範囲の教育訓練命令権があり、どのような受講命令ならば労働者は拒否できるかを判断した判例や学説は、少な

からず存在する。それらによると、
① 使用者は労働契約にもとづく労働者の労働給付（職務）に直接または密接に関係する合理的な範囲で教育訓練を命じることができるが、
② 目的や態様の点で労働契約による労働給付（職務）と無関係であったり、関連性が薄い場合には、使用者が一方的に命じることができず、労働者の合意をうる必要があるし、
③ 強行規定や公序良俗に違反する受講命令は無効となり、また、受講命令権が権利濫用となる場合も同様であるほか、差別的な教育訓練命令などが不法行為・不当労働行為などを構成することがある、
と考えられている[5]。

なお、①に関連しては、眼前の職務に関連しなくとも長期的な観点から労働能力を向上させる教育訓練や、組織に適応させるための教育訓練などについても、使用者の受講命令権を認める傾向がある。解雇を厳格に規制する反面として、従業員の柔軟な活用に向けての措置を幅広く認めるのが裁判所の傾向であって、これは教育訓練的な性格をおびた配置転換などについても同様である。

したがって、もし正当な業務命令である教育訓練命令に応じなかった場合、労働者は懲戒処分などの制裁や処遇上の不利益を受ける可能性がある。

5　法制と法理の特徴

能開法制とその運用には、以下のような特徴が認められる。
① 日本では、学校教育と職業教育訓練がまったく別個の法体系と行政機関に属し、かつ、重複を避けようとしたこともあって、相互の連携が必ずしもうまくとれていない。学校教育では職業教育・実務への対応は軽視され、また、青少年に対する公共職業訓練もそれほど普及しなかったことから、職業をめぐる教育訓練はもっぱら企業に就職してからの現場での教育、実地訓練を中心に展開されてきた。
② 訓練をめぐっては、労使当事者の自主性が尊重される方向で進んできているが、労働者を主体とするというよりは、事業主を生涯職業能力開発を推

---

5) 詳しくは、前掲注3）および注4）掲記の諸文献、とりわけ黒川［両角］・前掲注3）「雇用政策法としての職業能力開発(2)」1222頁以下を参照。

進する主体に据える形できた。つまり労働者が主体となるべきはずの「基本理念」（3条・3条の2）と、法実務が用意してきた企業を中心におく実施方向・諸施策との間には、相当に乖離がある。必ずしも個人労働者が前面に出てくるような構造にはなっていない。公共職業訓練施設なども、事業主の行う能力開発を補助し、委託訓練やコンサルティングなどの機能をはたすべき存在となっている。

③それゆえ、各種の助成などもほとんどが事業主かその団体を対象にしており、個人労働者が主体となって申請できる助成金などはむしろ例外的である（これには、財政的に能開法を支える雇用保険法において「能力開発事業」（63条）の費用負担を事業主側だけに求めてきた構造も関係してきた）。

④公共職業訓練は、事業主の行う職業訓練との関係において補完的であり、主流となるような役割をはたしてきていない。とりわけホワイトカラー、女性、高齢者、非正規雇用者向けなどの公共職業訓練に不十分さが目立つと指摘されている。

⑤労働法理は、能開法そのものについての解釈論的な展開が低調である。労働法では長らく、企業内教育訓練に疑いの眼差しを向け、何よりも取締りの対象として把握するきらいがあった。労働基準法の監督的な規制がそうであったし、学説における企業内教育訓練をめぐる使用者の教育訓練命令権の限界を問う議論も、発想において共通するところがあった。しかし現在では、職務遂行をめぐる教育訓練の必要性や終身雇用の維持との関連で教育訓練がもつ意義を評価して、判例・学説はかなり広い範囲で使用者の裁量権限を認める傾向にあり、現実の教育訓練や配置転換の円滑な実施に配慮をしていると目される。

⑥以上の結果、これまでの法制と法理の基本は、内部労働市場と強い関連をもつものになっている。そこで、これが強固に成立し、労働者の多くがそのコア部分に所属しつづける状態であるならば大きな問題は発生しないが、内部労働市場のあり方が変容し、外部労働市場の機能整備が求められるような場合には、個人労働者を支援する具体的な施策に乏しく、また、内部労働市場に所属しきれない非正規労働者などの存在に対しても有効に対処できない、といった構造的な問題点を抱えている。法制と法理が現状から

大きく踏み出すことができないならば、これまでも正規雇用にない労働者の要請には応えきれず、しわ寄せ問題を生んできたが、雇用の多様化の流れのなかでは将来的に人的資源の開発にかげりを生み、産業経済の展開にも支障を来しかねないことが懸念される。能開法に新しい方向の萌芽が埋め込まれているが、今後は、個人労働者（とりわけ外部労働市場に身をおく者）とより正面から向き合える対処策が求められる。

　以下では、こうした能開法制と法理の特徴をめぐり、制度と議論の「後れ」の原因を考察する。

Ⅲ　この分野が後れた理由(1)――法制が未発達だったからか

　当たっている面がある。

　戦前、能開法制は、ほとんど発達をみなかった。1930年代以前のレッセ・フェール的な考えが強かった時期には、民間における徒弟制度に委ねられた職業訓練につき、その弊害を監督する目的で1916（大正5）年施行の工場法と施行令に規定が入った（現行労働基準法69条にこうした流れを受けた規定が残る）が、取締り規定であって、職業訓練の意義を評価し奨励するような性格のものではなかった。しかも、手工業主や小規模事業所には適用をみなかった。なお、失業者に対する公的な職業補導事業として一種の職業訓練が試みられたのは、1921（大正10）年の職業紹介法（職業安定法の前身）後の1923（大正12）年に東京市が行った例に端を発していたが、精神訓話的であったりして、本格的なものではなかったとされる。

　戦争体制への移行は、国家の職業訓練への姿勢を積極的なものへと変える。まず、1938（昭和13）年の職業紹介法改正で職業紹介所が国営化された際、機械工補導所が付設されて、短期の速成訓練を開始した。そして、1939（昭和14）年の国家総動員法は、工場事業場技能者養成令の制定を求め、一定規模以上の工場に長期の熟練工養成を義務づけ、補助金を支給した。また、1940（昭和15）年には、機械技術検定令が定められ、技能検定への道を開いた。その他、戦争遂行のために各種の訓練施策も用意された。

　戦後、こうした訓練施設は失業者への職業補導、職業訓練に利用され、1947

（昭和22）年制定の職業安定法にもとづく対応などがとられた。また、同年制定の労働基準法70条（技能者の養成）などにもとづく技能者養成規定も制定された。そのために、同年新設の旧労働省は職業安定局に職業補導課を有し、1949（昭和24）年には労働基準局監督課から分離した技能課も生まれ、1951（昭和26）年には監督者訓練課も設けられた。

そして、世の中がそれなりに落ち着いてきた1958（昭和33）年になってようやく旧職業訓練法（能開法の前身）が制定され、また1961（昭和36）年に旧労働省に職業訓練局が設置された。その後同法は、1969（昭和44）年の法改正により新職業訓練法となり、1974（昭和49）年の雇用保険法（旧来の失業保険法を全面改正したもの）とその1976（昭和51）年改正により、能力開発が同法の定める事業の１つに位置づけられ、1978（昭和53）年の職業訓練法改正、1984（昭和59）年の職業訓練局の職業能力開発局への名称・編成の変更を経て、1985（昭和60）年の職業訓練法の改正によって現行法である職業能力開発促進法が成立する。同年には、労働者派遣法、男女雇用機会均等法なども成立しており、労働市場の変化を受けての本格的な法制再編成の転換点を飾った立法となった。

以上のように、能開法制は他の労働法制に比し、大きく後れて発展してきた。今も発展途上にある法制分野だといってもよい。基本となる法制の発達を欠いては法理の発展も限界があり、法理の展開なくして法制の整備もまた後れがちとなるといった関係が、ここにはみてとれる。

とはいえ、こうした後れ現象は必ずしも日本だけのものではない。ILO（国際労働機関）でも、戦前には「職業訓練に関する勧告」（57号・1939年）と「徒弟制度に関する勧告」（60号・1939年）があったくらいで、戦後も長らく「職業訓練に関する勧告」（117号・1962年）にとどまっていた。こうして、本格的な条約化は「人的資源の開発における職業指導及び職業訓練に関する条約」（142号・1975年。日本は1986年に批准登録）まで待たなければならなかったほどである。欧米諸国をみても、能開法制は労働法のいわば傍流にあり、全体の展開の足どりも遅いのである。[6]

つまり、法政策の次元においても、また、法理の次元においても、さらには実務の世界においても、職業訓練・能力開発の分野は大きな意識的な関心を長らく払われてこなかったといっても過言ではなかろう。

Ⅳ　この分野が後れた理由(2)——法律家が怠慢だったからか

　これも当たっている面がある。
　ローマ法以来の長い伝統をもつ法律学・法学の主流は「法解釈学」である。立法府の作成する「法規」（憲法・法律など）に理論的な体系性や技術的な整合性を与え、現実の世界に生起する事案に法規を適用する作業を行う。また、法規が自治を認める領域で当事者が合意を介して作成する「契約」に合理的な解釈を施し、当事者間に生起する問題が合意とその法的な趣旨にそって解決されるように取り計らう。つまり法律家は、原則として自分以外の誰か他の者（立法者または当事者）が作成した、法的に意味のある文書、了解事項などをめぐり、そこに含まれた規定の要件を確定し、判断対象となる事実をその要件と比較対照し、法的な効果と考えられる結論を導き出す論証作業にたずさわるのを常としてきた。そして、こうした論証作業には多くの知識、技術が要請されるので、その研鑽に精力と時間の多くを費やしてきた。緻密ではあるが、あと知恵的な判定に終始し、一般に発想が受け身的で、保守的だとする世間の批判は、こうした人材養成法に起因する思考・行動特性にも向けられてきていよう[7]。
　労働法学者もやはり同様のメンタリティと学問的な思考・行動特性を共有してきたし、現在も共有している。主として法解釈論を学び、制定された法令の体系的な解釈には精を出すが、法政策学や立法学にはさほど関心を示さないか、示したとしてもあまり体系的、理論的でないことが多い。しかも、日本の労働法制のうち労働基準法や労働組合法といった主要な法律には多くの研究者が関心を示すけれども、それ以外のマイナー視されてきた法令を研究する人数は大きく落ち込む。裁判所の裁判例が多数出ていてその整理統合が必要な分野、逆

6）　諸外国の職業教育訓練をめぐっては、労働大臣官房国際労働課編『平成8年版海外労働白書』（日本労働研究機構・1996年）273頁以下、『公共職業訓練の国際比較研究』シリーズ［スウェーデン・フランス・イギリス・アメリカ・イタリア・ドイツ］（日本労働研究機構・1997～2000年）など参照。なお、沼田雅之「アメリカ合衆国の職業教育・訓練に関する法制度」日本労働法学会誌98号（2001年）175頁以下も参照。
7）　たとえば、諏訪康雄「政策法務の学び方」社会志林47巻3号（2001年）75頁以下およびそこでの引用諸文献を参照。

に多くの現実的な事件が起きていても裁判例が集積されていない分野には、とりわけ多くの研究者が取り組む。また、日本ではまださほど議論されていないが、欧米諸国とりわけ米国とドイツで先進的な理論展開が進みつつある分野も、研究者を惹きつけてきた。しかし、裁判例がほとんど存在せず、その理由も現実的に関係する事件が起きていないことにより、また、外国でも多くの関心が払われていない分野となると、絶望的なほどにほとんど研究が深化されないまま放置される傾向にある。能開法制は、まさしくその典型的な一例であろう。

多くの研究者仲間が関心を示さず、したがって論文を書いてもさほど反響を呼ばず、また、評価もされないとなると、若き研究者が二の足を踏むのも無理はない。まして、権利・義務という規範関係を前提に議論することに慣れている法律家は、主として公的・私的な組織や制度の設計と運用に関する法令には食指を動かさない。実際に解釈論的な争いになる部分が少なく、「法理論」的に面白くないのである。こうして能開法制は、主として実務関係者が書いた著作を別とすると、労働法学者のごく一部が、労働法体系に位置づけるために概括的に言及するくらいの存在であり続けてきた。

V　この分野が後れた理由(3)——関係者の関心が低かったからか

これまた当たっている面がある。

労働法学者が関心を示さなかったとしても、労使および行政の実務家たちが高い関心を示してきたとしたならば、少なくとも法制または政策としては、職業訓練・能力開発の分野がもう少し脚光を浴びていたはずであった。

だが、実務家たちも一部の関係者を別とすると、正面から本格的に対応してきた気配はない。現に、旧労働省（現厚生労働省）の職業能力開発局は他局に後れて設置され、一貫して小さめの局にとどまってきたし、労使間に労働協約などを通じて能力開発をめぐる自主的な制度を大きく展開した例にも乏しい。多くの関係者は、長らく、能開制度・法制の充実に対して、高い優先度を認めてこなかった、といってよい。

なぜだったのだろうか。

第1に、過去の時代的な制約がある。貧しく余裕のない社会では、眼前に展

開される課題への対応が優先され、将来に向けた対策はどうしても後回しにされる。当面の雇用や労働条件の確保が声高に叫ばれるとき、時間とコストを要し、すぐには成果の上がらない教育訓練などは後回しとなる。ちょうど苦しい家計のもとでは、進学を諦めざるをえなくなったり、教育費が抑制されがちになるのと同様である。総論として教育訓練の重要性がわかっていても、当面の対応に関する各論としては、どうしても優先度が低くなりがちとなってきたのである。

　第2に、日本における教育訓練をめぐる学校教育と職業教育の分離・分担も影響したと思われる。学校教育は基礎学力や理論を教え、職業教育には関与しないか、関与したとしても職業の現場の動向にうとくて、必ずしも適切な対応ができないできた。逆に職業教育は、基礎学力や理論を学校教育に譲る結果、しばしばコンセプトが狭くなりすぎ、本格的な教育というよりは、目先の狭い職業知識・技能の訓練にとどまる傾向となりがちであった。

　第3に、学校教育にしても、職業教育にしても、せいぜい一般的な基礎学力、一般的な職業知識・技能を用意できるだけであり、個別の業界、企業に特殊的な学力、知識、技能などを用意しきれるものではない事情がある。学校教育や職業教育は、それこそ無数にあり、しかも絶えず変化する企業特殊的な教育訓練の分野にまでは、入り込むことができない。特定の企業に合致した特殊的な教育訓練をしたところで、修了者がそこに採用される見込みが少なければ、教育訓練機関と訓練生は無駄な努力をしたことになってしまう。少なくとも就職可能性のある業界向けの特殊訓練を施す範囲にとどまらざるをえない。そこで、企業外教育訓練機関の観点からして汎用性に欠けるが、個別企業にとっては重要性の高い特殊な教育訓練は、個別の企業でそれぞれの特殊性に合わせて自ら行うほかはないこととなった。

　第4に、教育訓練の多くは結果的に個々の企業へ委ねられ、法的な制度や制約からかなり離れたところで、独自の発展を遂げたことがある。欧米型の職業・職種の観念と伝統を欠いた社会では、欧米で形成された理論や法制にもとづいて、職業教育訓練を展開しても、成果は上がらなかった。その典型が、旧職業訓練法（昭和33年法）のもとで西欧型の養成制度を導入しようとして失敗した例である[8]。結局、日本型の人材養成は、企業内の職業実地訓練、とりわけ

OJTを中心とする、企業主導の経験主義型の手法に落ち着いていった。つまり、学校教育における均質度の高い基礎教育を前提に、職業に関連した教育訓練は企業内での教育システムと職場組織に多くが委ねられることに落ち着いたのであった。そこでは、法の出ていく余地は少なく、それゆえ職業訓練をめぐる法政策や法理論も低調なものにとどまらざるをえなかった。

Ⅵ この分野が後れた理由(4)——必要ないと思われてきたのか

ある意味で当たっている面がある。

高度成長以前には職業訓練を制度化する余裕に乏しく、また、高度成長の過程とその後には日本型雇用慣行が社会的に定着していき、内部労働市場の制度化に目が向けられ、企業外訓練の意義や必要性がさほど注目を集めないようになる。いずれにせよ職業訓練をめぐる法制や法理論への社会的な関心は大きなものとならなかった。必要性が痛感されないところで、学校や職業訓練施設の職業教育訓練が大きな期待を集められるはずはない。学校教育では、もっぱら普通教育が重視され、職業教育と職業高校の比重が低下する。訓練施設も中小企業向けに一定の機能をはたしつづけるが、社会的な評価と関心を高めることはできなかった。

こうして雇用の現場には、普通教育主体の学校教育や、最先端の職業教育についていけず一般的な職業訓練しかできない訓練施設を見限って、どうせ学校で教えられることはたかが知れており、人材育成の本番は就職してからだという意識がみなぎった。「学校は余分なことを教えなくたってよい。企業が教育訓練するから構わない」という気分がバブル華やかなりしころまで、実務の世界に蔓延していた。

実際、一般的な教育訓練で身につけた知識や技能のすべてが個々の企業や現場で必要なわけではないし、また、必要なレベルに達するはずもない。現場で

---

8) たとえば、K. Freuer & K. Beck (eds), *Are European Vocational Systems up to the Job?*, Peterlang (Frankfurt am Main), 2002, p. 17 は、欧州7カ国比較にもとづき各国の職業訓練の「制度はそれぞれ独自的である」と結論づけ、近接した欧州諸国間でも他国の制度が容易に導入できない実情を指摘する。

は、特定の分野の知識や技能をさらに深く、広く身につけることが求められる。また、座学中心、知識中心で、実学、実地訓練に欠けたり、一般的訓練ばかりでは、企業の最先端の要請に適うはずもない。いかなる職業分野であれ、どんなにうまく設計・運営された学校教育や訓練施設があったとしても、教育訓練で到達できるのは基礎かその少し上の段階までであり、本格的な職業能力の開発を遂げるには、仕事をしながらの訓練（試行錯誤）に身を委ねるほかない。

　日本型雇用慣行論の行き着く先、その成功体験とも相まって、こうしたOJTの意義と重要性が過度に強調され、企業外部での公的・私的な教育訓練は、補完的な、周辺的な位置づけしかされなくなっていった。

　定期的なローテーションによる多能工やジェネラリストを志向する教育訓練パターンは、終身雇用、年功序列などの慣行と親和的であり、技術革新が継起する環境などと折り合おうとする工夫であった。だが、教育訓練をめぐる現場任せ、機会任せの発想には、「子どもは環境の様々な要素を取り入れながら自然に成長するものだと考えられ……、体系的な訓練よりも、非計画的、実地教育が重視され、見よう見まねの学習、正しい方法を学び、逸れると正す……方法が好まれた」という、日本の子育て論にみられる特徴が、大人の教育訓練の場面でも踏襲されているところがあったと思われる[9]。こうして、理論を重視するフォーマルな教育訓練よりも、経験を重視するインフォーマルな実地訓練を選好させてきた。そして、経験重視のインフォーマルな実地訓練は、およそ外部教育機関における教育訓練の方向とは異なるものであった[10]。

Ⅶ　この分野が後れた理由(5)――「企業任せ」のせいだったのか

　これこそが主たる原因だったのではないかと考える。
　戦後の日本における雇用慣行の展開は、教育訓練に関して企業のイニシアテ

---

9) 恒吉僚子＝S.ブーコック編著『育児の国際比較―子どもと社会と親たち』（日本放送出版協会・1997年）230頁。
10) 小池和男『日本の熟練』（有斐閣・1981年）、同『日本企業の人材形成―不確実性に対処するためのノウハウ』（中央公論社・1997年）などの一連の仕事のほか、最近でも佐藤博樹＝玄田有史編『成長と人材―伸びる企業の人材戦略』（勁草書房・2003年）のような指摘は多い。

ィブを評価し、これに多くを委ねるパターンを主流とさせ、国家の役割を背景的、補完的で、直接的な介入の少ないものにとどめるように導いた。能開法は、国家が労使に特別な規制を課す側面があまりなく、国家と労使との間に直接の権利義務を設定する性格も弱く、主として職業能力開発をめぐる労働行政の基礎を提供するだけの存在なので、これをめぐって法的争いを生む可能性は低かった。また、労使間の理解と判例・学説が、雇用保障を最優先課題として、それを実効的にするために発動される使用者の裁量権を幅広く認める方向をとると、これをめぐる使用者と労働組合との間の深刻な争いもそう多いものではなくなり、個別の労働者が契約の解釈適用の次元で時に争いを提起するくらいの状況となった。

　こうして、企業（とりわけ大・中堅企業）内で採用時研修、職種転換時研修、新技術導入時研修、階層別研修、研修的な意味も兼ねた定期的な配置転換・転勤・出向などが広く展開されても、配転・転勤さらには出向などの妥当性を除いては、法的な場面で意識されることが少なかった。

　日本型雇用慣行とされる終身雇用や年功序列のもとで、企業または企業グループ内に成立・展開する内部労働市場・準内部労働市場における人的資源の育成や配分では、企業組織者としての使用者（経営者・事業主）が主導権をもつ。雇用を維持確保する責務を強く迫られる代わりに、人的資源の柔軟な活用については裁量の余地が広く認められてきた。使用者は、高度な雇用確保責任と、人的資源の戦略的、計画的管理の権限とを、いわば表裏一体のものとして、有してきた。

　こうして内部労働市場における企業イニシアティブが前面に強く出るとき、労働者のイニシアティブは背後に隠れざるをえない。日本型雇用慣行のもとで典型的に想定される労働者は、新卒採用時に業界、企業、そして事務系・技術系・現業系などの大まかな職種区分を選ぶことができても、企業組織＝内部労働市場における具体的な職務や職種、キャリア形成の経路を選ぶことはまずできない。会社でどんな仕事を、どう行うかについて予測ができないとき、労働者は自ら具体的な職業教育訓練にコミットする気になれず、もっぱら自分のキャリアの一般的な発展可能性が高そうな企業（その多くは有名企業）に選考してもらえるようにだけ行動する（また、それにつながる進学時のブランド校志向

なども生む)。
　会社に入ったのちも、辞令1枚で異動させられ、どの職場でどのような仕事をするかの予測が事前につかないことが多く、労働者はごく一般的な技能や知識および組織理解や人脈形成は身につけようとするかもしれないが、特定分野の専門的技能や知識の開拓には二の足を踏む。まして、スペシャリストになるとつぶしが利かないからジェネラリストが望ましいとの雰囲気が社内にあれば、自らの専門性を高める気にはなれない。そもそも専門性とは分野を特定しなければ身につかないが、その分野の自主的な特定が困難な状況のもとでは、個々の労働者の専門性も高めようはずがない。数年おきに仕事内容が変わり、仕事に継続性や関連性が薄いと、専門的な職業能力も高まらない。結局、多くの労働者は企業から与えられる教育訓練に呼応し、与えられた仕事に従事する受け身の存在、指示待ちの状態にとどまってきた。
　こうして、職業教育訓練をめぐる法と政策は、能力開発をめぐる実態に応じ、その中心となる企業に焦点を当て、能力開発意欲を刺激し、企業が主体となって教育訓練が展開されるように、各種の配慮をする形に落ち着いてきたのであった。

Ⅷ　要約と課題

1　要　　約

　日本の職業教育訓練をめぐる法制と法理は、戦前にはほとんど展開をみず、戦後も他の労働法分野に比して後れた展開をみせた。現在でも、議論が活発だとは、いいかねる。
　そうなった主な理由は、実態において、
①戦前から戦後の1950年代前半までは、労働をめぐる眼前の政策課題、法的問題への対応に忙殺され、職業教育訓練にまで手が回らなかったこと
②1950年代後半以降は、日本型雇用慣行とりわけ終身雇用制が社会的に強固となっていくなか、内部労働市場の人的資源管理に主導権をもつ企業が主体となった職業教育訓練に委ねる政策が主流となったこと

の2点である。

　これに、

　③学校教育と職業教育とが分離し、前者における職業への関心の希薄さ、および、後者における国家が直接に職業教育訓練を展開するよりも、背景に退いて企業主体の教育訓練を支援し、労働者個人が主体となる教育訓練への配慮は少ないままできた能開法の法構造が絡み、

　④さらに伝統的な法律家、労働法学（者）の関心の特性、すなわち、法的な権利義務をめぐる紛争への対症療法的な、事後的な対応をするため、精緻な解釈論を展開することには関心を示すが、法制度を設計し、その円滑な運用のための手法を検討することなどには消極的な性格が絡んで、

職業教育訓練への関心を希薄なものとしてきた。

　もちろん、そもそも長い間、労働法において雇用政策法、労働市場法への関心が高くなかったことも、影響していた。そして、この傾向は、たんに日本だけのものではなく、国際的にみても同様であり、先進諸国やILOにおいても、職業教育訓練の法制に高い関心が向けられるようになってきたのは、むしろここ最近のことである[11]。

2　課　題

　以上のように日本の能開法を検討してくると、課題の所在は、かなり明確である。

　第1に、「内部労働市場万能主義」とでもいうべき一面的な政策姿勢の補正である。日本型雇用慣行を法が無理に変えることはないし、その利点を否定することも妥当でない。しかし、その限界をわきまえて、不得手な部分に対処していく必要がある。それは、外部労働市場の整備の不可欠性であり、その重要

---

11)　知識社会（knowledge-based society）の予感と近時の姿に関しては、R.B.ライシュ（中谷巌訳）『ザ・ワーク・オブ・ネーションズ—21世紀資本主義のイメージ』（ダイヤモンド社・1991年）、P.F.ドラッカー（上田惇生ほか訳）『ポスト資本主義社会—21世紀の組織と人間はどう変わるか』（ダイヤモンド社・1993年）、A.バートン＝ジョーンズ（野中郁次郎監訳・有賀裕子訳）『知識資本主義』（日本経済新聞社・2001年）、P.キャペリ（若山由美訳）『雇用の未来』（日本経済新聞社・2001年）、R.B.ライシュ（清家篤訳）『勝者の代償』（東洋経済新報社・2002年）ほか多数の著作が発表されている。

な一環を形成する職業教育訓練システムをどう用意するかである。これなくしては、転職志向者、中小零細企業の労働者、衰退産業の従事者、女性、高齢者、非正規労働者などがしわ寄せを受ける状態を改善することは困難である。硬直した雇用構造を是正することもできない。社会経済の変化に対応した人材育成も覚つかない。

　第2に、「企業中心主義」の修正である。人びとの職業キャリアの展開において、企業戦略への依存が前面に出すぎており、個人の労働者が主体となる余地に乏しいことが、さまざまな弊害を招いている。このまま企業のパターナリスティックな配慮に事態を委ねていくのでは、労働者の間に、自分のキャリアを主体的に構築していく意欲や専門性を高める姿勢は育たない。そうなると、キャリア展開の自主性が欠如したままの労働者が、始まりつつある知識社会の産業を担っていけるものなのかと懸念される。

　したがって労働法もまた、こうした政策転換を支える基本的な法理念と体系を提示し、来るべき時代に適合した法理を提示していく必要がある。その場合、労働者の「キャリア権」を核にした能力開発論、職業訓練論を展開する必要を感じている。[12]現に労働者の職業生活設計に言及しはじめた能開法（2条4項ほか）には、それへ向けた萌芽がみられる。[13]今後とも法体系を整備しつつ、この方向を大きく育てていくことが望まれる。[14]

　ただし、そうなったとしても、職業教育訓練をめぐる法律論が非常に盛んになるような事態は、あまり予想できない。そうした法制はせいぜい枠組みを提供するだけであり、その内実を形成するのはあくまでも労使自治を柱とした現実の流れである。人的資源管理論などが前面に出ようが、伝統的な法学の守備

---

12)　諏訪康雄「キャリア権の構想をめぐる一試論」日本労働研究雑誌468号（1999年）5頁以下、同「労働市場法の理念と体系」日本労働法学会編『講座21世紀の労働法2巻 労働市場の機構とルール』（有斐閣・2000年）2頁以下参照。

13)　菅野・前掲注1）『労働法〔第6版〕』52頁は、キャリア権理念が能開法改正に影響したと指摘する。

14)　能力開発さらには生涯学習における個人支援策を大幅に充実させていくことが不可欠だと考える。なお、尾高煌之助「あたらしい仕事の世界、職業教育、そして労働法」『『雇用をめぐる法と経済』研究報告書』（日本労働研究機構・2001年）132頁は、労働法と労働政策を批判的に検討し、自由化と規制緩和を踏まえて「教育システム、職業訓練、そして、労働法、労働政策を再構築すべきなのかもしれない」とする。

範囲からすると、主流に位置するものとはなりにくい性格にある。[15]

〔初出：日本労働研究雑誌514号（2003年）〕

---

[15] 周辺領域における最近の意欲的な論文に、たとえば、唐津博「労働者の『就労』と労働契約上の使用者の義務」下井隆史先生古稀記念『新時代の労働契約法理論』（信山社出版・2003年）157頁以下などが出ている。

第4章

雇用政策をめぐる断章

I　脚光をあびる雇用政策

1　雇用政策とは何か？

「雇用政策」とは、雇用をめぐる公共政策のことである。狭い意味では、雇用労働という他人に雇われてその指揮命令下に働く形態の労働の態様について、
　①雇用労働者の教育訓練（職業能力開発）
　②需給調整（職業紹介）
　③雇用安定（解雇規制・雇用助成・失業給付）
などの諸施策の体系的な展開を意味する。これらが主に厚生労働省によって担われていることは周知のとおりである。

しかし、広い意味での雇用政策は、これにとどまらない。
　④雇用機会の創出支援（新規産業育成・起業支援・公共事業）
　⑤雇用機会の均等確保（雇用機会均等法・就職困難者支援）
　⑥雇用の品質確保（労働基準法ほかの労働法・人的資源管理）
はもちろんのこと、それらの前提となる
　⑦人材育成（公教育・民間教育・社会教育・家庭教育）
　⑧雇用をめぐる紛争処理（労働訴訟・紛争処理サービス）
　⑨出入国管理（外国人労働問題）
なども、すべて広義における雇用政策という一面をもっている。

もちろん、請負、委任（準委任）といった雇用以外の働き方（自営業・マイクロビジネス・インディペンデントコントラターなど）が広がってきているが、雇用関係と実質において同じかまたは近接する場合には、それらをめぐる諸施策

も、雇用政策の一種に分類できる。

　そこで、以下では主として狭い意味つまり伝統的な意味での雇用政策を念頭に最近の動きを概観していくが、必要に応じて広い意味での雇用政策にもふれることにする。

2　雇用政策論の背景

　経済が好況だと、雇用問題はもっぱら人手不足として論じられる。バブル期の苦心の人材確保策は今では笑い話や思い出にすぎないものであるが、当時は深刻な政策課題だった。また、逆に不況期には、人手過剰から、失業対策や雇用確保策が語られる。ここ10数年ほどの議論は、まさにその典型である。

　市場経済のもとでは雇用もまた、労働市場における需要（求人）と供給（求職）の関係として調整される。そして、ある国の労働市場における供給側の事情つまり労働者の数は急に増えたり減ったりはしないので、もっぱら経済活動の状況という需要側の事情によって人手不足や人手過剰という結果を生み出すことになる。

　そこで理論的には、人手不足や過剰という変動の波を小さくして安定的な需給関係を確保しようということになる。それには、高度成長期の日本のように経済活動をいつでもほぼ活発な状態にさせるか、あるいは、人手不足時には供給を増やすために外国から労働力を「輸入」し、人手過剰時には逆に外国へ「輸出」できるなら、さぞや都合がよいこととなる。国による好不況に差異があれば、この需給調整はより円滑に進むだろう。逆に世界的な規模で好不況が同期化すると、この種の需給調整にはもっぱら労働の価格面すなわち報酬額における差異が効くことになる。

　とはいえ、経済活動には波動がつきものであるし、その機能を否定しさることもできない。また、そもそも人間の労働能力はたんなる商品ではなくて、人間の人格や感情と一体不可分であるし、その生活と切り離すこともできなければ、言語に象徴されるような文化とも結びついている。カネやモノの取引のように、市場で自由に流通させることはおよそ困難である。

　一国の労働市場をみても、東京や愛知で雇用機会が豊富だからといって、雇用機会が不足する北海道や九州に住む人がすぐに転居し、就職や転職をするこ

とは、簡単ではない。若年者の場合でさえそうであるから、まして中高年となったら至難のわざである。労働をめぐる需給関係が地域的に展開されるのが普通なのは、こうした原因からである。また、たとえば前日まで長年、建築関係の現場で働いていた人が、翌日からナノテクの研究開発に従事することなどほとんど不可能であるように、知識、経験、技術技能、能力適性などの要素が大きく影響する。

それだけに、一般論として、人口が高齢化すればするほど、地域間移動も職業間移動も困難になるので、労働市場の地域性や職業性という分断（segmentation）現象は顕著になっていく。そこに、グローバル化や産業構造の転換などによる企業の衰退、事業場の撤退、事業内容の転換などが重なると、雇用問題はさらに深刻化する。まさに現在の日本がおかれた状態は、その典型的な姿に近づきつつあるといえよう。

3　起死回生策はあるのか？

日本が1990年代以降に呻吟する雇用問題につき、ひとあし早く深刻化した国に、米国、英国、ドイツ、フランスといった先進国群がある。どれも1970年代の二度にわたる石油ショックに大きく揺すぶられ、日本などからの輸出攻勢に足もとをおびやかされて、失業率が急上昇した。米国や英国は規制緩和や新産業育成などの積極策により対応をはかるが、ドイツやフランスは長らく10％ほどの失業率に悩まされ続けてきた。つまり、20世紀最後の四半世紀には、これらの諸国が産業活動の先進国であるだけでなく、失業の先進国ともなって、その対策に苦慮したわけであった。

先進国が参加する国際機関である経済協力開発機構（OECD）は90年代に多くの優れた雇用レポートを出版し、英米をモデルとする政策を提唱した。また、欧州連合（EU）も80年代以来さまざまな雇用政策を行い、最近ではさらにひと味違う雇用戦略を提唱している。雇用（就業）できる力（エンプロイアビリティ）、起業による雇用創出、機会均等などを基軸にした総合的な対策の必要を訴え、就業を通じた社会的な包摂や統合を目指す。

そこで、欧米の経験を検証しつつ、日本の雇用政策の基本課題を探っていくことにする。雇用問題に特効薬はあるだろうか。少子高齢化に直面する日本に

とって、起死回生策はあるのか。

II　OECDとEUの雇用戦略

1　OECDの雇用戦略

　先進諸国が加入する経済協力開発機構（OECD）は、1990年代に雇用をめぐる国際比較の調査研究を重ね、毎年7月に出される雇用展望（Employment Outlook）をはじめとする有益な成果を蓄積してきている。そのOECDが90年代に推進した雇用戦略の方向は、一言でいえば、市場機能の活用であり、規制緩和であった。

　20世紀は、産業革命後の製造業が大きく花開いた時代であり、巨大化を志向する組織の時代だった。現在は、その基本的な性格に大きな変化が生じてきている。そうした局面は中進国へと移っていき、先進諸国では製造業から知識・サービス産業へ、巨大組織から中小組織や個人のネットワーク連携へと、ビジネスや仕事の重心が移っていくにつれ、雇用吸収力にも、そのあり方にも、変化が目立ってきた。

　その結果、旧来の産業や組織形態、そこでの就業形態を前提にした法的規制、制度、慣行などは、どれも新たに台頭してくる動きとの間で、一定のずれに直面した。新しい動きがまだ微細であるころは、従来からの様式に従うようにと、むしろ新たなニーズを抑え込むことも可能であった。しかし、新たな動きが強まり、とても無視できないほどの存在になってくれば、もはや古いものに新しいものが従属するのではなく、新しいものに適切に対応した新方式を要求するようになる。さらには、新しい存在がより大きくなると、むしろ旧来の存在に対しても、逆に新たな様式に従うようにと求めるようになる。

　OECDの雇用戦略は、こうした動向が明確化した前世紀最後の10年間に提示されただけに、旧来の法的規制、制度、慣行を是正しようとする思いが強く前面に出ていた。とりわけ、経済効率性、市場機能を重視し、これと整合的な雇用政策を求めたことが特徴的であった。雇用保障を意図する解雇規制がかえって雇用創出を妨げ、手厚い失業給付がむしろ再就職を妨げることがあるといっ

た、辛口の指摘が随所にある。20世紀流の組織依存的な発想（大きな福祉国家による手厚い社会保障がその典型）を逆転させ、個人強化とその個人からなる市場の機能強化といった志向なのであった。

　こうして、
　①適切なマクロ経済政策
　②科学技術の創造波及
　③労働法制見直し（柔軟化）
　④起業支援（規制緩和）
　⑤労働コスト弾力化
　⑥雇用保障見直し
　⑦積極的労働市場政策の推進
　⑧職業能力開発の強化
　⑨失業給付見直し
　⑩市場競争強化

などの一連の方向が提言された。明らかに米英系統の考え方が色濃く反映する雇用戦略であった。

2　EUの雇用戦略

　それでは、米英と異なった発想をする欧州大陸諸国は、どのような雇用戦略を打ち出してきたのか。

　ドイツ、フランスが主導権を握る欧州連合（EU。前身はEC）では、石油危機後の四半世紀、急激な失業率の上昇に苦しんだ。そこで対症療法的に、解雇の規制を強化したり、雇用維持のための補助金政策をとったり、失業給付などの救済策を強化したり、高齢者の早期引退によって若年者の雇用を促進しようとしてみたりと、いろいろな試みをした。ところが、どれも目にみえた成果を上げなかった。

　それどころか、OECDも指摘するように、これらの政策は労働市場の硬直化につながり、国家財政や年金財政を悪化させ、しかも悪いことに若者の雇用も生み出せなかったようである。従来型の雇用政策が功を奏しないようになってしまったのであった。

こうしてEUは、90年代にOECDの指摘を踏まえ、労働市場の柔軟性の確保や企業の競争力の向上などを旨とする、新たな雇用戦略へと向かう。1997年のアムステルダム条約以降は、雇用指針として、旧来の「完全雇用」から「完全就業」(full employment) へと雇用政策の基軸を切り替える。その上で、①就業可能性 (employability)、②企業家精神 (entrepreneurship)、③適応性 (adaptability)、④機会均等 (equal opportunity) を柱とした対策を示すに至った。社会保障制度なども、この基本方向と親和的な見直しの流れにある。

　したがって、EUの雇用戦略は、OECDの雇用戦略とまったく対立する発想にもとづくものというよりは、それを下敷きにしながらも、米英流そのものではなく、欧州流の味付けを相当に加えたものだ、とみてよいだろう。つまり、従来の制度による硬直性を規制緩和で是正しようとしながらも、他方で、機会均等といった面では規制強化も取り入れて、経済社会運営における新たなバランスを確保しようとしている。まさしく、雇用をめぐる規制改革を目指す雇用戦略だと思われる。

3　2つの雇用戦略から読みとれるもの

　2つの代表的な国際的な流れから、何がわかるのだろうか。

　第1に、時代の流れである。先進諸国では、20世紀型から21世紀型への転換を進めようとしている。とりわけ、以前の産業社会の状況に適応的であった法制、制度、慣行が、別の脈絡の経済社会に移行していくなかでは、適合的でなくなってきて、これを改革する必要があるという認識と実践の存在は、日本とも共通するところである。

　第2に、基本方向では先進諸国に共通認識があるけれども、各国の歴史、文化、社会構造などの違いを反映して、総合的な戦略や実際の政策における力点の置き方などにおいては、差異が生じていることがある。雇用戦略とは、好き勝手に設計できる「独立変数」でなく、社会経済的な脈絡に条件づけられる存在、つまり基本的に「従属変数」だといえそうである。

　第3に、市場機能活性化だけでなく、完全就業、職業能力開発の支援などの指標は、日本にも示唆的である。地域の雇用政策、個人へのキャリア支援、学校教育と社会との連携などの新たな工夫も実に興味深い。というより、最近の

日本に導入されてきている施策には、ずいぶんとOECDやEUの雇用戦略に影響されているものがあると思われる。
　こうした動きと対比したとき、日本の雇用政策は、どこにどのような特徴があり、現在どのような方向に向かっているのか、を確認する作業が必要である。

III　日本の雇用戦略

1　従来の雇用戦略

　日本の雇用政策では、高度成長のころから、長期雇用の確保による「雇用の安定」が主要な戦略目標となってきた。終身雇用、年功序列、企業別組合に象徴される日本型雇用慣行に呼応する動きである。とりわけ1970代半ばよりは、積極的市場政策として、企業における雇用維持を支援する措置がいろいろと工夫された。雇用調整給付金などの助成金制度がその代表的なものである。
　そこで重視されたのは、企業ごとに成立する内部労働市場（あるいはグループ企業群からなる準内部労働市場）の制度整備と安定的な運用である。人が1つの企業（群）に雇われたならば、そこにできるだけ長期間とどまれるようにし、これにより職業能力を高めるとともに、地位や報酬も上げていく仕組みが社会的に高く評価されてきた。その前提条件は、企業活動の安定的な展開であり、企業の雇用する能力と労働者の雇用される能力との間のスムーズな対応関係、マッチングであった。
　ところが、こうしたスキームに対して現実の経済活動においては、いくつもの撹乱要因が発生する。短期的には景気の変動があり、中長期的には産業や企業の栄枯盛衰がある。最近では、部門の活発な統廃合や企業の吸収合併といった動きも加わった。雇用政策は、前者の景気変動には不況による苦しい時期の雇用維持や能力開発を助成金制度で支援し、後者の産業構造変化には衰退産業・企業から成長産業・企業への円滑な労働力移動による雇用維持を目指してきた。狭い意味での雇用政策の枠を超えるが、公共事業による景気刺激や輸入制限などの産業保護も、雇用維持の促進に寄与してきた。

2 転換する雇用戦略

　従来型の雇用政策は、長らく成果を上げてきたといってよい。多くの日本人は、戦後の高い経済成長率と低い失業率、経済格差が少なく犯罪率も低い安定した社会の形成などを、誇りに思ってきた。ただしそこでは、内部労働市場が展開する場である企業こそが主要な役割を担い、労働者は付随的な扱いを受ける傾向にあったことは否定できないだろう。日本が豊かになっていくにしたがって、国や企業と違い、個人はそれほど豊かでもないのではないかという声が高まった。

　そこにバブル経済崩壊後の長い不況期が到来する。従来であると2～3年で回復するはずの経済活動の不活性状態がいつまでも続いたのであるから、産業政策も雇用政策もすっかり社会の信認をぐらつかせた。経済や人口の右肩上がり成長を前提にした制度や発想が維持できなくなり、国や地方の財政赤字が問題視され、大企業さえも倒産したり、リストラに走ったりする時代に、政府や企業にばかり頼る政策でよいのかが真剣に問われ出した。

　こうして、日本という国の形を再設計しようという流れが表面化したのが、1992年ころ以降の「失われた10年」の時期であった。企業依存だけで今後も進んでいけるのか、雇用維持一辺倒でよいのか、内部労働市場だけでなく外部労働市場をもっと整備する必要があるのではないかなどと、雇用政策においても、従来型の見直しが図られた。つまり、バブル後の時期は、政策が従来型から将来型へと移行する重要な転換点になったのだった。

　実際、1990年代から現在までの時期に、職業安定法や労働者派遣法が改正されて外部労働市場の機能を活性化させるビジネス活動が大幅に認められるようになり、職業能力開発促進法が改正されて個人主導の能力開発を支援する方向も取り入れられた。パート労働法が制定され、労働基準法、男女雇用機会均等法、育児介護休業法、雇用保険法などをめぐる重要な法改正が続いた。労働契約法や労働審判法といった新立法も導入された。どれも労働市場における個人を尊重し、その行動の自由を強化し、支援していこうとする発想が顕著である。

3 これからの雇用戦略

　では、こうした動きを「企業主体の雇用戦略から個人主体の雇用戦略へ」と呼んでよいのか。

　なるほど、もっぱら企業に内部労働市場の編成の権限と責任を負わせ、その規制と支援の策を中心に雇用政策を組み立ててきた従来型と比べるならば、こうした重心の移動が起きつつあることは否定できない。これは、生産者主体から消費者主体へ、世帯単位から個人単位へなどという大きな流れの変化にも呼応する、経済社会の基本的な動向変化にそったものであろう。

　しかし、個人を単位とする市場機能が重視されるといっても、すべてを市場に委ねて済むほど、社会は単純でない。「市場の失敗」と呼ばれる市場では対応できない問題については、国家の公共政策で対応する必要がある。個人が前面に出れば、その選択の自由が広がる一方で、選択の結果に対する責任や危険も高まる。企業活動についてさえ、すべてを自己責任の領域に放置しないで、産業政策で中小企業ばかりでなく大企業に対しても各種の支援策や助成策をとってきたのであるから、まして個人の活動については、より手厚い支援策を欠かすわけにいかない。

　個人が職業人生（キャリア）の準備をし、円滑な就職や転職を期待でき、生涯にわたる能力開発も可能とするためには、学校教育、職業教育、求職活動、生涯学習活動、職業生活設計などをめぐる諸制度の再設計と再編成が必要である。職業人生において想定されるリスクの社会的分散すなわち安全網（セーフティネット）も不可欠である。

　これは、「職業をめぐるキャリア戦略」について、国家と企業と個人との間になりたつ相互補完関係の再編だと思われる。つまり、企業の位置が前面に出すぎている個所ではこれを戻し、個人の位置が後退しすぎていた部分をもっと強化し、政府が取り仕切ろうとしすぎていたところを支援型に改めて、これからの時代により即応した体制へと移行しようとしつつあることは確かであろう。だが、だからといって、国家や企業の役割が後退して、みんな市場における個人の行動に任せればよいといったものでは、まったくなさそうである。あれかこれかではなく、3つの主体間の役割分担と連携に新たな形が模索されていく

ことだろう。

Ⅳ　教育と訓練

1　従来の能力開発

　近代国家は、公教育に大きな力を注いできた。江戸時代以来の教育熱心さが日本の経済発展にどれほどの寄与をしたかは、内外ともに異論のないところである。人的資源の開発に国、社会、企業、個人がそれぞれ多大な資金と時間と精力を注いできたのが、とりもなおさず近代日本の国際競争力の源泉となったと考えられている。これを雇用政策の観点から振り返ってみると、いくつかの特徴に気づく。

　第1に、教育と訓練の二本立て路線である。つまり原則として、人間の基礎的能力を開発する政策は「教育政策」として文部行政の対象とされた一方、その職業的適用を担当する政策は「訓練政策」として労働行政の対象に委ねられてきた。そして教育と訓練は、基礎と応用とでもいった関係にあるとされ、基礎となる教育に重心が置かれ、応用である訓練はやや等閑視されがちだった。教育と訓練では予算も人も学校教育に重点配分され、教育内容でも職業課程でなく普通課程に関心が向けられてきた。

　第2に、平等主義である。個人の能力と意欲と適性に応じてというのが教育の基本であろうが、そうした個人差に配慮するというよりは、これを軽視し、集団的、画一的に、一律の教育訓練を施す傾向が強かったようである。また、個人差が大きくでる高等教育、高度専門訓練より、誰もが共通に身につけるべき基礎を施す初等中等教育や基礎訓練が重視されがちであった。その結果、個体差を過大視して一般人の能力開発の可能性を閉ざす考え方は否定できたものの、個性を軽視してその時々の国や社会の教育方針（人間像）を画一的に押しつける短所が生まれがちであった。

　第3に、勤勉主義である。単一モデルとしての「人間のあるべき姿」を目指した日々の努力を高く評価する伝統があり、個人の向き不向き、得意不得意ということを冷静に判断するというよりは、そのような小賢しいことは言うなと

いった雰囲気で、誰もが皆、同一方向を向いてひたむきに勤勉さを発揮すること自体に多大な意義を見いだす精神主義に陥る傾向があった。優れたモデルや成功例をただただ模倣しようとする傾向や、一元的な序列意識から過熱した受験競争も、これに関係していたと思われる。

2 転換する能力開発政策

追いつけ追い越せできた時代には、前述したような能力開発の特徴が威力を発揮した。西欧の優れたモデルや理論を体系的に導入し、これを効率的に模倣したり、応用するのに、向いていたからである。

ところが1980年代以降、あちらこちらにほころびが目立ちはじめる。先進国化した日本は、もはや他国にモデルを求めづらくなり、知識社会化の流れのなかで自らの独創性を打ち出すことを模索せざるを得なくなる。また、学習と労働の期間が相互に繰り返され、何度も多層的に重なる生涯学習モデルの時代を迎えると、教育と訓練が分離し、相互連携が弱い二本立て路線の欠陥も目立ってきた。不十分な大学院教育、理論と実務にたけた高度専門職の不足、フリーターや若年失業・無業の増大などの現象は、どれも教育と社会との連携不足を物語っている。

教育はもっぱら学校に委ね、訓練はもっぱら企業に委ねて、基礎的な教育訓練と現場の実地訓練（OJT）を中心に能力開発を試みてきた体制が揺らいできつつある。学校は学力低下に悩み、企業は以前ほど教育訓練に熱心でなくなり、非正規雇用状態にある人に対してはさらにそうである。

こうして、学校や企業が主体となって一方的に教育し、訓練するのではなく、個人を主体にして学習し、自己啓発する方向へと、社会の関心が徐々に向けられるようになってきた。個人差を尊重し、各人の強みを生かす能力開発の方向が模索されはじめた。職業能力開発促進法が近時の法改正で、これまでのような企業主体ばかりでなく、個人主体の能力開発を想定して、職業人生（キャリア）を重視する姿勢に転換したのも、そうした動きの一環だと思われる。

3 これからの能力開発政策

従来の政策を逆転させると、教育と訓練の密接な連携、画一主義から個性主

義へ、勤勉主義から楽習主義へとでもいった方向が透けて見える。しかし、教育と訓練の連携は別として、その他を単純にネガポジ逆転させることには弊害も大きい。むしろ当面は、画一主義や勤勉主義の行きすぎを是正しつつ、個人が自分のキャリアにもっと意識的となり、キャリア形成に自覚的となることを強める程度にとどまっていくのだろうか。

いずれにせよ、4人に3人以上が第3次産業で働くようになり、知識社会化の流れが強まると、個々人の知性、感性、思いやりなどの人間的な特性がより強く経済社会活動の前面に出てくるようになる。しかも、その種の活動には個人の自覚と努力が不可欠であるから、学校や企業だけに対応を委ねて済ますわけにいかない。これからの能力開発政策にとっては、個人のキャリア展開を促進し、円滑化する支援策と能力開発をめぐる環境整備がますます重要になることだろう。

日本においても、大学院に通う社会人の半数ほどが職場との摩擦を懸念して会社に黙っているといった異常さが改善され、それどころか、業界が設立・運営に積極的に関与する社会人大学や社会人大学院が設立され、理論と実務との接近がより図られるようになる日は、そう遠くないように思われる。とはいえ、学校も企業も教育訓練力を低下させつつあるようにみえる現在、個人がこれらによる教育力の低下を補完するほどには至っていない現状は、各種調査にも表れており、端境期の混迷が長く続かないことを心より祈りたい。

V 職業紹介

1 雇用政策としての職業紹介

労働市場における需要（求人）と供給（求職）の仲介機能である職業紹介は、どこに仕事があり、働き手がいるかを知っている人ならば、誰にでもできそうなサービスのように思える。実際、就職経路では、縁故つまり知人を介する方法（職場の事情をよく知った社員が友人知人を紹介する例など）が昔から多い。

洋の東西を問わず、古代や中世にも、農村や都会で地域の市が立つ日には求人求職の取引も生まれ、職業紹介がなされた。集まってきた仕事を探す人たち

の間から、雇い主が品定めをし、雇い入れる対象を見つけだそうとしてきたのである。専門性が要求される仕事の場合には、ギルド（同職団体）が求人求職を仲介することも一般的であった。

都市の雇用需要が増えた近世になると、縁故や市の日にだけ開かれる労働取引では間に合わなくなり、日常的に店を構える職業的な仲介業者が生まれる。江戸時代には、民間職業紹介事業の先祖ともいうべき慶安（桂庵）とか口入れ屋と呼ばれた業者が、雇用主と働き手の品定めをして、年季奉公の紹介をするようになる。

雇用がさらに爆発的に伸びた近代には、旧来の縁故や口入屋による職業紹介では足りなくなり、農山漁村を回って人材募集を行う業者や求人広告も出現し、また、無料で職業紹介をするNPO、労働組合、自治体や国のサービスも加わった。公共政策としての職業紹介の登場である。民間部門と公共部門とが拮抗するようになったのであった。

「組織の時代」となった20世紀は、近代的な工業や商業で大規模に組織化された雇用が爆発的に進展し、それに伴って職業紹介も組織化された世紀であった。全国的に大規模な職業紹介を可能とする公共職業安定所（ハローワーク）が普及していく。やがてはILO（国際労働機関）で民間職業紹介の弊害が取り上げられ、有料職業紹介を全面禁止し、公共サービスに一本化する方向さえ打ち出されるに至った。

2 転換する職業紹介政策

しかし、市場には仲介機能が不可欠で、これを国家（組織のなかの組織というべき存在）の手に委ねて済まそうとしたのには、根本的な無理があった。つまり公的部門のサービスにだけ任せると、硬直性を免れがたいところがある。これを反省して旧来の条約を改正したILO181号条約（1997年の民間職業仲介事業所に関する条約）は、前文で「労働市場が柔軟に機能することの重要性を認識」すると明記した。

日本も同条約を1999年に批准し、この考え方に沿って職業安定法と労働者派遣法が改正される。民間紹介や派遣労働を原則禁止し、例外的に列挙された仲介事業だけを合法だとしたポジティブ・リスト方式(原則禁止・例外容認方式)を

改め、民間紹介や派遣労働を原則的に認め、例外的に列挙された不適当な類型だけを禁止するネガティブ・リスト方式（原則容認・例外禁止方式）に転換した。

こうして、職業紹介に対する人為的な規制が次つぎに取り払われ、自治体などの無料職業紹介、インターネット上の職業紹介、紹介と派遣が結合した紹介予定派遣などが可能となり、さらには複合的な人材サービスも自由に工夫できるようになってきた。

いうまでもなく、労働市場機能の見直しは、市場機能一般の再認識と規制改革という時代の流れの一環であったが、これを後押ししたのは先進諸国で石油ショック以降に高止まりとなった失業率の動向だった。日本もその例外ではなく、高度成長期にはわずか1％台であったのに、一時は5％台半ばまでとなった（2002年）。市場の仲介機能の活発化なくしては転職市場の整備はなく、多様化する雇用形態にも対応できない。と同時に、市場機能の活発化が転職や多様化の流れをさらに促進する可能性も秘めていると考えられた。

3 これからの職業紹介政策

それにしても、ここ最近の労働需要は何と変化してきたことか。管理職ならできると自負する中高年男性が苦汁を飲み、事務職に就きたい新卒女性が涙に暮れるのは、厳然たる労働需要の傾向変化とずれているからである。若者の専門職志向の高まりも需要に対応した動きだということがみてとれる。

地球規模の情報化とサービス経済化が織りなす知識社会では、人びとの「知恵と感性と思いやり」の水準が経済社会の持続的発展の基盤を形成する。各種の専門職が評価されるのは、機械やコンピュータにではなく、そうした人間にこそ求められる固有の能力水準が高い働き方を提供する存在だからだろう。

となると、職業紹介にも、よりきめ細かなサービスが求められる。まず、職業紹介とは、対象となる働き手のキャリア形成への支援サービスにほかならず、雇用主への人材活用コンサルテーションでもあることを踏まえ、これを担う人自らが「高い専門知識技能と倫理性」を兼ね備えないといけない。これに向けた各種の能力開発や資格制度も整備する必要がある。若者のフリーター対策であらためて見直されつつある進路指導、就職指導も同様である。職業サービス関係者への教育訓練を欠きがちな、これまでの手法を漫然と踏襲しているわけ

にはいかなくなってきた。

　こうして、公共政策としての職業紹介政策は、事業を民間などに開放しただけでは不十分であり、公共紹介のあり方を見直し、キャリアのカウンセリングやコンサルテーション機能を高め、紹介と能力開発が円滑に結合するように工夫していく必要がある。とりわけ若者、女性、中高年への対応において、従来の発想と対策を大きく改め、少子高齢社会における持続的な発展と、個人が豊かさや自己実現を実感できるキャリア展開の支援に向け、新たな対応が求められていよう。

Ⅵ　若年者の雇用政策

1　学校から社会への架け橋

　青少年期におけるライフ・キャリアの最大課題は、学校生活から社会生活への円滑な移行と適応である。その成否が一生を左右するといっても過言ではないだろう。

　バブル経済崩壊以前の日本では、高度成長期に関係者の努力により形成された学校・公共職業安定所・企業の間の連携方式が成果を上げてきた。関係する三者が歩調を揃えて学校から社会への門出に配慮してきたのであった。就職協定、1人1社の学校推薦制度、春先の集団就職列車などは、その典型例だった。ところが、1990年以降に失業率が悪化する（90年2.1％→2002年5.4％）につれ、若年失業率も急増し（90年10代6.6％、20代前半3.7％→2002年各12.8％、9.3％）、従来の方式の破綻を認識させた。

　しかも、若者が仮に就業しても7・5・3現象といった就職3年以内に離職する比率が中学校卒で7割、高等学校卒で5割、大卒で3割以上となり、さらにフリーターと呼ばれる若年者の非典型雇用（パートやアルバイトなどの就労形態）が広がった（15歳～34歳層の約2割）。その上、もっと深刻なことには、これらの外側に進学も就業もしない「無業者」（Not in Education, Employment, or Trainingの英語頭文字の略称からニートと呼ばれる）が相当規模で発生してきた。しかも、これらの現象には地域格差が相当にあるようだった。

終身雇用と年功序列の日本では、欧米と異なり、中高年の失業問題があっても、若年の雇用問題はないと、長年にわたり高を括ってきたけれども、およそ様変わりしてしまった。日本はこの面でも、若年の失業無業の問題に苦しめられている先進国の仲間入りをはたしたのであった。少子化と若年問題と高齢者問題の同時進行という厳しい雇用情勢の時代を迎えている。

学校から社会への移行が困難になると、若者は世間からの疎外感や大人社会への反感を抱き、ひいては反社会的な行動へ出がちになる。若者らしい夢の喪失、勉学・勤労意欲の低下、青少年犯罪などは、一連の現象だと指摘されることが多い。

2 急速な変化への対応

従来の方式は、学校教育と職業社会を別の領域に置き、それぞれに完結した内部世界を展開させるため、両者の接点を若年期の卒業・就職という一時期に絞り、その円滑な接続を志向するところがあった。学校・職安・企業が展開してきた雇用政策は、終身雇用や年功序列を基軸に整備された内部労働市場を前提に、その最末端への若年者の組み込みの方策だった。就職協定も学校推薦も集団就職も、基本的に集団主義、平均主義の発想がとられ、個性に着目するにしても、その枠内においてであった。

それだけに、産業や職種の構造転換が進み、終身雇用や年功序列が揺るぎ、転職を前提とするキャリアや人事制度の設計、個性の重視と多様性の尊重などが論じられて、雇用社会のパラダイムが転換しようとするとき、従来の方式は現実とのずれを露呈させる。こうして、就職協定は廃止され、学校推薦制度は見直しを迫られており、集団就職列車ははるか過去のものとなった。

問題は、過去の制度・慣行を廃止した後の、学校・職業紹介機関・企業の間の新たな連携方式の設計と運用をどうするかである。確かにインターンシップ、トライアル雇用、キャリアカウンセリング、ジョブカフェなどの就職・転職市場の整備が急速に展開しているし、企業も雇用ポートフォリオ管理、多様性管理（ダイバーシティ・マネジメント）、キャリア選択制などを進めている。だが、まだまだ急ごしらえの観がある。

さらに重要な課題としては、もはや学校と社会をそれぞれ別世界に置くので

はなく、就職時期以外にも両者の接合面を広げ、教育と職業を相互に組み合わせる方式を工夫するという課題がある。中高等教育カリキュラムの見直し、キャリア教育導入、インターンシップ拡充、日本型デュアリズム（就業組み込み型学校教育）、社会人教員、社会人大学院の展開などが学校教育の側で進行する一方、インターンシップへの協力や社員のキャリア選択・形成の支援などの必要性が企業の側でも認識され、行政も教育政策と雇用政策を連携させた若年就業の促進措置やジョブ・カードほかのキャリア支援策に乗り出してきている。

3 若年雇用政策の重要性

ますます変化が激しくなる一方で、次代を担うべき人口が減る少子化と、変化適応が容易ではない高齢化が表裏一体に進行する社会。かつては年に270万人近くも生まれた団塊の世代に対して、近年は110万人ほどとなった少子化世代が、どうしたら無理なく持続的に経済社会を担い続けることができるのか、さらにその次世代を育成していけるのか。

その意味では、学校教育で自分自身と社会の未来に夢をつむぐことができないまま勉学の意欲を喪失し、消費社会の刹那的な快楽に流され、その結果もあって社会への参入時点で手厳しい挫折感を味わい、職業的自立から脱落していく若者を放置できない。そうした若者を少なくし、さらに挫折から立ち直り、適職選択に何度も挑戦できる社会をどう実現するかは、私たちの未来を決めるのに避けて通ることのできない喫緊の政策課題となっている。

ここでは雇用政策が教育政策と重なり、文部科学省との連携が不可欠である。また、これまで厚生労働省が行ってきた雇用政策は、雇用保険を財源として運営されることが大部分であった結果、雇用保険加入以前の若年者対策をこうした財源に依拠させることは困難であった。若年雇用対策に費やされる予算規模は、構造的にも、雇用保険に加入してきた人たちの多い高齢者対策のそれに比して、微々たるものとなっていた。しかし、事態の重要性、とりわけ将来への付け回しの危険性を考慮すると、本格的な若年雇用政策に乗り出さなくてはならない時期に至っており、現に政策の舵がその方向に切られつつある。とりわけ若者に対しては、職業紹介だけでなく、能力開発と職場定着、職業自立の支援にこそ政策的配慮を手厚くする必要がある。

Ⅶ　高齢者の雇用政策

1　高齢者をみる目

　高齢者は多面的な存在である。どの角度からみるかによって、まるで違った表情を示す。一方で「お荷物」や「邪魔者」扱いがなされ、他方で「知識経験の活用」が主張される。

　変化の激しい時代には、世代間の新陳代謝が求められ、高齢者の引退促進に人びとの目が向きがちとなる。高齢者が蓄積してきた職業経験・技能・発想などの陳腐化が著しく、技術革新や時代変化に対応する必要に迫られるからである。年功序列的な処遇により人件費コストが高かったり、上級の地位が独占されたりすると、いっそう深刻となる。こうして、不況期には高齢者が経営阻害要因とまで認識され、次代を担う若者の雇用情勢の厳しさとあいまって、高齢者排除の動きにもなりかねなくなる。

　けれども、変化がゆるやかな伝統的な分野では、高齢者が蓄積してきた知識経験・技術技能・発想や人的ネットワークはどれも高い評価がなされ、加齢とともに円熟する匠の技が尊重される。技能継承のために、定年年齢後も専門職や熟練技能者は継続雇用されることがよくある。伸び盛りの産業で若者ばかりの場合、逆に若年労働者が参入してこない産業の場合などでは、経験豊富な高齢者の存在が貴重になる。

　もちろん、年金制度の観点からは、高齢者の早期引退は年金財政に大きな負担を与えるので、就業継続が望まれる。また、経済的な理由もあるが、高齢者には積年の職業キャリアを生かしたいとする気持ちが強く、55〜64歳層の労働力率は男性で、スウェーデンの73.5％、米国の68.1％などに比して、日本は82.9％と圧倒的な高さである（ただし女性は48.9％なので、スウェーデン67％、米国64％よりかなり低い。日本人男性は、65歳を超えても31.1％と、米国の17.7％、スウェーデンの13.5％を大きくしのぐ）。

　さらに、人口減少が始まった少子化の流れとの関係でも、高齢者雇用には追い風が吹く。労働力人口が減っても産業を衰退させたくないならば、女性活用

と並んで高齢者活用にも目が向くのは自然だからである。

　このように高齢者の雇用は、人口構造、経済動向、年金財政、技術変化などのさまざまな要素の複合的な影響を受け、あるいは促進され、あるいは抑制される性質にある。

2　高齢者の雇用保障

　日本の雇用政策は、高齢者雇用を促進する流れにあったと理解されている。これまで各種の雇用助成措置が高齢者に向けられてきて、最近も高年齢者雇用安定法が改正され、65歳までの雇用継続の方向が打ち出されたので、深刻化する若年雇用情勢（60歳以上の失業率は2003年平均で4.9%に対し、15〜24歳層は10.1%）と対比すると、「優遇」しすぎだとの声もあった。

　しかし、雇用支援措置があっても、高齢者の雇用情勢は厳しい。いったん失業すると、40歳以上の求人は少なく、再就職先がないため長期失業化しやすいのである。内部労働市場を重視し、これに企業も行政も依拠してきたから、その分、外部労働市場における中高年の転職支援が弱くなっていたためである。また、日本には一般的な年齢差別禁止法がなく、募集採用時の年齢制限を規制するにとどまるので、働き続けたいとする本人の意欲や能力とは関係なく雇用機会から一律に排除する定年制度も、違法とはならない。どちらも結果的に、高齢者雇用を抑制するものとなっている。

　実際、終身雇用と年功序列を是とした日本型雇用慣行では、定年までの雇用と処遇の保障が最優先課題だとされ、組織（内部労働市場）内に抱え込むのではなく、市場（外部労働市場）におけるスムースな転職によって、動的な雇用保障を図るといったデンマークのような発想は乏しかった。1990年代以降、雇用慣行は急速に変化したが、雇用政策の基本は、可能なかぎり従来の慣行を保持しつつ、新たな事態にも対処しようとする両面作戦なので、どうしても不徹底なところがある。これをどの方向で純化していくかが問われている。

3　エイジフリー型の雇用政策

　高齢者を捉える視角によって、雇用政策のスタンスは異なってくる。なるほど人口構造、経済動向、年金財政などの外部環境の流れはどれも重要である。

しかし、当の本人である高齢者の意思をかえりみることなく、その時どきの情勢で政策的な結論を押しつけるのは好ましくない。

高齢者は、人生、職業を通じてのキャリアの収束期にある。自負もあれば後悔もあり、自分なりの人生観、職業観が強固に形成されている。履歴という過去形のキャリアが多大である代わりに、将来性という未来形のキャリアは相対的に狭まり、現に展開している現在形のキャリアは移行期の困難にあえいでいることも多い。もう一花咲かせたい人がいる一方で、職業生活に締め括りをつけ、年金生活を送りたい人もいる。高齢者は個人差すなわち分散の度合いが大きく、人により直面する状況や課題が異なるから、一律的、画一的でない対応こそが望まれる。

こうして、安全網としての持続可能な年金制度と年金受給までの就業確保の措置を踏まえた、引退年齢の自己決定の視点が重要になってくる。年齢を絶対的な基準にすることなく働ける状態は、活力ある成熟社会の大目標である。この課題にどう答えるか。高年齢者雇用安定法の改正も、その方向へ一歩進もうとしたものであるが、道半ばにとどまる。エイジフリー型の雇用政策に向けて、今後も議論と工夫が続けられていくことだろう。

Ⅷ 女性の雇用政策

1 分業と協業の見直し

社会には多くの「分業と協業」の関係が存在する。男性が主に仕事を、女性が主に家庭をという、伝統的な男女間の分業と協業もその1つである。しかし、この関係は必ずしも固定的なものではない。時代により、社会文化により、さまざまな役割分担の仕方がみられる。社会を取り巻く環境条件が変わり、男女の意識が変われば、大きな違いを生み出す。新たな環境のもとでの最適行動がごく自然に模索され、結果として分業と協業のあり方も見直される。半世紀前、1世紀前の日本と現在とを比べてみるだけでも、何と激しく変化したものかと、あらためて驚かされる。

ただし、経済社会の変化には、推進力と抵抗力とが働く。効率性を基準とす

る経済は推進力となりやすく、文化や慣習や意識がからむ社会の側はどうしても抵抗力となりがちである。新たな挑戦の機会を広げようとする側（女性）と、既存の方式を維持することに有利さを感じる側（男性）との間で、摩擦が起きる。大規模なシステムの移行期には、これがとりわけ顕著となる。

経済の側での第3次産業化、サービス化、知識化といった産業構造と職業構造の変化、女性の側での電化や各種サービス業の発展による家事負担の軽減、子ども数の減少、長寿化、高学歴化、そして少子高齢化といった社会の大きな流れは、仕事領域におけるこれまでとは違った形での女性の活躍の場に途を開く。

その際、従来の発想法と利害関係という慣性の法則が作用する経済社会では、新たな関係への移行に消極的であり、抵抗的であることが通例である。雇用政策は、機会均等が人権のみならず市場の効率性にもかなうという理論に依拠しつつ、男女雇用機会均等法や育児介護休業法のような政策を用意して、既成観念である統計的差別（旧来の関係による経験的認知で物事を統計的、一般的に決めつけ、新たな事態や個別の相違などを認めようとしない傾向）を是正しようとするものである。

2 政策の効果

まず1960年代から70年代にかけて、米国、欧州で一連の男女雇用機会均等政策が導入される。大論争のすえ、日本でも80年代に均等法が成立し、労働時間短縮に向け労働基準法が改正され、労働者派遣法が生まれる。90年代には均等法や深夜労働の見直し、育児介護休業法、パート労働法などが措置される。今も、均等法のさらなる見直し、典型労働者（正規）と非典型労働者（非正規）の均衡処遇、パートの社会保険加入、夫婦別姓、保育所・託児所整備などの議論が、雇用政策の内外で続いている。

こうした一連の政策による効果は、どうだったか。

まず、男女間の性別役割分業に関する見方は、相当な変化を示した。女性の幸せは結婚といった観念も専業主婦の存在も相対的に少数派となり、理系や社会科学系に進学し、専門職や総合職を目指す女性が増加した。女性の労働力率、勤続年数などは高まっている。女性労働力率のM字型カーブという育児期の落ち込みも、以前ほどは目立たなくなった。均等法以前には、学歴の高い女性の

失業率がそうでない女性の失業率より高いという、他の先進国とはまるで逆の傾向もあったが、もはやそうではない。失業率一般はむしろ男性より低い。

とはいえ、勤続年数と職場での訓練機会の男女差はいまだ存在し、管理職中に女性が占める低い比率や賃金の男女格差においては変化が遅々たる状況にある。育児期の終了後に正規社員として再就職することは難しく、パートなど非正規社員としての雇用しかなく、そこには処遇格差がなお歴然としている。女性へのセクシュアル・ハラスメントもある。男性が家庭責任を分担する傾向は緩慢にしか広がらず、保育施設も足りず、結婚と育児が自らのキャリアに不利に働くと感じる女性は多く、少子化の流れに拍車をかけてきた。

上記の現象をすべて政策効果に分類するのは行き過ぎだろう。社会の変化と政策的介入とが相まって、現状はこのようになっているということである。要するに、表面的にはかなりの変化が生まれているが、必ずしも深層にまで届いておらず、新たな分業と協業の関係は十分な内実を伴うには至っていない。新たな安定的関係へ向けた移行過程は、今後ともかなりの期間、続いていきそうである。

3　仕事と生活の調和

仕事と生活をめぐる男女間の役割分業が変わるということは、女性の役割分担だけでなく、男性の役割分担も変化せざるを得ないことを意味する。二度とない人生で、仕事を通じてのキャリア展開と私生活の充実との間に、自分の限られた時間や精力をどのように配分するかがあらためて問われる。結婚しない症候群は、新たな役割分業モデルがみえないからだけでなく、男女ともに将来に向けた自分のキャリアの設計に自信がもてないことも関係する。

その意味では、一般的な制度づくりだけでなく、キャリアカウンセラーやキャリアコーチのような専門家による個人支援の仕組みも大切である。さまざまなキャリア志向の人びとに、各種の選択の多様性を確保する社会の仕組み、企業内の多様性管理（ダイバーシティ・マネジメント）は、これからの日本社会が持続可能な形で活力を維持しようとするならば、避けて通ることのできない必須の課題である。

このように、男女間の分業と協業の見直しは、たんに社会制度を改めること

にとどまらず、私たち1人ひとりの生き方にも関わってくる。ここに問題の核心があるといえよう。

IX　外国人労働者の雇用政策

1　外国人労働の日常化

　海という自然環境によって国境が画される日本は、人為的に設定された国境線をまたがって人びとが容易に行き来する経験をもっていない。そこに鎖国の歴史までが加わり、日常的には、国境を越える人口移動を考慮に入れない発想法となりがちである。

　しかし、国内より海外へ行く航空料金が安いくらいに渡航コストが下がり、情報が世界規模で飛び交うようになると、企業も労働力も容易に国境を越えるようになる。日系企業の海外進出、外資系企業の国内流入、日本人の海外就業、外国人の国内就業などの現象が、複雑に絡み合いながら展開されるようになったのである。

　国により賃金（労働力の価格）に大きな格差があると、このプロセスは促進されやすい。企業が安価な労働力を求めて海外の途上国などに進出し、逆に労働者が高い報酬を求めて先進国内に流入する現象が、日常的に展開していく。まさしく現在の日本は、この段階にある。

　雇用政策では、国内の労働市場における需給均衡さえ念頭におけば足りた状態から、国外労働市場をも考慮に入れないと適切な対応ができない時代になりつつある。少なくとも、一部においては海外労働市場の動向を踏まえる必要が出てきた。高度なIT技術者やネットワーク技術者をめぐる、先端企業における地球規模での争奪戦などは、その典型例である。失業率が高いのにもかかわらず企業が求める水準の国内労働者を集められない業界などにおける、出入国管理法が認めた目的を超えて就労する例（いわゆる不法就労）も、同様である。

2　民族国家と移民国家

　人びとは、より大きく複雑な課題をこなすために組織（企業、団体、NPOな

ど）を活用する。人類が生み出した発明品の1つである国家もまた、組織の一種であり、組織のなかの組織といってよい存在である。国家は、主権という組織統制力をもち、それが及ぶ人的範囲として国民を、地理的範囲として領土を、それぞれ重要な構成要素とする団体である。

外国人労働者は、組織としての国家の人的統制範囲と地理的統制範囲に関係する存在である。憲法はその基本原則を定め、出入国管理法が具体的な運用基準を提示している。

外国人労働者への対応では、比較的閉鎖的な国と開放的な国の違いが知られている。文化や制度や宗教などを共有する民族が核となって国家を形成する民族国家（国民国家）の場合は、自国民志向が強く、外国人労働者に対して労働市場を開放することに消極的である。逆に、多民族・多文化・多宗教が前提となる移民国家の場合、国家という組織の設計に移民の受け入れが織り込まれ、労働市場の開放にも積極的な傾向がみられる。

日本は前者の例であり、元来ドイツやフランスなども同様である。米国、カナダ、オーストラリアなどは後者の例である。ただ、地理的、歴史的、文化的な違いなどを受けて、それぞれの国家類型内でも、開放の程度には違いがある。一般に、日本と比べて独仏はより開放的、米国と比べてカナダや豪州はより閉鎖的だ（かつての白豪主義など）、とみられたりするのが、そうである。

3　環境条件の変化

外国人労働者の受け入れに消極的な国家がより積極的になったり、その逆になるきっかけは、内外の環境条件の変化である。

たとえば、ドイツがかつてトルコ人などに大幅に門戸を開いたのは、労働力供給が経済発展に追いつかない現実によった。そのため、石油危機後の不況により受け入れを大幅に抑制するようになり、さらに母国への帰国を促進した。今でも、失業率が高どまりしている先進国の多くは、外国人労働者とりわけ単純労務者の受け入れに慎重である。

日本の場合も、かつてのバブル経済のころに外国人労働者の受け入れ論が盛んになり、建設や製造の現場や飲食店などで外国人労働者が目立つようになったのは、労働力不足の問題からだった。バブル崩壊後は、外国人労働者の流入

は以前ほどではなくなり、議論も下火になる。他方、治安の観点からは、急増する外国人による犯罪に対する危機感が高まりもした。いずれにせよ、日本の特徴として、国家戦略にもとづく移民法の制定などには政策論が向かわず、統合性が欠ける問題ごとの個別対応に終始する傾向にある。

とはいえ、出入国管理法が改正され、日本に留学した外国人の卒業後の就労については多くの先進国に比しても緩やかな条件となるなど、国として「好ましい」と判断する外国人労働者の受け入れには前向きの姿勢に転換してきたことは、この間の大きな変化であった。

最近では、サービス経済化のなかで、国境を越えた物の取引だけでなく、サービスの取引が進んできており、世界は後者の自由を促進しようとしている。多国間の貿易協定でも避けて通れない課題となっており、東南アジアの諸国から看護師、介護士を受け入れる政策となったのは、そうした流れの一環とみられる。

4 今後の課題

たんなる商品ではない労働力は、労働市場の動向次第で外国から呼び寄せたり、逆に送り返したりすることが容易な存在ではない。どの国も、差別禁止、雇用機会均等、住宅など社会における受け入れ体制の整備、社会保障制度の対応、家族呼び寄せへの人道的な対応、子弟の教育、社会的同化の問題など、多くの関連するインフラ（移民法など）の整備に試行錯誤を繰り返してきている。迫り来る少子高齢化と労働力不足を視野に入れると、日本も本格的な議論と決断を迫られる日はそう遠くないように思われる。

X 地域の雇用政策

1 地域雇用政策の必要性

労働市場は、地域、業種、職種、性、年齢、学歴などのさまざまな要因によって、分断されている。さまざまな属性の壁によって隔てられているわけである。

もちろん、労働市場内の壁には比較的越えやすいものとそうでないものがある。隣県同士の小売業の販売職と飲食店業の接客職といったように転職がさほど難しくない場合もあれば、沖縄県（平成15年の失業率7.8％）で観光業のツアーガイドをしていた男性失業者が、富山県（同3.8％）で薬局の薬剤師職を見つけたとしても、たまたま薬剤師の資格をもちながら前者の県でツアーガイドをしていたといった特殊事情でもないかぎり、おいそれと転職できない。少なからぬ場合には、むしろ困難である。

　高度成長の時代の日本は、地方から都会への集団就職や出稼ぎが盛んであったように、地域を越えての人の移動が活発だった。ところが、石油危機以降は、だんだんに地域間移動が低下してくる。人は年齢が若いと比較的容易に移動を試みるが、中高年になると定着傾向が出るため、一般的にいって人口の高齢化は地域の壁を高くしていく。年齢が若くても、少子化で長男長女が増え地元を離れづらくなると、これも同様の結果につながる。地方分権などで地域志向がさらに高まれば、地域ごとの労働市場の分断もより進むと予想される。

　雇用政策は労働市場の状況を前提とする。労働市場が分断されていれば、それが好ましくないなら壁を低くして風通しをよくするための対策が必要になり、逆に、いたしかたのない性格の分断であるならば、それを前提に分断の実情に適切に対応した措置が求められる。地域労働市場ごとの動向についても、まったく同様である。

2　地域雇用政策の変化

　戦後の日本の雇用政策は、全国一律の枠組みや対策が重視され、中央集権的な色彩が濃厚であった。戦時体制下の労働力配置政策を担った経験を引き継ぎ、戦後の混乱にも対処した国の公共職業安定所（ハローワーク）や外郭団体を通じて、主要な雇用政策が実行されてきた。長らく続いた国の職業紹介業務の「独占体制」は、中央政府が雇用政策を取り仕切ろうとする姿勢の典型であった。中央が決定する産業政策に沿って補助金を得て工業団地を準備したり、公共事業で一時的な雇用確保をはかったりした地方自治体の対応も、まさにこうした枠組みを前提にしてのものだった。

　しかし近年になって、状況が変化してきた。民間の有料職業紹介、人材サー

ビスが大幅に緩和され、紹介事業の国家独占体制は改められた。さらに地方自治体などによる無料の職業紹介も広く認められるようになった。地域雇用計画を策定するなど、地域単位で、地域の特徴に応じた、柔軟性のある、独自色が出ている雇用政策を展開する体制も整えられつつある。

地域へ雇用政策の軸足を移していこうとする流れは、ここ4半世紀ほどの欧州の経験に示唆を受けている。多様に分断され、しかも絶えず動いている労働市場を前提とするならば、中央集権的に雇用政策を策定して、画一的に地域や産業に押しつける結果となりがちな方式では、機能的だとはいえない。石油危機以降、高い失業率に苦しんできている欧州各国は、地域ごとの対応の有効性を確認し、フランスのような中央集権的な色彩の強い国においてすら、地域主体の雇用政策を重視する方向に転換してきた。

南北に長く広がる列島に、地域ごとにさまざまな産業、業種、職種を発達させている日本も、産業構造の転換の流れのなかで、地域間の雇用状況の差異を高めている。失業率や有効求人倍率の都道府県別数値をみても、そう思われる。より地域にあった産業を展開し、雇用を創出するために、地域が権限と責任を負って、より主体的に方針を打ち出せるようになる態勢が望まれている。

3 これからの地域雇用政策

高度経済成長の時代を完全に終え、人口減少社会に入ろうとしている日本は、多くの局面で発想の転換に迫られてきた。地域雇用政策も同様である。

労働人口の少子高齢化で地域に固着して広域移動をしたがらない傾向は高まる。グローバル化で地域の雇用機会が海外流出する可能性も高まる。時代遅れとなった産業が退出した後は、特定産業や企業に特化していた地域であればあるほど、雇用情勢を急速に悪化させ、代替産業の育成や確保に長期間、苦しむ結果となる。情報化、知識社会化は、地域に拠点となりうる大学や有力な関連企業群をもたない場合、かんばしくない成り行きしかもたらされないことが懸念される。介護サービスなどの広がりは地域に膨大な対人サービス労働の需要を生むだろうが、これにより労働力の逼迫する地域も出ることだろう。

このように、地域が独自の雇用戦略をもつということは、地域が日本と地域社会の将来像について戦略的な視点をはぐくみ、地域の産業政策を練り、対応

する人材育成、人材活用の戦略をもたなければならないことを意味する。さもないと、思いつきで流行に乗るばかりの、持続可能でない、ちぐはぐな結末を生みかねない。

　もちろん、地域雇用政策を重視する方向への転換は、中央政府による雇用政策を不要とするものではない。日本全体の均衡確保は不可欠であるし、地域間の政策調整も必要だからである。しかしこれから何よりも大事なのは、地方分権による地方自治体と地域労使などの政策形成力の育成である。さもないと、地域の実情を踏まえて自ら考案した雇用政策を、工夫を重ねて運用し、より適切な政策へと磨き上げていくプロセスが地域に根づかないからである。雇用政策の策定と運用を担えるはずの人材も、力を発揮できない。「中央統制から地方分権へ」という流れの雇用政策版が、どこまで実のあるものになるか。目を離せない社会実験である。

XI　多様性と雇用政策

1　多様性の時代

　多様性（ダイバーシティ）は、これからの時代を示すキーワードの1つである。

　組織を重視した20世紀、まだ発展途上で余裕に乏しかった日本社会は、人びとの個性や多様さをむしろ抑え、模範と判断されたいくつか特定の鋳型にはめ込むことをよしとする傾向が強かった。金太郎飴型の会社人間、仕事人間を山のように生むことで、歴史に冠たる経済発展を遂げてきた。そうして、非西欧社会で初めて先進国の仲間入りをはたし、他の途上国にモデルを提示したのであった。

　その発想と行動が、1975年ころを境に、変化してきている。経済発展による豊かさが人びとの個性や多様性を許容し、仕事をもつ女性の増加、グローバル化、情報化（IT化）、人口構成の変化などがこれに拍車をかけた。知識社会化、サービス経済化をすればするほど、組織統制や集団主義では対応できない、個人の力量を活かすべき領域が増える。そして、元気な個人が台頭すればするほ

ど、社会の多様性は高まる。

　バブル経済崩壊後の日本は、こうした多様な個人の存在を前提とする方向への組織再編に苦しんできた。多くの人が個性の尊重を重要だと思い、何とかこれに対応する態勢を生みだそうとした。また、少子化のなかで女性活用は不可欠だと考え、これまでの男性向け仕事モデルや制度とは異なった、より女性のライフサイクルにも適合した仕事モデルや制度を工夫しようとしてきた。

　しかし、階層的で集団主義的な従来の組織文化を、時代の変化に呼応したネットワーク型で、個人・集団間の調整的な組織文化に変えようとする改革に要する努力は、並大抵のものではなかった。多様性の管理（ダイバーシティ・マネジメン）を口でいうのは簡単でも、日常的な次元にまで移し替え、しかも従来と同等か、それ以上の業務成果を上げようとすることは、まさしく容易ではなかったのである。

　雇用政策も同様である。中央指令の国家統制型の雇用政策から、多様な地域、産業、人びとが織りなす創意と工夫を前提として、国家、自治体、民間の間で相互補完的な役割分担を適切に実現しつつ、これからの時代の課題に対処していかなければならない。

2　制度・基準の再編成

　多様性が増せば増すほど、制度・基準の明確化とその絶えざる見直しが必要である。

　その意味で、かつては主流であった、一部の類型に属する人びとにとっては有益でも、他の類型の人びとには無益であるどころか有害な基準などは、よほどの存在理由がないかぎり、改革を避けられないだろう。また、以前は必要性が乏しかったけれども、これからの時代には不可欠となる基準は、逆に、急ぎ導入しなければならない。

　雇用をめぐる制度の設計と運用を担う雇用政策も、
　　①時代に合わなくなった既存制度は見直し
　　②現行制度の設計思想と運用基準を絶えず調整し
　　③新たな状況に応じた新制度を導入する
ことなどを、同時並行的に進める課題を背負う。

そうした際の指標は、セーフティネットの整備、労働市場の活性化、制度の中立化などである。

とりわけ、人びとを無理やり鋳型にはめ込まず、多様性を尊重しようとするとき、労働市場における調整機能を直視し、制度がこれをいたずらにゆがめないようにする配慮が求められる。より現実の労働市場に近接できるよう、地域による雇用政策の企画立案と運用も望まれる。

国家の雇用政策としては、基本戦略の策定、基本政策の確保、全体動向の観測、地域間の調整などが不可欠であるが、これからは、細かな部分にまで手を出しすぎ、過度に統制的とならないように注意しなければならない。

3 効率性と公正性

また、多様性への対応という観点からは、組織と個人の関係の見直しが大事である。

雇用政策としても、仕事と生活の調和（ワーク・ライフ・バランス）をどう促進するかが、あらためて問われる。現在、広い意味で仕事と余暇の調和を図りたいとする人びとは多数派であると同時に、仕事派、調和派、余暇派と三分化した思いの人びとが職場に併存している。市場と企業がこうした働く人びとの志向に適切に対処しつつ、効率性と公正性と安定性をどう担保していくか、雇用政策は見守る必要がある。

実際、多様性の保障は、開かれた社会として、活力を維持し続けるうえで、避けて通れない方向である。と同時に、多様化が競争、個人間・地域間の格差などを必然的に伴うものであることを考えると、雇用政策としては、市場の効率性だけをみていれば足りるのではなく、人びとの間の公正性、衡平性の確保にも意を払わなければならない。とりわけ、機会均等、処遇の均衡、能力開発の促進、敗者復活の機会付与、社会的弱者の保護などは、以前もそうであったが、これからはさらなる政策的配慮が要請される。

実は、少子化対策としてもこれらの要素は軽視しがたく、出生率の向上には、家族政策（とりわけ育児、若年対策）への資源配分だけでなく、均等政策の状況も大きく影響しているとの指摘がある。

仕事と生活のバランス、組織と個人のバランス、効率性と公正性のバランス

など、これからの雇用政策は、時代に即応した均衡の実現に留意するものとならざるをえない。

XII　キャリアを基軸とする雇用政策

1　雇用政策とキャリア

　キャリアとは、地面に残るわだちの跡や陸上競技場のトラックなどを意味する言葉から転じて、人びとが職業や人生においてたどる足跡を指す言葉として使われている。職業経歴とか人生経歴といったようにである。官庁のキャリア組は、組織内のファースト・トラック（特進路線）に乗った者を指す使い方である。以下では「職業をめぐるキャリア」の意味でこの語を用いていこう。

　雇用政策は人びとのキャリアに深く関係する。たとえば、農林水産の第1次産業や製造業などの第2次産業に傾斜した雇用政策が展開されると、人びとのキャリアはその方面に誘導され、限定されていく。逆に、知識産業やサービス業といった第3次産業に傾斜しても、同様である。そうした意味では、公共事業の積極的な展開は建設業を支援し、建設関連のキャリアを発展させたといえる。

　つまり、従来の雇用政策もキャリアとまったく無関係に展開したのではなかった。しかし、次のような限界を持っていた。

　第1に、雇用政策はしばしば産業政策に従属的であり、そのための人的資源政策といった受け身なところがあった。

　第2に、産業や企業という労働力の需要サイドの事情ばかりが前面に出がちだった。

　第3に、雇用政策はせいぜい企業にまでしか届かず、労働力の供給サイドである人びとのキャリアからすると、直接的でなく、ほとんど間接的なものにとどまっていた。

　これに対して、バブル崩壊後の長引く深刻な雇用情勢と、成熟社会に向かう人びとの多様な意識とが相まって、状況が大きく変わる。組織に依存して職業人生を送ることの危険を察知した人びとが自分自身のキャリアへの関心を高め

たのだった。企業内異動や社内研修だけでなく、企業を超えた転職や資格勉強も盛んになる。

　雇用政策も、需要と供給がうまく合わない深刻なミスマッチを解消するために、企業などの需要サイドに重点をおく方策から、個々人という供給サイドへも対象を広げる。生涯学習を支援する教育訓練給付、キャリア・コンサルタント（カウンセラー）の育成、ジョブ・カードなどは、その典型例である。

2　キャリアをめぐる時代変化

　もっと大きな時代の流れで雇用政策を眺めてみよう。すると、19世紀までの伝統社会における「職業＝家業」の時代、20世紀の組織社会における「職業＝雇用」といえる傾向に気づく。

　伝統社会では、人びとに職業選択の余地が乏しく、武士や農民として、家禄や田畑といった家産を守りながら、限定的な職業人生を送った。祖父も父も鍛冶屋、自分も息子も鍛冶屋といった家業のなかで、それぞれのキャリアが展開されていた。

　しかし、産業革命を経たのち、近代的な職業選択の自由のもと、家業以外の就業機会が開けた。自営業型の働き方は徐々に少なくなっていき、結局は、組織に雇われて働く雇用労働が主流となってくる。日本でも、戦後の1955年に44％にすぎなかった雇用労働者比率は、今や86％ほどとなり、圧倒的な雇用社会である。「職業＝家業」でなく、「職業＝雇用」となったのである。職に就く意味の就職も、会社（組織）に入る就社や入社が実態となり、より良い組織に所属し、そこでより良い昇進昇格をする組織内キャリアこそが尊重されるように変わった。

　しかし、20世紀最後の４半世紀には、どの先進諸国でも、産業も組織も永遠でなく、浮沈を免れず、キャリアも組織内で完結するとは限らない現実が多く示される。そうなると、予期できない外部環境の変化があっても、人びとのキャリア展開がそれなりに持続できる方向こそが目指されるべきだとなる。企業や製品・サービスの寿命が短くなる一方、20歳前後から65歳過ぎまでと就業期間が長くなり、個人の全キャリアをカバーできる企業組織（内部労働市場）や職業が限られてきたからである。つまり、19世紀までの「家業は財産」や、20

世紀に発展した「雇用は財産」に代わって、個人のなかに形成される「キャリアは財産」の方向が追究され始めたのであった。

3 雇用政策の基軸変化

「家業は財産」の時代には、手に職を付け、家業を守ることが、また、「雇用は財産」の時代には、良い組織に所属し、そこで昇進するといった雇用政策が考慮すべき基軸であった。「家制度」や「終身雇用」は、いわばそのキャッチ・フレーズ化であった。家業や組織が安定的でなくなった代わりに、個人によるキャリア形成とキャリア選択が重視されるようになった現在、「キャリアは財産」という方向を現実化するためには、何が必要なのだろうか。

まず、キャリア政策を支える法的基礎である。個人の選択と決定の自由(憲法13条の幸福追求の自由)、職業選択の自由(同22条)、生涯学習の権利(同26条)、そして何よりも労働権(同27条)などが思い浮かぶ。だが個別の単体だけで理解されるのでは不十分であり、これらを体系的、統合的に把握し直すと、個人がキャリアを準備し、開始し、展開することを基礎づける「キャリア権」といった構想が出てくる。2001年改正で、雇用対策法3条や職業能力開発促進法3条の基本理念が、この趣旨の規定を設けたのは、キャリア権尊重の嚆矢であった。

次に、キャリア権を尊重した、組織と従業員との間の関係の再構築である。ワーク・ライフ・バランスも同様であるが、時代変化を認識した労使がキャリアをめぐる組織決定と個人決定の間の調和をとり、多様化する労働者の実態と意識と変化する事業環境の間をどう調整するかが課題である。どれだけ柔軟かつしたたかに対応できるかが問われている。

第3に、雇用政策である。課題となる雇用戦略、職業紹介、教育訓練、機会均等、非典型雇用、若年者雇用、高齢者雇用、外国人雇用、地域雇用、多様性対応などをつらぬく基軸は、まさしく働く人びとの「キャリア」への対応である。充実したキャリア展開とキャリア形成支援の枠組みの構想と運用は、これからの雇用政策の重要な基軸であり、活力ある経済社会の持続的な展開に不可欠だと考えられる。

〔初出:「よく分かる日本の雇用政策」月刊人材ビジネス213号〜224号連載
(2004-2005年)を改題〕

第 5 章
労働市場と法——新しい流れ

> 「無敵の強さでアメリカ経済を脅かしているとされた国々も、1994年あたりから力が弱まってきたようである。日本とドイツの経済は、手に負えないほどの不況に見舞われ、両国の輸出は高すぎる通貨のために振るわず、ご自慢の労働市場システムは経済不況の影響を受けて次第にほころびつつある。」（ポール・クルーグマン（北村行伸編訳）『資本主義経済の幻想』（ダイヤモンド社・1998年）118頁）

　労働市場は、①市場経済の一環をなし、②労働力の需給調整のための制度であり、③制度としての適切な設計が必要であるとともに、④円滑な市場機能のためには仲介機関などを必要とする。

　「労働市場と法」をめぐる法学の領域は、上記のうち主に③制度設計と④機能運営の側面について対応する。そして、狭義の需給調整以外にも、労働市場に関連した能力開発、雇用管理・雇用安定、人材事業、失業給付などへの対応を守備範囲とする。一般には労働市場法または雇用政策法と呼ばれる。[1]

　この法分野は、業務処理に関係する特定の人びと以外からは、長らく等閑視されがちであった。だが、最近になって世間の関心が高まっている。いうまでもなく、産業構造、雇用構造、就業行動などの変化に応じて、さまざまな法政策的な措置が続き、企業経営、雇用関係、労使関係などに大きな影響を与えるようになってきたからである。[2]

---

1) 　この分野を俯瞰するには、日本労働法学会編『講座21世紀の労働法 2 巻 労働市場の機構とルール』（有斐閣・2000年）が有益である。また、森戸英幸「雇用政策法—労働市場における『個人』のサポートシステム」日本労働法学会誌103号（2004年） 3 頁以下をはじめとする同号掲載の特集「雇用政策法の基本原理」に関係した諸論文を参照。

2) 　たとえば、松淵厚樹『戦後雇用政策の概観と1990年代以降の政策の転換』（JILPT資料シリーズNo. 5）（労働政策研究・研究機構・2005年）は、重要な関係法令の制定や改定につき、1940年代 3 件、50年代 0 件、60年代 2 件、70年代 8 件、80年代 8 件、90年代10件、2000年代前

本章は、これら最近の動きを俯瞰し、その底流を探り、さらに将来の方向を展望する。そのため、Ⅰでは労働市場法に属する近時の主要な立法動向を概観し、Ⅱでは労働市場法が従来は十分に展開してこなかったが、最近になって動きを活発にしている理由を再確認し、最後にⅢで将来へ向けての方向を探る。

Ⅰ 労働市場法の最近の展開

1 世紀末の転換

20世紀も終わりに近づいた1999（平成11）年は、日本の労働市場法制にとって画期となる法改正の年となった。職業安定法と労働者派遣法が改正され、民間企業による職業紹介と労働者派遣の対象となる業務について、従来のポジティブ・リスト方式から180度転換して、ネガティブ・リスト方式とする方向で、基本原則が改められたからである。

これにより、民間による有料職業紹介事業につき、無数といっていいほどたくさんありうる取り扱い職業のうち、従来はごく限られた数の職業（改正前の時点で29職業）しか事業対象とすることが許されていなかったのが、原則としてどの職業でも取り扱い対象とすることが可能となり、建設業務や港湾運送業務のようなごく限られた数の職業だけが例外的に事業対象とはできないようになった。また、労働者派遣事業では、同じく無数といっていいほどたくさんありうる業務のうち、従来はごく限られた数の業務（改正前の時点では26業務）しか事業対象とすることが許されていなかったのが、原則としてどの業務でも取り扱い対象とすることが可能となり、建設業務、港湾運送業務、警備業務などのようなごく限られた数の職業だけが例外的に事業対象とはできないものとさ

半10件を挙げる（64頁以下。なお、1958年の旧職業訓練法を加えれば50年代は1件になると思われる）。また、数え方にもよるが、1980年代以降の労働法学会における研究大会テーマとして労働市場法に直接関係するものが扱われたのは、1980年代では1回、90年代でも1回にすぎなかったのに対して、2000年代前半だけで早くも3回を数える。なお、学界の関心がまだそれほど高くなかった時期における研究成果としては、清正寛『雇用保障法の研究』（法律文化社・1987年）、松林和夫『労働権と雇用保障法』（日本評論社・1991年）、馬渡淳一郎『三者間労務供給契約の研究―労働者派遣法時代の労働契約論』（総合労働研究所・1992年）などがある。

れた。

　すなわち、有料職業紹介事業であれ、労働者派遣事業であれ、労働市場における需給調整の仲介機能をはたす民間事業（人材ビジネス）に対して、これまではごく限られた分野以外は民間がそうした機能をはたすことができないように制限していたのだが、その事業展開の余地を大幅に認める方向に踏み切ったのであった。

　原則として民間事業による仲介機能は禁止しつつ、世間においてその種の機能への需要が顕著であり、かつ、弊害が少ないような場合に限って、種々の厳格な規制つきで民間事業を認めるという従来の方式は、ポジティブ・リスト方式と呼ばれる。原則としての禁止を例外的に解除する表（ポジティブ・リスト）を用いることによる。これに対して、市場経済体制をとる国の多くの経済社会活動の分野ではごく普通にみられるような、法が例外的に禁止をしていない事象は原則として自由に活動対象とすることが認められる方式を、ネガティブ・リスト方式という。市民は法が禁止していない以上は、どこで何をしていようが自由である。民間企業も法が禁止していない以上は、どこでどのような事業展開をしようが自由である。ただし、例外として禁止された行為はできない。世間において弊害が顕著であり、法によって禁止をしないと公共の秩序や公共の福祉などが侵害される蓋然性が高いような場合には、例外的に禁止の対象とすることがある。その禁止対象を列挙した表がネガティブ・リストと呼ばれる。[3]

　基本原則の転換は、付随して、それこそハシの上げ下げまで掣肘するのかと思われたほどにあれこれあった、料金、事業許可期間などの細かな規制にも影響し、大幅な見直しがなされた。いわゆる規制緩和措置である。

　しかし、より重要なのは、職業安定法改正において、公共職業安定所と職業紹介事業者などに共通するルールの整備という方向がとられた点である。官と民とがまったく別の原則で労働市場の仲介機能をはたすのではなく、両者が同

3）　ネガティブ・リストの思想は近代法の基本原則である。たとえば「人および市民の権利宣言」（フランス・1789年）5条は「法は、社会に有害な行為でなければ、制止する権利をもたない。法により禁止されないすべてのことは、妨げることができず、また何人も法の命じないことをなすように強制されることがない」と宣言し、「人および市民の権利義務の宣言」（フランス・1795年）7条は「法により禁止されないことは、妨げることができない」とより端的に表明する。訳文は、高木八尺ほか編『人権宣言集』（岩波書店・1957年）131・150頁による。

一の原則に立ちつつ、役割を分担するということとなったのである。具体的には、労働条件などの文書明示義務化、個人情報の保護規定の追加などが定められた。そのうち個人情報の保護規定は、労働者派遣法の改正でも扱われ、両者相まって民間企業に適用される個人情報保護の最初の立法例となった。[4]

2　転換の意味

　労働市場政策は、労働市場を通例の市場とはまったく異質な市場として位置づけていた従来の政策発想を改め、通例の市場とも共通するところのある市場だとしてとらえる方向に転換した。だが、通例の市場と共通する点と異なる点をめぐる理解においては、量的にも、また質的にも、まだ政策発想が十全には固まっていない。しかもこれは、ただちに理論的に割り切った処理をすることが困難であり、一定の時間をかけて経験的に試行錯誤を繰り返していくべき性格にある。

　それにしても、従来の発想が国家統制的であったことは否定できない。経済活動の多くの分野について国の統制や規制が顕著である場合には、労働市場についても統制や規制が不可避である。一方の市場で統制をかけながら、これと裏腹の関係にある他方の市場では放任してしまうならば、市場間の落差から思いもかけないきしみが生じてしまうことがある。それにより政策間の齟齬や政策効果の不全も起きる。したがって、統制経済下においては統制的な労働市場運用であることがむしろ自然な動きとなる。

　しかし、統制経済を離れ、経済的な規制も緩和されるならば、今度は過度の統制や規制のある労働市場が自由な経済活動の隘路となってしまう。原理的にみて、人的資源面における最適な資源配分をする余地が狭まるからである。したがって、自由な経済活動のもとでは、基本的に自由な労働市場が求められていく。

　その意味では、バブル経済崩壊後の1990年代あるいはそれ以前の1980年代か

4）　両法の改正と評価をめぐっては、多くの議論があった。たとえば、鎌田耕一「公共職業安定機関の役割と課題―新たな労働市場機構をふまえて」・前掲注1）『労働市場の機構とルール』62頁以下、有田謙司「民間雇用関連サービス事業の役割と法規制」同81頁以下、大橋範雄「労働者派遣事業の多様化と法的課題」同97頁以下など参照。

ら進められてきた、構造改革、民営化、規制緩和などの経済政策の大きな転換が、労働市場政策の転換を原理的に要請したことは否定できない。そして、労働市場政策における統制や規制の見直しは、何よりも市場における取引を仲介する機能の見直しとなった。それは、以下のような理由からである。

およそ何らかの財やサービスの取引が行われる市場が円滑に機能するためには、仲介機能を担う存在が不可欠である。証券市場には証券業者が、商品市場には商社が、不動産市場には不動産業者が、そしてお見合い市場だって仲人（結婚相談所）が付き物なのである。ところが、従来の労働市場については、この種の仲介機能をはたす民間企業の活動余地を認めるどころか、できるだけ制限しようとする政策思想が働いてきた。いうまでもなく、労働市場で取引される対象の労働サービスは、通常の商品とは異なってサービス提供者の人格と深く結びついているだけに、たんなる商品扱いをするには適当でないところがある。そこで、社会政策的な視点からする規制が不可欠であり、自由な営利活動の対象とすべきではないと考えられてきたのであった。

この結果、労働市場における仲介機能の担い手は非営利の公共部門であるべきだとされた。しかも地方自治体ではなくして、国が責任をもって一体的に運営する無料の職業紹介事業、すなわち公共職業安定所（いわゆるハローワーク）による国中心の職業紹介事業こそが原則だとされてきた。

市場経済の社会であっても、国営事業が存在することは、少しも不思議ではない。多くの国の、多くの事業分野において、これが存在してきたし、今も存在する。民間営利事業を主体とする市場にも得手不得手があり、そもそも市場による資源配分が原理的にうまく働かない分野では「市場の失敗」も起きる。したがって、市場経済体制を設計するにしても、公共部門がはたすべき役割の範囲をどこまでにするかには、各国とも長年にわたる試行錯誤が積み重ねられてきている。

とはいえ、市場にも失敗があるように、政府にも得意不得意や「政府の失敗」がある。政治過程や官僚機構における政策判断や政策運営のミスは、これまで、それこそ掃いて捨てるほどある。バブル経済とその崩壊後に展開された政策ミスの連続は、その典型であった。また、そもそも政府に委ねるのが適当でない領域もある。

では、市場の失敗と政府の失敗とを相互補完するにはどうしたらよいか。とりわけ労働市場に関してはどうすべきか。市場重視というパラダイム転換のなかで、労働市場における棲み分けなど、分業と協業のあり方を新たに見直す作業がはじまったのである。

3　国際的な動向

労働市場を特別のものとしてとらえ、厳重な規制をかける動きは、何も日本に特有のものではなかった。市場経済の先進諸国においても、多かれ少なかれ、さまざまな規制が存在してきたし、今も存在する[5]。

とりわけ、労働サービスの特殊性を強調する思想は、20世紀初期に設置され、労働分野でのグローバル・スタンダード（国際基準）を設定するのに多大な貢献をしてきた国際労働機関（ILO）でも採用され、「労働は、商品ではない」（1944年の国際労働機関の目的に関する宣言。いわゆるフィラデルフィア宣言）といわれてきた。

現に「失業に関する条約」（ILO 2号条約、1919年採択）は早くも無料職業紹介所の整備と民営職業紹介との調整に言及し、さらに1933年には3年以内に有料職業紹介所を原則廃止すべきだとする34号条約が採択され、それを1949年に改定した有料職業紹介所条約（96号条約）は、民営職業紹介を最終的に禁止するか、国家の厳格な規制下に例外的に認めるかの二者択一を迫っていた。20世紀前半の国家統制的な経済思潮が反映した動きであったが、日本も96号条約を批准して、民営職業紹介に対する厳格な国家統制という選択肢をとってきた。

しかし、この種の市場統制的な方向は、市場経済への信頼度が高い国々ではおよそ認められようもない。たとえば、米国も英国も同条約を批准せず、独自の対応を維持した。また、当初は同条約を批准していたドイツやスウェーデンなどにおいても、その後に労働市場機能の活性化をしようとした際に、同条約の存在は改革の障害となり、批准廃棄がなされるに至った。

こうして20世紀も押し詰まった1990年代に、ILOもまた、労働市場政策の基本発想において歴史的な転換を遂げる。1997年に96号条約を廃止し、民間企業

---

5) たとえば、馬渡淳一郎「労働市場の法的機構—国際基準と動向」・前掲注1）『労働市場の機構とルール』43頁以下参照。

による有料職業紹介や労働者派遣などの人材ビジネスを原則的に自由に展開できるようにする一方で、社会政策として必要な規制は新たに設けるという姿勢に立つ181号条約（民間職業仲介事業所に関する条約）を採択したのであった。日本も、1999（平成11）年の職業安定法と労働者派遣法の改正とともに、同条約を批准する（なお、労働市場改革の見直しの契機となった失業の国際動向については、図1参照）。

　そうした結果、「労働は、商品ではない」とのフィラデルフィア宣言は、字義どおりの狭い意味ではなくなって、より含みのある、労働も市場取引の対象になるという意味では商品の一種かもしれないが、通常の商品とは大きく異なるところがあり、政策策定にあたってはこれにしっかりと留意する必要がある、といったほどの意味となっている。

図1　石油ショック前と以後の主要国の失業率の変化

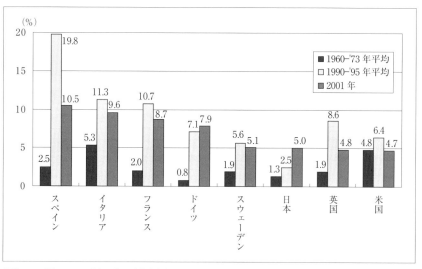

出所：1　石油ショック前と以後の平均失業率は，OECD, Historical Statistics, Paris, 1997, p.45
　　　2　2001年の数値は，社会経済生産性本部『活用労働統計2004年版』198頁（日本は総務省統計局「労働力調査（2001年）」による）
　　　3　ドイツは統合前については「西ドイツ」のもの

4 継起する法令改正

　以上のような経緯で、労働市場は市場として「再認識」された。その後、官と民との新たな棲み分けを模索する過程が続いている。たとえば2003（平成15）年改正で、労働者派遣をめぐる法政策では、当初のネガティブ・リストに載っていた業務のうち、製造業務などが段階的に外されるようになった。また、派遣期間の制限、紹介予定派遣（派遣期間終了後の直接雇用を視野に入れた派遣形態）などでも手直しがなされた。職業安定法についても、同年の改正で、許可・届け出制が見直され、労働者からの手数料徴収をめぐっても対象となる範囲が広げられるなどした。

　とはいえ、労働市場法は職業安定法と労働者派遣法に尽きるものではない。

　職業訓練・能力開発の領域でも、新たな方向に転換する法改正があった。職業能力開発促進法の2001（平成13）年改正である。労働者の「職業生活」に新たな意味づけを行い、労働者のキャリア形成支援に積極的に乗り出す方向が打ち出された。従来から存在した企業をつうじて能力開発を進める企業主導主義、集団主義から、個人主導、個別主義の能力開発へと軸足を移行させていく基礎

図2　完全失業率の推移

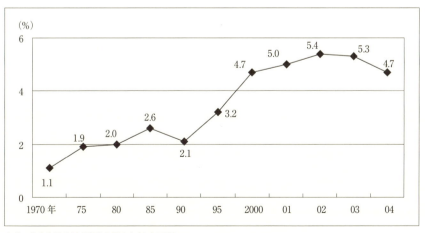

出所：総務省統計局「労働力調査」（各年平均）

が固められたのである。そして、同年の雇用対策法改正でも、これに合わせて、職業生活の全期間をつうじての職業生活の安定が明記された[6]。

不況対策も深刻な課題となる。1960年代から70年代初頭にかけてはわずか1％ほどだった失業率が、2度の石油危機を経て2％台へと上がり、さらにバブル経済崩壊後の1990年代には3％台から4％台に上昇し、2000年代初頭には5％台に突入する（図2参照）。

そうした過程で、低い保険料率と増大する給付額の狭間で財政的な破綻が懸念された雇用保険法について、2000（平成12）年および2003（平成15）年と立て続けに重要な改正がなされる。それにより、給付のあり方と料率が見直され、フルタイム労働者とパートタイム労働者との間の給付内容の一本化が図られ、非自発的失業への給付の重点化、雇用保険三事業の手直しなどもなされた[7]。

また、2001（平成13）年に地域雇用開発等促進法が「地域雇用開発促進法」に法律名を改め、地方の自主性をより尊重する方向となる。また、同年、雇用対策法にもとづく措置に含める形で、特定不況業種等関係労働者の雇用の安定に関する特別措置法が廃止される。より実効的な雇用対策を模索する動きの一環であった。

さらに、増大する高年齢労働者への対応も切実な政策課題である。1990年代の法改正で60歳定年制を義務化し、定年後の60歳から65歳までの雇用については努力義務としてきた高年齢者雇用安定法は、その後、不況の影響もあって後者の成果が芳しくない一方で、厚生年金の定額部分（基礎年金）が60歳支給開始から61歳、62歳と段階的に上がっていくことによる、就業と年金との乖離に早急に対応する必要に迫られた。

こうして、2004（平成16）年改正で、事業主に65歳までの雇用継続措置を段階的にとっていくことが義務づけられる。労使協定（経過的には就業規則でも可

---

[6] 両法改正とその意味をめぐっては、厚生労働省職業能力開発局編『労働法コンメンタール8 新訂版職業能力開発促進法』（労務行政・2002年）、両角道代「雇用政策法と職業能力開発」・前掲注1）日本労働法学会誌19頁以下、諏訪康雄「能力開発法政策の課題―なぜ職業訓練・能力開発への関心が薄かったのか？」日本労働研究雑誌514号（2003年）27頁以下、同「キャリア権をどう育てていくか？」季刊労働法207号（2004年）40頁以下参照。

[7] 法改正を丹念に検討したものとして、藤原稔弘「雇用保険法制の再検討―基本原理に基づく制度の再設計」・前掲注1）日本労働法学会誌52頁以下参照。

能)で、定年廃止、定年年齢延長、再雇用などの雇用継続措置を選択したり組み合わせたりして、雇用確保を図ることが求められ、最終的には2013(平成25)年4月から65歳までの雇用継続をとるよう義務づけられたのである。

なお、年齢との関係では、年齢差別禁止に向けての動きもあった。2001(平成13)年の雇用対策法改正で、募集採用をめぐり年齢にかかわりなくその機会を与える努力義務が導入され、さらに上記高年齢者雇用安定法の改正にともない、募集採用で年齢制限をする場合の理由提示の義務が付け加わった。

以上のように、この数年間をとっただけでも、労働市場法の領域の法改正は目白押しであり、しかもきわめて重要な改訂が続いている。すなわち、労働市場をめぐる政策原理の見直し、個人のキャリア展開への注目、一連の雇用失業対策、高年齢者対策などである。この間に、原理とその応用、不況への対応、人口構造変化への対応という、次元の異なる問題への対処が迫られていたことが理解できよう。[8]

II 労働市場法の動向をめぐる考察

1 労働市場法の役割

労働市場法は、労働市場の成立基盤と枠組みを与え、その円滑な運用にかかわる一連の法的対応を担う。

これを労働者の側からみるならば、労働市場に参入するためのキャリア準備行為(教育訓練、再就職準備など)、市場参入というキャリア開始(求職活動・就職など)、市場におけるキャリア展開(配置転換、昇進などの内部労働市場における組織内キャリア展開、転職、失業などの外部労働市場におけるキャリア展開、生涯学習活動など)、市場からの退出行為(キャリア終期の退職引退など)をめぐる

---

8) こうした雇用政策法制の動向を概観したものに、松淵・前掲注2)がある。より広くは、樋口美雄『雇用と失業の経済学』(日本経済新聞社・2001年)参照。また、この間の雇用政策を理解するには、雇用法制研究会「今後の労働市場法制の在り方について(報告書)」労働省(1998年)、「雇用対策基本計画(第9次)」労働省(1999年)、雇用政策研究会「雇用政策の課題と当面の展開(報告書)」厚生労働省(2002年)、雇用政策研究会「人口減少下における雇用・労働政策の課題(報告書)」厚生労働省(2005年)など参照。

法的な枠組み、行為規範、各種の支援措置などを準備している。

使用者の側からみれば、従業員の募集採用、教育訓練、配置異動、退職解雇などの人事労務管理の前提となる法的な枠組み、行為規範、各種の支援措置などを準備している。

また、労働市場関係者（仲介機関、教育訓練機関、人材サービス機関など）にとっては、これらをめぐる各種業務展開の前提となる法的な枠組み、行為規範、各種の支援措置などを準備している。

このように列挙すると、労働市場法が経済社会の円滑な展開にとっていかに不可欠なものであるかとともに、その基本性格がいかに実直かつ地味なものであるかもよく理解できる。教科書でいえば、必ず記載しておかなければならない説明事項であるが、およそ血湧き肉躍るような面白さには欠けるといった記載部分なのである。労働法学界でも長らく等閑視され気味であった理由の一端は、ここにある。一時期、派手な注目を浴びた労働組合法のような労使関係法や、日常的に問題が継起する労働基準法のような雇用関係法とは違って、普段は存在に気づかないが、いざとなると重要な機能をはたす雇用のセーフティネットなのである[9]。

2 動きの底流

社会が円滑に成り立っていくには「自助、共助、公助」の3つの助け合いが適切に組み合わさる必要がある。個人が担う自助、民間部門の組織や地域コミュニティなどが担う共助、国や自治体などの公共部門が担う公助の3つである。そして、これらの組み合わせ方に唯一といった正解はない。時代により、社会により、あるいは地域や業界、世代やその他の事情により、適切な組み合わせのパターンはいくらでもある。パターン次第で、それぞれに主役となるものと脇役となるものが生まれる。

労働市場法制は、江戸時代から明治時代にかけては主として自助と共助に委ねるにとどまり、大正時代から昭和時代にかけては公助が徐々に前面に出るよ

---

9) 詳しくは、森戸・前掲注1）、諏訪康雄「労働市場法の理念と体系」・前掲注1）『労働市場の機構とルール』2頁以下、同「6条前注」東京大学労働法研究会編『注釈労働基準法（上）』（有斐閣・2003年）118頁以下など参照。

うになり、そして平成時代に入るころからはもう一度、自助と共助の役割が見直され、現在は自助と共助と公助がどれも出そろって、相互の分業と協業のあり方、棲み分けが模索されるに至っている。

こうした三者そろい踏みの時代にも、おのずとどこに力点をおくかで、政策スタンスの差異が生まれる[10]。

市場を強調する立場は、自助に力点をおく。個人が自律し、かつ、自立する姿を理想として、それを補完する形での共助と公助のあり方を説く。教育訓練をめぐる個人支援、市場参入やキャリア展開をめぐる選択肢の充実と個人支援、市場退出をめぐる自己決定（エイジフリーほか）を政策提言する。ただし、すべてを個人に委ねて済むとは考えておらず、公助としてのセーフティネットは重視するし、共助の役割も認める。

これに対して、社会的規制の必要を強調する立場は、公助または共助に力点をおく。個人の自律や自立は所詮、大部分の人には縁遠く、場合によっては悲惨な結果を招くと懸念し、公助または共助による政策的、組織的な配慮を説く。より適切な政策的、組織的枠組みと支援のもとでのみ、自助も意味をもつとする。教育訓練をめぐる公共訓練・企業訓練の再編、市場行動をめぐる規制の再編などを主張する。ただし、この立場でも、公助に力点をおくか、共助に力点をおくかで、当然、政策スタンスは相当に異なってくる。また、公助に力点をおくとしても、中央政府に期待をするか、地方自治体に期待をするかで、違いが出る。

そして、現在のところ、公的規制とりわけ公助を強調する立場は、かなり旗色が悪い。20世紀の壮大な実験であった社会主義体制の自壊を目撃し、日本でもバブルとその崩壊の間に不適切な政策運営が不況を深刻化させたことを経験し、さらに破綻していく企業組織の限界も知った人びとは、国や組織も万能ではないことをあらためて認識した。したがって、いくら論者が国や組織のあり

---

[10] たとえば、市場原理主義の典型的な論客だと考えられている八代尚宏『雇用改革の時代』（中央公論社・1999年）の主張と、こうした流れに批判的な依光正哲＝石水喜夫『現代雇用政策の論理』（新評論・1999年）の主張など参照。労働法学者では、たとえば、小嶌典明「労働市場をめぐる法政策の現状と課題」日本労働法学会誌87号（1996年）5頁以下が市場を重視する一方で、西谷敏『規制が支える自己決定―労働法的規制システムの再構築』（法律文化社・2004年）は公的規制を重視する。

方に問題があったのだから、それを是正し改革するならば公助や共助こそが主軸であるべきだと主張しても、人びとはなかなかこれに与そうとはしない。いわば「羹に懲りて膾を吹く」心境から抜け出せないでいる。

　他方、市場強調の議論は、旗色がよい。いわば直前の失敗に懲りて、これと正反対のことをすればうまくいくかのように人が思いがちであるのと同様、従前に欠けていた要素をこれでもか、これでもかとばかりに指摘し、斬新な政策方向を打ち出している。したがって、好むと好まざるとにかかわらず、当分の間、自助に力点をおいた政策提言が続くことだろう。また、公助のスリム化、地方分権化、NPOなどの共助への新たな付託もさらに進められていこう。

　こうして、あまりにも公助や企業中心の共助に期待しすぎていた、これまでの政策枠組みや政策資源の配分は、徐々に是正されていくことであろう。組織偏重の日本には欠けているとされた個人の主体性を尊重する姿勢や制度も、今よりは強まることだろう。個人という主体の能力と意欲を正面から位置づけ、それでは至らない部分を共助や公助で補完する形において諸制度が再編成されていくだろう。

　しかしながら、自助と共助と公助の分業と協業のあり方は、典型的なポリシーミックスの領域に属し、たった1つだけの正解はありえない。現に、自助派の論者も、公助派の論者も、他の対応存在を否定してはいない。いわば力点のおきどころが異なるだけなのである。それゆえ、やがて市場原理主義の限界が痛感されるようになり、政策方向が見直されることは十分にありえようから、その意味で現在の経済政策や雇用政策、そして労働市場法は、どれも過渡的な状態にある。新しい定常的な均衡状態を求めて、経験をつうじた模索過程が、かなりの期間にわたって続くことであろう。

3　組織支援と個人支援

　いずれにせよ、公助が強調されれば、公共部門の強化が必要となる。共助が注目されれば、組織やコミュニティの強化策や適正な運営策が伴う。そして、自助がうたわれれば、個人への支援策が不可欠である。

　従来の労働市場法は公助と共助の組み合わせで政策目的を達成しようとしてきたので、自助の担い手となる個人への直接支援には欠けるところがあった。

教育訓練、能力開発を例にとれば、学校教育も職業訓練も長らく画一的、集団的であり、個々人が個性に合わせてカリキュラムを柔軟に組み合わせることのできる余地に乏しかった。学校教育ではキャリアを念頭においた教育体制やキャリア意識の涵養などは例外的であった。職業訓練では個々人の適性や希望への対応よりも、業界や企業組織が求める即戦力養成に力が注がれ、その面での助成措置などの支援策は用意されても、個人がキャリア展開のために自己投資をする教育訓練、生涯学習への直接的な支援策などは限られていた。

しかし、1990年代以降、個人という軸足を再発見して、雇用保険法と職業能力開発促進法により、個人が能力開発したときに支給される教育訓練給付制度を導入し、個人の直接支援にささやかな一歩が踏み出された[11]。また、2001年の雇用対策法と職業能力開発促進法の改正は、職業生活設計への支援を打ち出し、個人のキャリアカウンセリングなどに対応するキャリアコンサルタント制度なども導入して、職業紹介、人材サービス、能力開発などの場面で個人相談が活性化する機縁となった。なるほど個人への支援策はまだまだ不十分である。だが、それがほとんどみられなかった時代は過去のものとなり、個人支援の充実が図られていこうとする段階に入った[12]。

組織支援はいわば次のような論理にもとづいていた。雇用は産業活動の従属変数であり、独立変数ではない。いかなる雇用を提供し、そのためにはどのような教育訓練が必要であり、どのような人的資源管理をすべきかについては、個人にわかりようも決められようもなく、組織が事業活動をにらみながら決定すべきものである。そもそも個人が主観的に自己の能力や適性を判断しても客観的にそうかどうかはわからないし、自己の希望だけを主張したところで求人側の事情や評価もあるところである。個人は組織に採用され、組織のなかに組み込まれてはじめて、具体的な労働のあり方が決まる。したがって、何よりも優先して取り組むべきことは企業組織を基礎にした政策の組み立てであり、それを対象にした支援策である。企業が適切に雇用し、教育訓練をし、人的資源

11) もっとも、新制度の趣旨が必ずしも運営者と利用者に徹底されず、また雇用保険の財政難などもあって、2003年法改正では一歩後退した感がある。
12) 個人に対する人材サービス関係では、キャリア支援をめぐる多くのビジネスが展開しており、キャリア関係の本も汗牛充棟といったほどに出ている（諏訪・前掲注6）「キャリア権をどう育てていくか?」40頁注1参照）。

管理に努めるならば、個人の職業生活も円滑に展開し、雇用の安定、職業の安定が実現される。

これに対して、個人支援は別の論理に基礎をおく。変化の時代、多様化の時代には、何が正しいかの一義的な決定は誰もできない。ただ、労働市場が円滑に機能し、適切に情報を発信するならば、おのずからエンプロイアビリティの基準も形成され、これにより個人がキャリアをめぐるより妥当な判断をすることも可能となる[13]。人材サービスが健全に発展することも同様の効果をもつ。そもそもサービス経済化、知識社会化などの流れは、生物学がいう種の多様性と同様に、多様な人材がそれぞれに多様なキャリアを展開することで、将来の経済社会が要求するかもしれない人的資源を用意する。これをあらかじめ設計したり、規格化したりして、準備することは容易でない。どのようなキャリア展開に将来性があるかは誰も確たる予言や保証をできず、結局は本人が自己責任で判断するしかない。少子高齢社会でますます長期となる職業人生を考えるならば、特定の組織にキャリアをすべて委ねるのはリスクが高すぎる。特定の企業における静的な雇用の安定よりも、労働市場をつうじた動的なキャリアの安定こそを指標にすべき時代となっていこう。

とはいえ、労働市場はいつの時代もモザイク状である。産業、地域、学歴、年齢、性など、さまざまな要因で分断され、のっぺらぼうの状態で労働市場が機能しているわけではない。同様に、内部労働市場がよく発達していて、その運営に相当程度の期待をもてる場合もあるし、逆に内部労働市場が発達していなかったり、それから排除されたりする存在もある。したがって、労働市場政策は、ある方向で一色に染めてしまうことは不適切であるし、不可能だとさえいえる。さまざまな政策対応を複合的に組み合わせて展開せざるをえない。それゆえ、組織支援の時代であっても、およそ個人支援が何もなかったわけではないし、逆に個人支援の時代となっても、組織支援が不要になるわけではない。つまり、時代環境に合わせた、公助、共助、自助の分業と協業の視点からすると、そのどれかを無視することなどは、およそ現実的でないのである。

だから、政策対応における優先づけの基準をめぐる現在の議論は、実際の政

---

13) エンプロイアビリティをめぐっては、諏訪康雄「エンプロイアビリティは何を意味するのか?」季刊労働法199号（2002年）81頁以下参照。

策提言の次元になると、力点の微妙な差異といった程度になることが多いだろう。いずれにせよ、現在から近未来にかけての政策原理や具体的施策は、より個人の軸足を強化することで、人的資源を多様化し、総体として強化する傾向にあることは間違いない。

4 足りないものは何か

労働市場法の改革過程は、現在のところ総体として、古くなった温泉旅館を全面的に建て替えるといった形ではない。むしろ、旧館の周囲に新館をちょこちょこと建て増して、渡り廊下で各館をつなぐといった風情のものである。それだけに、統一的な労働市場戦略にもとづいて、より原理原則において一貫した、体系的な、これからの時代の新たな労働市場設計こそを実現すべきだと考える立場からは、批判を免れない。何ともパッチワークだからである。

そこで、少し現状を離れて、より高踏的な立場から日本の労働市場法を眺めると、何が課題なのか。列挙してみよう。

第１に、統一的な「労働市場戦略」の欠如がある。生涯学習を含めた教育の大部分は文部科学省に、業界別の対応は経済産業省や国土交通省などの監督官庁に、独立自営業は中小企業庁に、公務員の内部労働市場は総務省と人事院と各省庁にといったごとく、必ずしも厚生労働省の労働部局が広義の労働市場政策を統括しているわけではない。雇用だけでなく、独立自営のような就業も視野に含めた統一的な政策を樹立しようとすると、この種の戦略策定体制では心もとないところがある。

第２に、能力開発や生涯学習が後れ気味である。グローバル化が１つの引き金になって、国際的に「人材開発競争」が起きているが、能力開発をめぐる日本の公的支出の対GDP比率は高いどころか、むしろ低い位置にある。社会人の大学・大学院における生涯学習の割合も他の先進国に比して低い。公助が足りず、企業の教育訓練といった共助や、個人の家計からの支出といった自助に任されてきた結果である。そして、共助や自助に依拠をすると、当然、格差が大きくなる。大組織の男子正規（典型）従業員や上層中産階級以上の子女などは手厚い能力開発の機会に恵まれても、女性従業員、中小企業従業員、非正規（非典型）従業員、未就業の若者などには能力開発の機会が限られてきた。公

助のあり方を見直し、共助、自助との関係の再編を図る必要がある。

　第3に、少子高齢社会における労働力不足にどう対処するかである。この点、国際水準からみても芳しくない女性の活躍の機会の現状をどう変えていくかは大きい。これは労働力政策におけるもっとも現実的かつ喫緊の課題だろう。たしかに、男女雇用機会均等法の成立から20年が経過し、個人の次元における人びとの意識や行動はずいぶんと変わった。自助のレベルでは、若い女性のキャリア意識や行動には目を見張るものがある。しかし、共助のレベルになると、家庭のあり方、地域社会の支援の程度、そして組織における受け止めには、遅々たるものがある。公助のレベルでも、男女共同参画、次世代育成支援、仕事と生活の調和（ワーク・ライフ・バランス）などについて多くの提言が積み重ねられてきたが、その実現は後れ気味であり、まして実効性はいまだ乏しい。高齢者については、年齢差別禁止が将来の方向として重要である。ただしエイジフリーは年齢だけの問題にとどまらず、仕事中心の処遇、成果主義、そして能力不足による解雇の容認などといった問題にも波及していきかねないだけに、簡単に結論が出そうにない。

　第4に、機会均等にかかわる「処遇の均衡」の問題がある。男性と女性の格差、正規雇用と非正規雇用の格差、さらには雇用労働者への報酬と独立自営業者へのアウトソーシング料金の格差などの間には、一定の相互関係がある。それだけに、人手不足基調になればおのずから解決するとか、労働市場が十分に機能すればおのずから解消するなどと、高をくくって済ますわけにはいかない問題である。たしかに仕事が生み出す付加価値やエンプロイアビリティなどを中心に処遇が決まるようになれば、それなりに解決されようが、やはり公助の次元における施策や共助の次元における目配りが必要である。もちろん自助の次元における自覚も要請される。

　第5に、個人支援のあり方がそもそも不十分である。キャリアコンサルタントの能力や経験の向上、関係方面への配備、コーチングのような動きの位置づけなどのためには、これら専門家の本格的な育成と活躍の機会付与、支援策などが要請される。また、仕事と生活の調和のような持続的に働いていくために必要な基本原則を、労働市場法のなかにどのように組み込んでいくかも、これからの大きな課題である。生涯学習の機会付与と支援策、生活と両立する就業

形態、変化の時代におけるキャリアリスク増大に対する対処策としての失業給付や再教育訓練など、これからの充実が必要な課題は多い。

III 将来の展望

1 理念としての労働市場法

当分の間、労働市場において行動する片方の主体である個人の職業能力をはじめとする交渉力を高める実効的な支援策が模索され続けるであろう。その際、労働市場の整備とキャリア形成支援を核においた諸政策が展開すると予測されるので、「キャリア権」のような基軸がより鮮明になり、具体的な権利義務次元への移植も少しずつ進むことだろう。そうしたなかで、徐々に自助、共助、公助の棲み分けと相互補完のあり方も形作られていくことと思われる。

その際、個人のキャリア形成に着目すれば、これを労働市場法的、労働法的に支える基盤が必要である。市場一般が対象であるならば、契約自由でも、消費者保護でも、選択の多様性でも、どれも個人の尊重や自己決定権一般（憲法13条）に還元して考えることが可能だろう。しかし、労働市場で取引される「労働は、商品ではない」側面があり、これに配慮するならば、自己決定権一般には還元し尽くせない職業上の「キャリア権」といった相対的に独自な権利概念が浮かび上がる。

憲法次元では、幸福追求の権利（13条）を基礎に、勤労の権利（27条）を軸として、教育を受ける権利（26条）、職業選択の自由（22条）などが統合された形で、個人が職業生活を準備し、開始し、展開し、まっとうすることを基礎づける権利として「キャリア権」の存在に気づかざるをえない。

そうだとすると、個人のキャリア権を基軸に、これをめぐる法的枠組みを整え、個人を支援し、キャリア権の具体化が可能となるように組織のもつ諸権限とりわけ人事権との間に新たな調整を行い、紛争を防止し解決するような方向をとることが展望される。

また、理念としての労働市場法では、これまで法の目的規定などに「職業の安定」という題目を掲げながらも、実態は特定の企業における雇用維持、すな

わち「雇用の安定」という方向に動いてきた。終身雇用、長期雇用といった内部労働市場を重視する政策を採用してきたのであるから、いわば理の当然である。つまり、理念としては職業の安定であったが、現実としては雇用の安定の確保にすぎないという状態であった。

外部労働市場の整備とキャリア形成支援を前面に押し出していくとなると、この点は本来の理念の領域に回帰していくというか、新たな環境条件のもとで職業の安定そのものの中身があらためて問われるようになることだろう。キャリアに視点を定めれば、職業の安定とは、ある時点で就いた職業の未来永劫の安定などは期待できない以上、職業生活の安定のことであり、キャリアの着実な形成と円滑な展開だということになる。そのためには、避けられないキャリアの転機に際しての対処の枠組みと支援措置が必要であり、機会の均等、処遇の均等といった条件整備も避けて通ることができないと予想される。

2　具体策としての労働市場法

経験をつうじての模索は、環境条件の変化に応じて社会のあり方を見直し続けてきた人類の歴史に、いつでも付き物だった。だから現在進行形の改革も、異常な事態ではまったくない。環境諸条件がうまく組み合わさり、国と社会の対応にも結果的に大過がなかった高度成長期のように幸せな時代は、そうそう簡単には再現されないだろう。しかし、振り返れば夢のようだった時代にも、政策決定にはやはり試行錯誤が不可避だった。

いずれにせよ、過渡的な改革時期が過ぎれば、それなりに安定した定常状態の時期がまたくる。そこで当面は、改革時期という転換点をどう適切に乗り越えるかに集中して、関係者の工夫と努力が積み重ねられていくであろう。

とりわけ外部環境の変化では、少子高齢社会の到来が大きい。持続可能な経済社会の運営によりこれを乗り切ることができるか、それとも従来型の若者人口依存型の経済社会の運営によって失速するか。何もしなければ2015（平成27）年には現状（2004年）よりも400万人ほど労働力人口が減り、2030（平成42）年には1000万人ほど減少する。当然、経済活動も今よりは規模を縮小する

14）　労働力需給推計研究会『労働力需給の推計―労働力需給モデル（2004年版）による将来推計（JILPT資料シリーズNo. 6）』（労働政策研究・研修機構・2005年）3頁参照。

かもしれないから、猛烈な労働力不足に産業界が呻吟するというほどにはならないかもしれないが、それでも業界や地域によっては相当に深刻な事態になる。すなわち、経済が縮小すれども急速に失速することはないとするならば、労働市場は逼迫気味に推移することが展望される。

これを前提にすると、
①女性の活躍の場は広がるであろう
②高齢者の活躍の場も広がるであろう
③障害者の活躍の場も広がるであろう
④若者の就業問題の多くは軽減されるであろう
⑤外国人の受け入れが広がるであろう
⑥少数になる労働力の精鋭化をめざして能力開発は盛んになるであろう
⑦こうした流れに対応しきれない産業や企業は市場からの退出を迫られるか、海外進出に拍車をかけて生き延びていこうとするであろう

などといった事態の展開が予想される。

したがって、労働市場法は、こうした流れを円滑に進めるための条件整備に追われることが予想される。どれも容易には対応できない難問であるだけに、議論は活発に展開されるが、有効な対応策の実現は簡単ではないだろう。また、どれもキャリアの形成と展開が大きくかかわる課題であるだけに、キャリアを基軸に据えた諸方策もよりいっそう整えられていくことだろう。その際、市場重視がもたらす格差の拡大に対しても、施策が求められていくと思われる。とりわけ若者の就業は、今よりも改善されるであろうが、特別のキャリア支援が必要な若者層は確実に残るので、適切な対応が求められる。

3　労働法と労働市場法

最後に、労働市場法を調査研究する専門人材の問題にも言及しておく必要があろう。

冒頭にも記したとおり、この分野は長い間、労働法学から等閑視されてきた。解釈論に重きをおく伝統法学からすると、労働市場をめぐる行政組織や民間事業のあり方とその運用を規制する法令が大部分であり、ほとんど訴訟の対象にならなくて裁判例に乏しいこともあり、いわば腕のふるいようがないことが大

きかった。そのうえ、多くの議論が立法論の世界に関係しており、これも正面切って論じるには、伝統法学の側に準備の足りないところがあった。

しかし、理由はそれだけでもなかった。日本型雇用慣行は企業などの組織内に形成される内部労働市場の形成に力を注いできたにもかかわらず、法学者はこれを組織の編成と運営の問題としてとらえることはあっても、労働市場的な力学が働いているものとしてとらえる視点には欠けていた[15]。また、大企業を念頭におくと、新卒採用、非正規従業員採用、高年齢退職者の再就職などの限られた場面を別として、組織外部に広がる外部労働市場との接点に乏しいため、これへの関心も高くならなかった。もちろん春闘における賃金相場の動向は外部労働市場に関係していたが、中途採用が多い中小企業の場合と異なり、大企業などで内部労働市場に独自の処遇体系を確立していればいるほど、外部労働市場にむける労働力の需給調整という直接的な場面にはほとんど縁がなく、法的な議論にもなりづらかった。

もちろん、労働市場に対する法的規制の姿勢の問題もあった。20世紀末になって労働市場をめぐる法と政策が大きな転換点を迎えるまで、労働市場法制はその守備領域からすると矛盾しかねない動きであったが、そもそも労働市場機能を正面から位置づけようとする姿勢に乏しかったのであった。

こうして、学問の伝統的な枠組みにそぐわず、現場とも日常的な縁が薄く、しかも法が抑制的とまではいえなくとも、少なくとも正面から位置づける姿勢に乏しい状況が長く続いた。いかなる法学分野でも、そのような状態の領域について学問研究が盛んになることは稀である。現に、労働市場法や雇用政策法の議論は長らく盛んではない状態が続き、労働市場と法の領域は、いわば存在することはわかっていても、多くの人はあえて踏み込もうとはしない場所のようなものとして、ひっそりと存在してきた。

だが、近時のダイナミックな立法政策や外部労働市場機能の再発見によって、この分野に対する学界の関心は高まり、かつてないほどの研究者群が労働市場法の領域に取り組みはじめている[16]。課題は山積しており、政策、法理、そして

---

15) たとえば、菅野和夫＝諏訪康雄「労働市場の変化と労働法の課題—新たなサポート・システムを求めて」日本労働研究雑誌418号（1994年）2頁以下は、労働法学者がこうした問題に取り組んだ初期の仕事であった。

理論体系のどれをとっても、調査研究の余地は大きい。より多くの優れた人材がこの分野を研究し、かつて日本型雇用慣行とその研究が他国の研究者の耳目をそばだたせたように、日本型の労働市場政策、雇用政策とその法理論的な体系が、世界に発信され、学問と実務の発展に裨益することを願ってやまないところである。[17]

〔初出：季刊労働法211号（2005年）〕

---

16) 詳しくは注1) 掲記の文献とそれらの引用論文参照。
17) こうした意味では、労使の関係者、人材サービスを担う人材、労働市場政策を担う人材、労働関係の法学以外の学問領域（労働経済学、労働社会学、人的資源管理など）の研究者などの充実も忘れてはならないことはもちろんであるが、「後れ」の取り戻しという意味も込めて、ここではあえて労働法学の分野だけに言及した。

第 6 章

雇用戦略と自助・共助・公助

はじめに

　社会は個人の個性を尊重し、意欲を鼓舞し、能力などを高めようと努め、個人は適性、意欲、能力などに応じて就業し、これにより社会を支え、成り立たせようとする。この相互関係、循環サイクルが円滑に進行するとき、個人は精彩を放ち、社会は活性化する。

　雇用戦略は、このような相互関係、循環サイクルの円滑な展開に資するべきさまざまな雇用政策に、方向性や枠組みを与える。雇用戦略は、時代の諸課題に取り組む個別の雇用政策が、的確に準備され、適切に施行されるだけでなく、総体として体系的な整合性をもち、全体的に最適の効果をあげることができるよう、諸政策を組み立てる。

　このように雇用戦略を樹立し、実施していくうえでは、戦略を定立し実行する諸主体と諸主体間の関係について、確認しておく必要がある。本章は、これを論じる。[1]

I　自助・共助・公助の関係

　社会は個人と組織から成り立ち、さらに組織はさまざまな社会集団・組織とそれらを統括する国家からなるととらえたうえで、個人が個人として自らの課題処理に当たることを自助、個人が広い意味での組織や相互連携によって自分たちの課題処理に当たることを共助、個人や諸組織・相互連携の域を超えて国

---

1)　本章は、諏訪康雄「労働をめぐる『法と経済学』―組織と市場の交錯」日本労働研究雑誌500号（2002年）15頁以下を補完する側面をもつ。

家などが課題処理に当たることを公助と仮に呼ぶとする。
　当然、個人と組織と国家などの間には取り扱う課題の広狭、性質、難易などにおいて相違があり、それぞれの主体は課題群ごとに得意不得意をもつ。したがって、個人と諸組織と国家とは、課題処理の棲み分けをし、不得手な部分を補い合うために連携する。そして、時代により、また、社会によって、連携のあり方、つまり自助・共助・公助における分業と協業の関係は、異なる。
　実際、自助・共助・公助を対処の「規模・単位」という視点からみたとき、個人が個人の問題に自ら対処するのが自助であり、組織やコミュニティが個人の問題だけでなく個々人の水準を超えた問題に共同で対処するのが共助であり、国家や公的機関が個人の問題だけでなく個々人の水準を超えた問題さらには組織やコミュニティの水準をも超えた問題に公的に対処するのが公助だということになる。もちろん、国際機関などが一国の規模を超えた世界規模の問題に公的に対処する意味での公助もある。
　また、自助・共助・公助を対処の「性質」という視点からみたときは、自助・共助・公助ともに個人・組織・コミュニティ・国家・国際機関などの利害得失と深く関わるだけに、どれにも「自利性」すなわち「私益性」が拭いがたい。そして、それら主体間の利害調整の程度という観点からは、一般に規模・単位の広がりにつれて、利害調整の範囲が広がり、「公益性」（公共性）すなわち「私的利害間の調整を経た、私益を超えた公共の利益の程度」が高まる。つまり、傾向として、規模・単位が広がるにつれて、「自助→共助→公助」といった順に「私益性」が薄まって、「公益性・公共性」が強くなっていく。
　ただし、利害調整をめぐる共助や公助の側における意思決定の方式次第では、規模・単位の広がりが必ずしも利害調整の広がり・程度に対応せず、いわゆる既得権主張者や圧力集団の声に押されてしまった、私益性を色濃く残したものとなることもある。また、世代間の利害調整をも視野に入れると、国家や国際機関も含めて、現時点で発言ができない将来世代の利害を十分に考慮に入れないまま、利害調整をしてしまうことが通例である。これらの場合、現存世代の「私益性」が強く、世代を超えた「公益性」には欠ける。
　したがって、自助・共助・公助の相互関係を図示する場合、図1のような図式がイメージとして浮かびやすい。けれども現実には、それぞれの楕円になっ

図1　自助・共助・公助と私益性・公益性

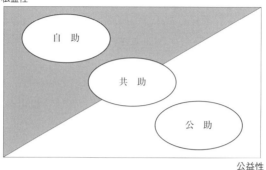

図2　規模の大きさと公益性の程度の概念図

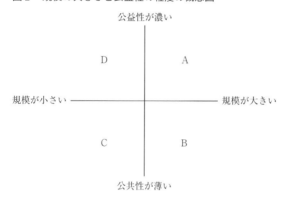

ている位置に垂直線を引いたときの「私益性」と「公益性」の領域の混合割合が示すように、私益性と公益性は自助・共助・公助のそれぞれのなかに混在し、連続的であるととらえるべきだと思われる（たとえば「自助」の中心に垂直線を引き、私益性と公益性の比率をみれば、私益性が3に対し公益性が1ほどとなるように、自助といえども広くみると公益につながる要素をもっている。同様に「公助」にもその逆の事態が内包される）。

　そこで、これを規模・単位の広がり（大きさ）と公益性の濃淡（強弱）という2つの視点から分類してみると、4つの類型からなるマトリックスが浮かび上がる（図2）。

Aの象限は「規模が大きくて、公益性も濃い」けれども、Bの象限では「規模が大きくとも、公益性は薄い」。Cの象限では「規模が小さくて、公益性も薄い」状態だが、Dの象限になると「規模が小さくとも、公益性が濃い」。個人・組織・国家・国際機関などの言動は、これらA～Dの象限のいずれかに分類できる。

Ⅱ 雇用戦略と戦略主体

雇用戦略をめぐっては、自助・共助・公助の連携をどのようにとらえたらよいか。

この点、自助と共助は民間部門の問題であり、公助は公共部門の課題であると機械的に分けてしまうと、公共政策としての雇用政策は広い意味での国家の役割であり、したがって、雇用政策に方向性を与え、それらの政策群を束ねる雇用戦略もまた国家の役割であるとなる。ただし、「国家」といっても、中央政府を指す場合もあるし、地方自治体（地方政府）を指す場合もあるので、この双方が統合されて、雇用をめぐる国家の政策的介入のことと観念される。そして、介入の対象は、主として労働市場である。

しかし、雇用政策は、一般に用いられる狭義でいうならば国家が行う雇用をめぐる諸政策のことであるが、広義では雇用をめぐる諸解決策ということになる。たしかに、一国規模の雇用戦略を立てるのは、国家それも中央政府である。だが、地方自治体（地方政府）の立てる地方規模の雇用戦略もありうる。さらに広義の雇用政策という視点からは、企業などが立てる企業規模の雇用戦略、労働組合が立てる組合規模の雇用戦略、雇用関連の非営利組織（NPO）が立てる雇用戦略、個人が立てる個人規模（自分自身）の雇用戦略というのもありえよう。これらのうち通例、企業規模のものは人事戦略、個人規模のものはキャリア戦略などと呼ばれる。

すなわち、雇用戦略を広くとらえ、その戦略主体あるいは対象領域に着目すると、一国単位の雇用戦略、地方単位の雇用戦略、企業単位の雇用戦略、組合単位、NPO単位、個人単位などの雇用戦略が併存しつつ、織り合わさり、錯綜しつつ、雇用をめぐる諸行動が展開されていることが観察される。

Ⅲ　雇用戦略と自助・共助・公助の関係(1)

　図2で4つの類型からなるマトリックスを考えてみた。それにより雇用戦略と自助・共助・公助との関係を位置づけてみると、それぞれの主体が立てる「雇用戦略」は、個人や企業の場合はCの領域すなわち「規模が小さくて、公益性も薄い」状態にあることが多く、国家や国際機関の場合はAの領域すなわち「規模が大きくて、公益性も濃い」状況になることが多いであろうが、Dの「規模が小さくとも、公益性が濃い」場合やBの「規模が大きくとも、公益性は薄い」場合もありうる。このように、個人・組織・国家・国際機関などの立てる雇用戦略は、これらA〜Dの象限のいずれかに分類できる。

　たとえば、国家（中央政府）が自国内に居住するもの全員について「キャリア権」[2]を保障し、その具体化のための諸政策を展開していこうとしたとする。憲法13条（幸福追求の自由）、27条1項（労働権）などにもとづくキャリア権の意義をあらためて確認し、その具体化のために諸施策を見直し、キャリア権（またはその趣旨——以下、両者を含めて「キャリア権」と総称する）に反するものは廃止し、キャリア権の具体化に必要な施策を補充し、さらに体系的に再編成する方向は、基本的に、A象限に属する「規模が大きくて、公益性も濃い」戦略方向になるだろう。だが、国家（中央政府）が試行的に一部の対象者、対象地域についてのみ閉鎖的に施策を展開する場合は、それに公益性が認められても、規模の点からDの象限にある措置にとどまるということになる。

　他方、中央政府がそのような方向を採ることを拒否したり、怠ったりしている場合に、特定の地方自治体（地方政府）が自己の管轄領域について、同様の措置を採ったとしたならば、それはDの象限に属する、「規模が小さくとも、公益性が濃い」（公益性は濃いが、規模は小さい）ものとなろう。NGO、NPOなどが行った場合も、戦略主体が真に公益をめざす非営利的なものであるならば、

　2）　キャリア権をめぐっては、諏訪康雄「キャリア権の構想をめぐる一試論」日本労働研究雑誌468号（1999年）54頁以下、同「労働市場法の理念と体系」日本労働法学会編『講座21世紀の労働法2巻　労働市場の機構とルール』（有斐閣・2000年）2頁以下、同「キャリア権をどう育てていくか？」季刊労働法207号（2004年）40頁以下など参照。

これに準じた位置づけが可能であろう。
　これに対して、国家（中央政府）、地方自治体（地方政府）、NGO、NPOなどが採用する雇用戦略や施策であっても、公益性が疑わしいものがありえよう。これらは、規模の大小によってBまたはCの象限に位置づけられる。
　それでは、私企業が採用する雇用戦略は、どのようにみるべきか。意図または行動様式において営利性が存在することをもって公益性を否定するとしたならば、すべてBまたはCの象限に属するべきこととなる。そして、いくら全世界的、全国的に展開している企業であっても、規模の点で大きいとまではいいかねるならば、私企業の雇用戦略は、どれもC象限でのものであるということになる。ましてや、個々人の雇用戦略は、C以外のどの象限にも分類しがたい。
　そこで、両者をあわせて考えると、Cの象限のなかに規模と公益性とでさらに細分化したマトリックスを描いた際、個人は一番左下となり、企業のほうは事情により右上のほうに位置づけられることがありうるくらいとなる。

Ⅳ　雇用戦略と自助・共助・公助の関係(2)

　さらに別の観点から、自助と共助と公助の3領域に10といった分量の政策資源の配分がなされるとして、これを概念図（図3）にしてみよう。
　図3によると、
　①自助・共助・公助に同じだけの政策資源（ここでは3.3ずつ）を配分する「バランス型」のほか
　②自助により多く（ここでは5）の政策資源を配分し、公助と共助に残りの半分（2.5）ずつを配分する「自助依拠型」
　③共助により多く（ここでは5）の政策資源を配分し、自助と公助に残りの半分（2.5）ずつを配分する「共助依拠型」
　④そして、公助により多く（ここでは5）の政策資源を配分し、自助と共助に残りの半分（2.5）ずつ配分する「公助依拠型」
などがありうることを想定できる[3]。
　①のバランス型は、関係主体が応分に分担をし、いずれかが突出はしないシナリオである。それに対して、②の自助依拠型は、個人の努力や工夫により多

図3　国家の雇用戦略の諸類型

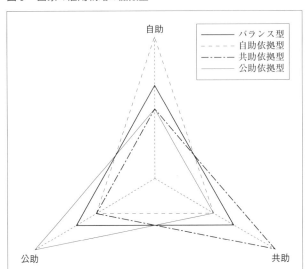

くを依拠し、共助や公助がやや背景に退く。市場重視型の雇用戦略のイメージとなる。③の共助依拠型は、企業組織や地域コミュニティなどにより多くを依存し、個人の自助も国家などの公助もやや背景に退くものとなる。最後の④「公助依拠型」は、自助と共助をやや背景に退かせて、国家などの公的主体が前面に出る方式である。いずれも一長一短である。

　雇用戦略のコスト分担といった視点からすると、高度成長以降の日本は、④というよりも③の「共助依拠型」、それも企業組織に多くを求め、これを公助が補完し、自助に多くは求めなかったスタイルで来たように思われる。

　このように、国家が立てる雇用戦略の諸類型を、それぞれの時代的脈絡における自助と共助と公助の組み合わせからなるととらえた場合も、組み合わせは無数にありうる。そして、現実の雇用戦略は、特定の時代的・社会的な脈絡のなかで、実現可能かつ最適と思われる組み合わせを模索することになる。

3）　もちろん、さらに資源配分を偏らせて、自助8、公助1、共助1や、公助8、共助1、自助1などの事態を想定することも可能である。そして、このようにバランスを崩せば崩すほど、自助・共助・公助ともにほんらいあまり得意ではない分野にまで手を出す結果となり、結論として戦略の妥当性や効率が落ち、不公正、不公平な事態を招く危険性を強めよう。

V　雇用戦略と自助・共助・公助の関係(3)

　さらに雇用戦略をめぐり、これを自助、共助、公助という主要要素の組み合わせという観点から、別途の分類を試みてみよう（図4参照）。
　そうすると、そこにはそれぞれの輪の重なり具合により、7つの領域が浮かび上がる。
　1は「自助」のみ、2は「公助」のみ、そして3は「共助」のみという領域であり、4から7までがそれらの複合領域となる。真ん中の7の部分が「自助・共助・公助」がバランスよく重なっている領域である。
　1の「自助」のみ、2の「公助」のみ、そして3の「共助」のみは、それぞれの関係主体に固有であり、もっとも得意とする領域を指す。それに対して、4・5・6は2つずつの領域が重なっており、関係する2主体が関わり、両者が補い合って処理すべき領域である。最後に7の領域は、関係する3主体がすべて関わり、三者が適切に補い合うべき領域だということになる。
　雇用戦略の立て方次第で、また、個々の雇用政策によって、それら政策の担う機能がさまざまな領域に位置することは、容易に推測できる。
　ここでも、キャリア権を例にとるならば、個人が自助で権利の内実を充実さ

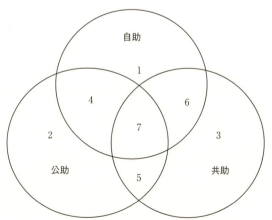

図4　自助・共助・公助の組み合わせの概念図

せ、その趣旨を実現していくことは1にあたるが、それだけにはとどまらず、4で公共政策による支援が望まれるし、6で企業などの組織による支援や理解も不可欠である。また、公助と共助が重なり合う領域である5があり、自助・共助・公助の適切な補完と分担により政策効果を上げるもの（7の領域）もあるだろう。

Ⅵ 前提条件の変化による自助・共助・公助の連携方式の変化

　市場機能の活用と組織の役割への期待変化のなか、また、少子高齢化に端を発する人的資源の変化と国家財政の制約条件のもと、そのような国家の雇用戦略や雇用政策の有効性・実効性が問われつつある。

　国家は、中央と地方で分担しながら、何の政策を、なぜ、どう、行っていくべきなのか。その場合の政策主体および政策手段を、どう考えるべきか。あるいは、これらの各種主体間の機能・役割の分担は、どう再構成されるべきか。公的なものはすべて公共部門が担い、民間部門は私的なものに特化すべきだとの二分論は、あまりに硬直的である。従来型の前提条件が変化してきている以上、分担関係の見直しは避けられない。

　そもそも自助・共助・公助といっても境界線は絶対的なものでない。図1のように、自助の領域にも公益性の認められる部分があり、公助の領域にも私益性が紛れ込まざるをえないし、図4のように諸領域は、入り混じり、重なり合うのである。政策ごとに図2のマトリックスにある象限ごとのどこに位置するかを確認し、その性格づけに沿って、どのような主体が、どれだけの役割分担をすることが望ましいかを、あらためて考えてみる必要がある。そして、全体としてどのような雇用戦略イメージとなるかを、図3のようなものにプロットしてみることは意義があるのではないかと思われる。

おわりに

　以上のように「自助・共助・公助」という枠組みに沿って、雇用戦略の課題を考えてみることは、これからの雇用戦略、雇用をめぐる諸政策を立てるうえ

で有意義なものだと考える。

　もはや「組織のなかの組織」である国家が万能の戦略主体、政策主体となることを僭称することは許されない。しかし、すべてを個人に還元して事がすむほど簡単なわけではない。「政府の失敗」があるかと思えば、完全なる競争が現前した暁でさえも「市場の失敗」はあり、まして現実の世界である不完全競争の市場にはさまざまな制約がある。

　この点、自助・共助・公助の議論は、個人・組織・国家などの諸主体の固有の領域、得意不得意などを示唆するとともに、それら相互の間の連携が不可欠であるとの、古くて新しい課題を示す。

　したがって、雇用戦略の議論をする際にも、あれかこれかの単純な議論は現実的でないし、逆にあれもこれもの議論は混乱を呼ぶばかりであろう。自助・共助・公助のそれぞれの固有の領域と相互の連携、すなわち分業と協業のあり方を、変化する環境条件、諸主体の成熟の度合いなどを考慮に入れつつ、模索し続ける必要がある。

〔初出：労働政策研究・研修機構編『これからの雇用戦略』
（労働政策研究・研修機構・2007年）〕

第 7 章

労働をめぐる「法と経済学」——組織と市場の交錯

I 序　論

　法学は、通常、自己の学問としての自立性にほとんど疑いを挟まない。

　法律家は、人間社会が存在するところには何らかのルールの存在が不可欠であり、社会あるところには利害の対立も不可避であって、人びとの利害対立を事前に調整し、逸脱行動を回避したり、抑止したり、または生起した紛争を事後に解決する役割を担う、ルール対応専門の職業が存在しないわけにはいかない、と信じている。多かれ少なかれ、現代の法令や法学には人類の英知が結晶となって体現している、とも思っている。

　だが、堅固であるかにみえる法体系も法学も、社会が大きなパラダイム転換の時期を迎えると、にわかに足元が揺らぐ。江戸から明治への政治経済体制の転換期には、中国流の法令と法学が時代遅れとみなされ、欧米流のそれらに取って代わられた。第 2 次大戦後にも、相当に大がかりな転換を経験した。こうした変革期になると法学は、しきりに自らの性格や役割を反省し、学問としての再編成と発展を図る。最近の「法と経済学」への注目にも、こうした時代的背景とのかかわりを感じないわけにはいかない。[1]

---

1) 　最新の法学の動向は、岩村正彦ほか編『岩波講座現代の法(全15巻)』(岩波書店・1997-1998年)に詳しい。同系列の芦部信喜ほか編『岩波講座基本法学(全 8 巻)』(岩波書店・1983-1984年)、芦部信喜ほか『岩波講座現代法(全15巻)』(岩波書店・1965-1966年)をさかのぼって参照すると、戦後法学の問題意識の所在を俯瞰できる。同じように労働法学の動向は、日本労働法学会編『講座21世紀の労働法(全 8 巻)』(有斐閣・2000年)、日本労働法学会編『現代労働法講座(全15巻)』(総合労働研究所・1980-1983年)、日本労働法学会編『新労働法講座(全 8 巻)』(有斐閣・1966-1967年)、日本労働法学会編『労働法講座(全 6 巻)』(有斐閣・1956-1958年)参照。また「法と経済学」をめぐっては、小林秀之=神田秀樹『「法と経済学」入門』(弘文堂・1986年)、岸田雅夫『法と経済学』(新世社・1996年)、林田清明『法と経済学』(信山社

当然、労働法をめぐっても、ここ10年ほどの間に、新たな議論が急速に展開してきている。とりわけ経済学者からの発言が目立ってきた。そうした現状を端的に象徴するのは、次のような2つの主張の併存である。
　まず、経済学の有力な論者は、次のように指摘する。[2]
　「現行の労働法規の考え方は、企業の合理的な行動や個々の労働者の自己決定能力への不信感を前提としており、ささやかな規制緩和にも大幅な付帯条件がつけられている。現行の雇用契約を規定している『解雇権濫用法理』は、現代の労働市場の下での企業と労働者との間の『契約自由』の基本原則から、あまりにも乖離したものである。およそ解雇の自由を容認することは常に『企業の得・労働者の損』という発想は浅薄なものであり、所与の賃金に見合った仕事能力を持つ労働者を解雇して企業が得るものは何もない。また、長期的に形成される熟練労働者の希少性を考慮すれば、雇用保障は労使の自由な交渉から自然発生的に生じるもので、法によって一律に強制されなければ存続できないものではない。」
　他方、労働法学の側からは、次のような違和感が表明される。[3]
　「人間行動を簡単な理論モデル（多くはホモエコノミクスモデル）に単純化し、その仮定を現実に押しつけたもの」が提唱されるが、「理論であるかぎり、いろんな複雑な要素を捨象して、できるかぎり単純で明快なモデルをつくることが必要なのは当然である。しかし、これはいわば『原理論』で、それが政策論

　　出版・1997年）などのほか、グイド・カラブレイジ（松浦好治ほか訳）『多元的社会の理想と法―「法と経済」からみた不法行為法と基本的人権』（木鐸社・1989年）、マーク・ラムザイヤー『法と経済学』（弘文堂・1990年）、リチャード・A・ポズナー（馬場孝一ほか訳）『正義の経済学―規範的法律学への挑戦』（木鐸社・1991年）、ロナルド・H・コース（宮沢健一ほか訳）『企業・市場・法』（東洋経済新報社・1992年）、ロナルド・H・コースほか（松浦好治編訳）『「法と経済学」の原点』（木鐸社・1994年）、ロバート・D・クーター＝トーマス・S・ユーレン（太田勝造訳）『法と経済学〔新版〕』（商事法務研究会・1997年）、ロバート・クーター（太田勝造訳）『法と経済学の考え方―政策科学としての法律学』（木鐸社・1997年）などがよく参照される（コースのほかカラブレイジとポズナーは草分け的論者として高名）。
　2）　八代尚宏『雇用改革の時代―働き方はどう変わるか』（中央公論社・1999年）103-104頁。
　3）　山口浩一郎「労働法研究の現在」日本労働研究雑誌499号（2002年）1頁。指摘するまでもなく、三段階論は宇野弘蔵『経済学方法論』（東京大学出版会・1962年）ほかが展開する説が下敷きである。なお、リチャード・H・セイラー（篠原勝訳）『市場と感情の経済学―「勝者の呪い」はなぜ起こるのか』（ダイヤモンド社・1998年）はミクロ経済学諸命題につき多くの興味深い指摘をする。

として妥当するためには、他の要素（ホモエコノミクス以外の歴史的、倫理的、文化的要素）を充填し具体性を高めた『段階論』がなければならないし、さらにそれが現実に政策として機能するためには、制約条件を検討する『現状分析』が必要である。この点で残念に思うのは、経済学者の意欲的な政策論が、いつもあまりに『原理論』的であることである。」

このように、一方が「原理論」を振りかざし、他方が諸要素の混在する「現状論」を指摘するが、双方がただ対置するばかりでは、議論はかみあわないし、有益な対話も期待しがたい。せっかくはじまった経済学と労働法学の新たな対話の動きを、もう少し前向きに展開させる方法はないものだろうか。

本章は、こうした問題意識から、近年（1970年代以降）盛んになってきた「法と経済学（law and economics）」（あるいは「法の経済学的分析」）の動きを受けて、労働分野への「法と経済学」の適用可能性について基礎的な考察を試みる。まず「Ⅱ 確認」で現時点での議論の動向を再確認し、次いで「Ⅲ 考察」で労働法学の観点から基礎的な反省と考察を加え、今後の方向についての展望を試みる。

Ⅱ　確　　認

ここでは、「法と経済学」の台頭について略述するとともに、労働をめぐる「法と経済学」を概観し、後者をめぐる議論状況にみる法学と経済学との間の差異についてまとめる。労働分野についても「法と経済学」は相当に有力な分析ツールになることを予感させられるが、労働法学からみて「法と経済学」にはいまだ欠けていると思われる視点（人権論・手続的正義論・過渡期対応論など）を指摘する。

1　「法と経済学」の台頭

「法と経済学」の議論が米国を中心に盛んになってきている。

「法と経済学」は、社会科学において相互に独立的な学問分野を形成してきた法学と経済学の境界領域において、伝統的な法学には欠けていた視角、分析手法、理論を提供するミクロ経済学の成果を踏まえ、法現象を解明しようとす

る学問である。それにより、立法論において法令に経済学的な理論による裏打ちが施されたり、経済理論と整合性のとれない法政策的な提案が棄却されたりするようになってきただけでなく、従来は法学の独壇場だと考えられてきた法解釈論においても、各種の法理が漠然と前提としてきたような事項に明晰かつ体系的な説明が加えられたり、あるいは、逆に鋭い批判が向けられて代替案が提起されたりするに至っている。[4]

　ローマ法以来の長い歴史を有する法学は、大別して2つの研究開発領域からなる。1つは伝統的な法解釈学であり、社会に生起する各種の問題群に対して、法規範を解釈・適用し、紛争の予防や解決を図る、実践的な性格の強い応用科学である。もう1つは、直接には実践を目的としない基礎科学であり、法規範とその運用を体系的、理論的に探求しようとするため、理論法学（あるいは基礎法学など）と呼ばれる。理論法学の分野には、法制史、比較法、法哲学、法論理学、法思想史などの伝統的な研究領域のほか、20世紀に大きく発展した法社会学もまた重要な地位を占めるに至っている。[5]

　このように法解釈学と理論法学は、同じ「法学」という名称のもとにくくられているが、学問上の基本性格を異にしている。前者は法を駆使することで社会へ働きかける実践の学（理科系でいう開発型の学問分野）であり、後者は法そのものの理解を深める認識の学（同じく研究型の学問分野）である。

　法学研究者の多くは、専門家としての養成過程でその双方を勉学し、若き日には理論法学的な研究を踏まえた法解釈学上の新見解を提示しようとすることが多い。いわば二足の草鞋を履きながら、最終的には実践性の強い法解釈学を主たる研究領域としていく。これに対して法学実務家（いわゆる法曹）は、理論法学にはさほど深入りすることなく、主として法解釈学の実践に精力を注ぐ。

---

4) 注1）掲記の「法と経済学」関係の本にはどれも豊富な例が挙げられているが、たとえば阿部泰隆ほか編『定期借家権』（信山社出版・1998年）の議論などは法改正につながった。なお、林田・前掲注1）48頁は「（法的に）違法か否かの基準は経済的効率性である」とする。

5) 戦後の法理論の発展に寄与したものに川島武宜『科学としての法律学』（弘文堂・1955年）ほかの法社会学の議論がある。川島武宜編『法社会学講座（全10巻）』（岩波書店・1972-1974年）参照。なお、CD-ROM版『世界大百科事典』（日立デジタル平凡社・1998年）や電子ブック版『日本大百科全書』（小学館・1996年）で検索してみると（いずれも内容的には1980年代の執筆と思われる）、「法心理学」まで出現しても「法と経済学」が出てこないことが象徴するように、「法と経済学」は広く法学界の共有理論とまではいまだなっていない。

理論法学は司法試験の科目でなく、司法研修所でも法曹養成のための実務研修にほぼ終始する。

また、法解釈学と対比されるものに、立法学もある。これは、法解釈学の前提となる法令の制定改廃にかかわる重要な法学の領域であり、実践性が強いという点では具体的な立法政策の検討は法学実務家の守備範囲であるが、通常、法曹関係者の関心はそれほど高くない。法解釈学や理論法学の研究者の間でも、長らく等閑視されてきたきらいがある。つまり法学研究者・実務家の関心は、もっぱら司法府または行政府がかかわる法の実践的運用に傾斜しており、立法府がかかわる法の実践にはさほど向けられてこなかった。結果として立法実務は、政府提出法案については行政府に属する官僚によって、議員立法に関しては両院法制局の官僚によって、多くが担われてきた[6]。

このような既存の法学に比すると、「法と経済学」は、政治・経済・社会環境の変化に対応して、法が守備すべき分野を画定し、法令をいかに作成し、いかに運営すべきかについて、まことに積極的に発言する。たんに理論法学の分野にとどまるのではなく、立法学の分野で法政策の形成に関与しようとし、さらに伝統的な法解釈学に対しても注文をつける姿勢を示している点において、特徴的だといえよう[7]。

では、「法と経済学」は労働法との関係でどういった段階にあるのか。

2 労働をめぐる「法と経済学」

労働法学とりわけ日本の状況はどうか。

労働法の分野は19世紀から20世紀にかけて急速な発展を示したのだが、日本では明治から大正へと移るころに姿を現し、戦前には大きな発展をみず、戦後になって急速な展開を遂げた。実定法規も労働法学もほとんどが戦後の産物で

---

6) 詳しくは、内閣法制局百年史編集委員会編『内閣法制局百年史』(内閣法制局・1985年)、『衆議院法制局の沿革〔追録増補〕』(衆議院法制局・1998年)、『参議院法制局五十年史』(参議院法制局・1998年)、西川伸一『知られざる官庁・内閣法制局―立法の中枢』(五月書房・2000年) など参照。

7) たとえば、注1) の関連文献のほか、平井宜雄『法政策学〔第2版〕』(有斐閣・1995年) などにみられる熱のこもった議論は、かつての法社会学が示した熱気と似通ったものを彷彿させる。なお、諏訪康雄「政策法務の学び方」社会志林47巻3号 (2001年) 75頁以下も参照。

ある。

　その結果、民法や刑法のように長い伝統を誇る法分野とはおのずから異なった学問的な展開を示してきた。当初より、法学の分野として独自性を主張するために、多くの隣接社会諸科学の助けを借り、そのなかには経済学の存在が大きかった。すなわち、労働法は他の民法や刑法などと比較するならば、経済学とのかかわりを当初より濃厚に有してきた法領域である。[8]

　ただし強い影響を与えてきたのは、批判学としてのマルクス経済学、伝統的な制度派経済学、あるいはケインズ経済学などであったので、総じてマクロの次元での影響はあったものの、ミクロの次元での影響はそれほどではなかった。つまり、理論法学上の貢献や立法政策論における寄与はそれなりにあったが、個別の労働法解釈論の次元では、経済学の存在感はそれほどではなかったように思われる。その結果、労働法の分野でも、最近になるまでは、さほど意識的に「法と経済学」が語られることはなかった。[9]

　すなわち労働法学は、第1に、労働市場を正面から位置づけ、これを意識して法理を構築しようとする方向にあまり積極的ではなかった。これには、19世紀型の市場経済に顕著であった「弱肉強食」状態に対抗し、これを補正しようとして成立した労働法という生い立ち論が影響する。つまり市場への対抗心が当初から顕著であり、「労働は、商品ではない」（ILOフィラデルフィア宣言・1944年）との思いが法学の基本姿勢に大きな影響を与えてきた。もちろん社会主義（または社会民主主義）を理想として、少しでもこれに近づこうとしていた労働界などの動向とこれを支援することが正しいと確信した学者たちのプロ

8）　戦前来、関一『労働者保護法論』（隆文館・1910年）や山中篤太郎『日本労働組合法案研究』（岩波書店・1926年）など社会政策学者の発言も盛んであったし、戦後は多くの経済学者が労働研究に手を染め、労働法学はこれらの成果から多くを学んできた。また、小宮隆太郎ほか編『公共部門の争議権』（東京大学出版会・1977年）のような対話の試みもあった。

9）　たとえば、島田晴雄「労働経済学と労働法―労働市場における労働法制の役割」日本労働法学会誌48号（1976年）84頁以下のような指摘に対して、労働法学で正面から受け止めるような成果が出はじめたのは、菅野和夫＝諏訪康雄「労働市場の変化と労働法の課題―新たなサポート・システムを求めて」日本労働研究雑誌418号（1994年）2頁以下など、1990年代に入ってからであった。さらに本格的に対応しようとする成果は、荒木尚志『雇用システムと労働条件変更法理』（有斐閣・2001年）、「雇用をめぐる法と経済」研究会『「雇用をめぐる法と経済」研究報告書』（日本労働研究機構・2001年）のように、今世紀に入ってからである。

レーバー的な発想がかつては有力であり、法理の前提としても、せいぜい市場の国家的規制による混合経済までが許容範囲で、市場原理を重視する経済体制と整合的な法理などはまったくの論外とされるような状況であった。

　第2に、その反面として、市場を適切に規制すべき国家の役割への期待が高く、国家の法的介入も当然視してきた。現実の国家運営におけるその「中立性」には強い懐疑を示しながらも、理念としての国家の「中立性」を前提とした、あるべき社会設計における「独自の役割」を期待した。つまり、国家が社会法たる労働法により、いわば「弱きを助け、強きをくじく」といった社会的バランスの達成を企図するべきだとの傾向が顕著だった。また、社会的バランスを達成し、現実には必ずしも中立的でない国家の政策を是正する方策としては、労働組合運動に期待する部分が大きく、労使関係を通じての産業民主主義の実現にも意が注がれてきた。

　第3に、民法や刑法などの伝統的な法に対抗して、新興の労働法学の独自性・必要性を確立するために、法が前提とすべき「社会的な現実」を探求し、これを法学の内容に反映させるべきことが、学界のほぼ共通の関心となってきた。その目的のために法社会学を援用することはごく自然の流れとなる。これには、欧米が起源の労働法令・法理と日本の現実との齟齬をどのように調整するかという切実な要請も重なる。こうして、労使関係論、人事労務管理論などへの関心も高まり、その延長線上として労働経済学の理論的成果、とりわけ人的資本論以降の内部労働市場論が、日本の雇用慣行を前提とする法理の背景にある実態を解明する理論として、広く参照されるに至った。[10]

　このように、同じ法学でも労働法学は、当初から法学体系に安住したり、閉じこもることなく、法学の外部にある社会諸科学にかなりの程度、開かれた体質をもっていた。けれども、第1と第2の特徴にみられるように、伝統的に政

---

10)　ゲーリー・S・ベッカー（佐野陽子訳）『人的資本—教育を中心とした理論的・経験的分析』（東洋経済新報社・1976年）、島田晴雄『労働経済学』（岩波書店・1986年）、大橋勇雄『労働市場の理論』（東洋経済新報社・1990年）、小野旭『労働経済学〔第2版〕』（東洋経済新報社・1994年）、猪木武徳=樋口美雄編『日本の雇用システムと労働市場』（日本経済新聞社・1995年）、中馬宏之『労働経済学』（新世社・1995年）、樋口美雄『労働経済学』（東洋経済新報社・1996年）、小池和夫『仕事の経済学〔第2版〕』（東洋経済新報社・1999年）、樋口美雄『雇用と失業の経済学』（日本経済新聞社・2001年）など参照。

治（政策）的な発想に親近性をもち、経済（市場経済）的な発想には疎いか、むしろ反発する傾向を内包してきた。また、第3の特徴にみられるように、社会学的な発想が体質化しているところもあって、経済学的な理論との整合性を図ろうとする動きはずっと後発的な、最近のものとなった。

つまり、労働法学は、①伝統的な法学を基盤に、②社会的バランスをとるために私的自治に国家が介入して成立する社会法の一種として、③政治学・社会学的な視点からする現実認識の重視に立脚して学問的な展開をしてきたけれども、④最近になってようやく経済学的な視点（とくにミクロ）も入れて現実をとらえなおそうとする試みをはじめている、といえよう。

したがって、労働法学の理論の特徴を経済学との対比で振り返ると、社会政策的に必要であるとする思いを主張するには性急であるが、そのコストをどう負担するか、また、限られた資源を配分する以上、優先順位をどうするかなどについては、必ずしも十分に詰めないきらいがあった。また、ある法的解決策を採用した場合に、他の社会的場面で生じかねない隠れたコストや副作用についても、必ずしも十分に考慮してこなかった[11]。

ところが最近になって、経済学者の側から労働をめぐる「法と経済学」の成果が立て続けに出され、労働法学への批判的な検討も積極的に展開されるようになった。また労働法学者の側からも、経済学の成果を取り入れつつ、労働法の再構成を試みたり、労働法解釈論を見なおそうとする動きが目立ちはじめた。期せずして、労働経済学と労働法学の双方から「法と経済学」の本格的な展開に向けた試行が開始されたわけである[12]。

---

11) 前掲注9）の『「雇用をめぐる法と経済」研究報告書』303頁以下参照。なお、第4番目の特徴としては、日本の法学（とりわけ判例法理）に共通する性格だが、労働法学も権利と権利の対立を調整する法理を広く受容し、権利濫用論や信義則に多くを依拠する傾向が挙げられる。日本社会における利益対立の調整原理が、鋭角的な原理論に依拠する経済的決着でなく、曖昧な要素を多分に残した政治的決着、社会的決着を好んだ点もかなりの程度、影響していたと思われるが、こうした体質は割り切った経済学的な理論に違和感を感じさせる背景にあると推測される。

12) 最近の成果として、猪木武徳=大竹文雄編『雇用政策の経済分析』（東京大学出版会・2001年）がある。

3　議論の対比

それにしても、「法と経済学」の視点からすると、冒頭にも引用したとおり、従来の労働法の規制も議論の仕方も、相当に奇異に思われる部分があるようである。

たとえば、戦後日本の労働法を導いた「雇用安定」志向をめぐっては、一方で解雇規制や有期雇用規制のあり方をめぐって批判や代替策の主張があるかと思うと、他方で雇用安定の反面として採用されてきた定年制や採用時の年齢制限をめぐって年齢差別禁止の提言がなされる。前者の解雇規制や有期雇用規制では、規制をすることでかえって雇用創出を阻害したり、現に雇用されている者の既得権は保護されるが、失業者や求職者の利害が十分に考慮されていない点などが指摘され、一定の規制緩和や定期雇用の導入などが提案されている。また、後者の定年制では、最適資源配分の観点などから機会均等が求められ、高齢社会における従前制度の不合理性が指摘されている[13]。

もちろん、論者によって力点の置き方に違いがあり、その結果、労働法規制の評価や提言内容も異なる。だが、総じて、

①市場機能
②経済効率性
③規制の間接的効果
④人びとの合理的行動
⑤コスト・ベネフィット対比

などのとらえ方において、労働経済学者はそれらを当然の前提として重視または積極的に意識する傾向があるのに対して、労働法学者はどれについても懐疑的であるか、少なくとも経済学者ほどには重視または意識しない傾向にある。

逆に労働法学者が当然の前提として相当に意識を払うのに対して、労働経済学者がそれほど議論内容に取り入れていないと思われるのは、

---

13)　八代・前掲注2)、大竹文雄=藤川恵子「日本の整理解雇」猪木=大竹・前掲注12) 3頁以下、清家篤『定年破壊』(講談社・2000年) など参照。他方、中馬宏之「『解雇権濫用法理』の経済分析—雇用契約理論の視点から」三輪芳朗ほか編『会社法の経済学』(東京大学出版会・1998年) 425頁以下のように、労働法理のなかに潜在する経済的合理性に言及するものもある。

⑥基本的人権
⑦手続的正義
⑧既存の規制体系から新体系への移行期への対応
などである。
　さらに、両者が向かい合って議論をすると、労働経済学者の
⑨原理的考察へのこだわり
と、労働法学者の
⑩現実的妥当性に配慮した直感的な総合評価
が目立つ点においても、かなりの相違がある。
　また、労働経済学者がしばしば
⑪平均値・最頻値による議論
で片づけようとするのに対して、労働法学者は
⑫異常値・少数値
に拘泥して、議論内容に取り込もうとする傾向があることにも気づく。[14]
　このように同じ社会現象、法現象を見ていても、それぞれの理論的枠組みと主要な解決課題の違いに応じて、目のつけどころ、モデル化の手法、対応策提起においてかなりの差異があることがわかる。ただし、そうした違いの多くは、相互に対立的で排他的であるというよりは、むしろ相互に補完的である。すなわち労働法学と労働経済学は、「法と経済学」により対話を継続していくことで、互いに学問の対象を豊富にし、理論を深化させうるだけでなく、より妥当な法政策の立案や法解釈に向けた手法の開発にも進みうることだろう。いたずらな対決や対立は、建設的だと思えない。

Ⅲ　考　察

　ここでは、「組織と市場」を原理的に考え、「法と経済学」の議論が、市場的要素の存在するところで、そこに働く機能と原理に即して、妥当するところが

---

14)　いわば前者は医学でいう「生理現象」を語るのに対して、後者は「病理現象」を対置しているようなものであろう。たとえば、前掲注9)の『雇用をめぐる法と経済』研究報告書』でも、さまざまなテーマについて、この種のすれ違い的討論がみられる。

多くなることを指摘する。傾向として、市場的な要素が増大する程度に応じて、そのかぎりで労働法もまた、経済学の成果を無視したり、軽視すべきではないこととなる。このように「組織と市場」あるいは「国家と市場」の関係を基本に立ち返って確認しておくことは、「法と経済学」を考えるときの出発点となる。まず「市場」、次いで「組織」、さらに「組織のなかの組織」としての「国家」について言及し、そうした構図に対応する労働法の体系を考察する。[15]

1 市場とその「組織性」

　散在する多数の個人が寄り集まるところに成立する市場では、「互恵」精神にもとづく交換取引が行われる。物やサービスの売り手と買い手が相対して、物やサービスの内容、品質などを確認し、値決めをする。こうした個人間の自由な取引行為が広く連鎖状に行われ、複雑に合成していくことにより、物やサービスの価格が決まり、資源の配分がなされていく。これは、多数関与のなかから時間をかけておのずと生成する事態やシステムが、基底において社会の原動力となることに対比できる。

　こうした市場の機構は、中長期的にみた場合、認識でも知恵でも限界のある人間の少数の者が集まって、ある特定の時点で人為的に固定的に物事を定めるという意味で、恣意的にして不完全さを免れえない制度の設定による方式に比して、長い目でみた結果としてより妥当な資源の配分につながる可能性を秘める。そこから、少数者の人為的な介入を極力排除し、多数者による市場の自律的な動きに事態を委ねることこそが望ましい、との意見も出る。

　しかしながら、まったくの自然状態で望ましい形の市場ができあがるかどうかについては、歴史的な経験や日常的な経験から推測して、心許ない。自由放任下で社会的なニーズのある物やサービスの交換取引がそれなりに形成されていくことは間違いないとしても、そこには多くの課題が存在しそうである。

---

15) 以下の論述では、諏訪康雄「少子化現象と労働法」高藤昭編著『少子化と社会法の課題』（法政大学出版局・1999年）164頁以下、「労働市場法の理念と体系」日本労働法学会編『講座21世紀の労働法2巻 労働市場の機構とルール』（有斐閣・2000年）2頁以下などを踏まえている。とりわけ2および3の記述には、諏訪康雄「地方公務員制度と労働政策―変化する外部環境への対応」総務省自治行政局公務員部編『地方公務員法制定50周年記念・地方公務員制度の展望と課題』（ぎょうせい・2001年）155頁以下と重なるところがある。

たとえば、もし暴力、強迫や詐欺による略奪、不当な価格づけなどの「互恵性」を欠く行為が蔓延すると、市場は健全に機能しなくなり、荒れてしまう。その結果、著しい不均衡が発生し、資源の最適配分も期待できなくなる。中長期的には市場淘汰によりしかるべき状態に帰着するから、いかなる人為的な介入も避けるべきだという議論は、1つの主張である。しかし、商品を奪われたり、だまされた人びとに、いつかはよくなるのだから当面、座視するほかないと納得させることは困難である。人びとが寄り集まって構成される社会を円滑に運営していくために不可欠な正義や公正の観念を踏みにじる。そこで、市場を円滑に機能させるための仕組みとして、明示または黙示の諸制度やルールなどの工夫がなされていく。

その結果、実際の動きとしては、完全に自由放任状態にある市場ではなく、何らかの制御、つまり一定の人為的な規制ルールが加えられた市場が存在する状態が通例となる。人類が過去に経験した市場、現在経験している市場は、どれもこれも多かれ少なかれ「規制下の市場」となっている。将来的にも、この傾向が一変するとは想像しがたい。

すなわち、さまざまな人びとが所属組織の枠などを超え、寄り集まって形成するところの市場（のちにふれる組織内部にも成立しうる市場との対比で「外部市場」と呼ぶことができるもの）も、まったくの自由放任下に、制度化やルール設定といった一切の規制を外して存在するものではない。この意味で人為的な「組織性」の要素をまったく排除した形において中長期的に存続する市場を想定することは、現実の事態としてほとんど不可能である。[16]

2　組織とその「市場性」

人間は群れて生きる動物である。家族からはじまって、さまざまな組織に所属しながら日々を送る。人びとは、家族・親族といった血縁組織（準血縁組織）、村落などの地域共同体からなる地縁組織、会社・同職組合・同業者団体などの

---

16) 市場原理主義は、こうした経験的な「組織性」の存在を無視し、あらゆる種類の規制とこれによる「組織化」を性急に全否定しようとする場合、アナキズムへとつながり、現実への対処の仕方を導く発想としては粗雑すぎるものとなる。なお、ダニエル・ヤーギン＝ジョゼフ・スタニスロー（山岡洋一訳）『市場対国家』（日本経済新聞社・1998年）のように市場と国家の関係はよく論じられるが、その背後にはむしろ市場と組織の関係があると思われる。

職縁組織、さらに宗教組織、同好組織、市民組織など、実に多くの組織に所属し、また、これとかかわりをもちながら、生きる。

そして、原初的な市場における粗野な取引行動を嫌うとき、あるいは、いずれにせよ市場が不可避的に帯同する激しい揺れを猛威だと感じるとき、人びとは不特定多数の人との間における市場取引に依拠するのではなく、これを忌避して、特定少数の限られた人との間でだけ取引関係を築こうとする。あるいは、主要な取引関係を特定の組織内部に限定しようとする。

その結果、人びとが集まって団体（社団）を構成するとき、多かれ少なかれ開かれた存在である市場には対峙する、多かれ少なかれ閉ざされた存在となる組織が生まれる。「共同体」はその最たるものとなるが、村落内部などに自然的に成立する地縁集団、都市内部の職業などを核とする同職集団などの組織においては、慣例や集団内の話し合いを通じて形成された明示・黙示の制度やルールにより、組織内外における取引行為を制約したり、一定の集団的統制によって資源配分を達成することが、企図される。

組織内部における取引行為に対しては、組織の性格によって千差万別な規制の程度がありうる。厳格な組織原理によって秩序立てられ、がんじがらめにその対象や手順が統制される場合があるかと思うと、緩やかな原則に従って統制されるだけの場合もある。人為的な組織の規制が背景に退き、組織構成員の自由が拡大すればするほど、そこにおける需給調整と資源配分に市場での取引と似通った機能が作用していく。組織間において、あるいは、組織を離れて人びとが取引を行う場合に成立する組織外部の市場とは別種の、組織の内部に広がる市場である。

このように、人為性を極力排除する自由な市場に対比される、人為的な規制をもってする組織の場合でも、その内部には一定の市場が広がる余地があり、現にそうした事態を人類は経験してきた。とりわけ時代変化や環境変化に対応しようとするとき、また、組織構成員の自由への希求を前にしたとき、「市場性」をまったく無視した、硬直的な組織は、機能硬化を回避できなくなる。

すなわち、市場の場合でも現実に存在する市場は、これまで何らかの制度化や規制を避けられず、そのかぎりで「組織性」を帯有せざるをえなかったように、組織の場合でも現実に存在する組織のほとんどは、組織構成員の自由を完

全に規制し、否定しきることはできず、一定程度の市場的な機能つまり「市場性」を内包しつつ存在してきたのである[17]。

3 「組織のなかの組織」たる国家

国家もまた、こうした人間が形成する「組織」の1つである。ただし、通例の社会組織とは多くの点で異なる。とりわけ組織性の程度において、他の社会組織をはるかにしのぐ「完成度」を誇る。組織としての広がり、緊密さ、体系性において、他に比肩するものに乏しい。たとえば、組織を構成し、運営していくのに不可欠なルールの整備と運用において、国家の法令や立法、司法、行政の諸制度に匹敵するほどの組織性、体系性をもつ組織が、他にどれほどあるだろうか[18]。

こうして国家は、自国内に存在する諸組織を包摂し、統合する「組織のなかの組織」となり、国家を構成する国民と、国民が所属する諸組織の上に立つ、世俗社会における至高の存在であろうとする。

したがって、よほどの例外的な事態がないかぎり、一国の社会に存在する特定の社会組織が完全に国家の統制の外に出てしまう自治権（治外法権）を有することは、想定しにくい。事実、国家は通例、ある社会組織と別の社会組織との間に利害対立や権利紛争が生じたときには、両組織の間に立って、紛争の調整をしたり、判定を試み、判定結果に不満な当事者にもこれを強制してきた。

もちろん国家の包摂度、すなわち自己のなかに他の諸組織を取り込んでいく度合いは、時代により、また、それぞれの国家により、相当な違いがある。社会主義や国家社会主義にもとづき、政治と経済の中央集権度を極端に高めた国家体制では、およそ自国内の社会に存在する諸組織のほとんどすべてを階層化し、国家組織のなかに取り込もうとし、国民の自主的団体、任意団体が存在す

---

17) ポール・ミルグロム＝ジョン・ロバーツ（奥野正寛ほか訳）『組織の経済学』（NTT出版・1997年）、エドワード・P・ラジアー（樋口美雄＝清家篤訳）『人事と組織の経済学』（日本経済新聞社・1998年）などは、現実の組織のなかに働く市場性に対応した経済分析を展開する。
18) 「組織のなかの組織」として国家をとらえることにより、通常組織における規約、定款などと国家における憲法、基本法との対比、組織メンバーの権利義務と国民の権利義務との対比などが、基本的に可能となる。組織の巨大化による制度的、手続的な整備の必要性と組織の硬直化の傾向もまた、国家について指摘できる。近代国家は先行する諸組織から多くを学びとり、逆に現代の諸組織は国家の編成原理から多くを借用するところがある。

る余地を非常に狭いものとする。国家組織と国民個人との間に存在しうる中間団体がどれも国家の統制下にある公認団体となることを意図する体制下では、家族のような存在でさえも国家統制の対象とすることが起きうる。

他方、中世社会のように宗教組織が強大であったり、ギルドや村落共同体の自治範囲が広がっている場合には、もろもろの社会組織を基礎とする分権化を特徴とする体制が採用される。そのもとでは、国家組織と宗教組織が拮抗したりするなど、国家の絶対的な権威や至高性は相対化され、これが確保される領域もそれほど広くない。そこに出現する諸社会組織の連合体のような国家は、連合のあり方によって「組織のなかの組織」としての性格に違いを生む。緩やかな（つまり組織性の弱い）連合体では国家の地位は限定的であり、緊密度の高い（つまり組織性の強い）連合体では国家の地位もまた高まる。

これに対して、中央集権化を志向した近代国家の場合は、「組織のなかの組織」である国家としての位置づけが、法制度上も、また、実際の運営上も、強固になっていく。たんなる社会組織の連合体としてではなく、構成員たる国民を直接に組織する、いわば単一組織体としての性格づけを強める。その結果、沿革的には国家に起源が求められると思えない、草の根の自治組織などでさえも、国家の組織体制と法制度のもとに組み込まれ、位置づけられることによって、はじめて自治権などが担保されるようになる。そして、法的には、いったん国家に集約された権限が、あらためて国家から諸組織、諸個人などに分権化される体裁がとられる。

4　組織と市場の相互補完性

以上のように考えてくると、人間と人間の結合関係をめぐっては、組織と市場が補完的な存在であるだけでなく、そもそも市場においても組織性は免れえず、逆に組織においても市場性が認められる。現実に存在する組織と市場は、どちらもいわば両者の性格が混淆したものであり、市場とみるか、組織とみるかは、いずれの側面に注目するかという、いわば程度問題の関係にある。組織性を完全に排除した純粋型、理念型としての市場も、市場性を完全に排除した純粋型、理念型としての組織も、現実には存在しないか、存在したとしても長くは存続することが困難だと思われる。

そして、組織性に着目したとき、組織による資源配分方式が、中長期または短期の視点から、関係してくる人びとを納得させるだけの形式的な「正統性」と実質的な「妥当性」と手続的な「正当性」を保持すると認められる場合、そのかぎりで、共同体や団体などの「組織」は維持されていく。

しかし、時代を超えた人類の全体的な集合（全体社会）と対比したとき、組織はいかに大きな規模となろうとも、しょせん、特定の時代に生きる人びとの部分的な集合（部分社会）にすぎない。ある組織に結集した人びとの知識、知恵、経験も限られる。そうした認識も知恵も限界のある人間の少数だけが集まって、ある特定の時点で人為的に定めるという意味で、組織には恣意的にして不完全な性格が常に内包される。現実に存在する組織性を帯びた市場の場合も、同様である。

それゆえ、組織を構成する人びとがこうした限界をわきまえて、組織機構の欠陥を恒常的かつ柔軟に補正し続けることができるならば、組織の存在意義は保持され続ける。しかし、組織を構成する人びとが、自分たちの組織が内包する限界に無自覚であったり、柔軟性を欠いた言動に終始するとき、組織機構の欠陥は補正されないまま拡大し、組織の存在意義が薄れるばかりでなく、組織が存在することで人びとの自由な行動を掣肘する存在となる。そうなると、組織を設けたほんらいの趣旨を達成することが困難となり、組織を通じての資源配分にも妥当性が欠けていく。

ただし、組織の妥当性が薄れていっても、その内部手続きにおける正当性が維持されるかぎり、人びとは組織の制約から離脱することをためらう。規模の大きさ、長年の伝統、過去の栄光、既得権益などが絡まるときは、いっそうそうである。新しい事態によりよく対応した代替組織が瞬時に出現しようはずはなく、旧来の組織が機能不全となっているのに、新しい組織に移行できない過渡期の混乱、苦しみに遭遇するのである。

そうしたとき、現実不適合性が目立つ既存の組織を廃棄し、しがらみのない市場に事態の推移を委ねようとする思いが強まる。人類の経験における振り子が、組織性ではなく、市場性の方向に振れていく。組織を通じての部分的な均衡が崩れ、市場を通じての全体的な均衡を求めるようになるのである。だが、新たな現実によりよく対応した、適切な組織性を欠いたままの市場では、いず

れ現実の市場の不完全性や市場の失敗といった別途の問題に遭遇してしまう。

5 「組織と市場」と労働法

以上のような「組織と市場」の観点を概念図に描き、そこに労働法の主要領域を書き込むと、図1のようになる。この図表を用いて、労働法の体系を再考してみたい。

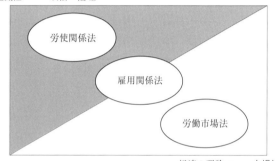

図1 「組織と市場」と労働法の関係

社会全体を長方形でとらえ、左辺に組織性が100％の状態、右辺に市場性が100％の状態、両辺の間に中間的な両者の混合状態を想定してみると、両要素の混合する境界線は長方形の対角線として表される。網掛けした対角線の左上半分は組織性をもって特徴づけられる社会領域であり、白抜きした対角線の右下半分は市場性をもって特徴づけられる社会領域となる。長方形の中間部分に垂直線を引いて、左辺から右辺に向けて動かしていくと、垂直線上に反映する組織性と市場性の領域の割合が変化し、より組織性の割合が高い左側から、より市場性の高い右側へと移っていく。

組織性と市場性が貫徹する両端は、それぞれ統制規制（組織的利害調整・人為的決定＝政治）か自由放任（非組織的利害調整・自成的決定＝経済）の論理が貫徹する領域である。原理としての国家統制経済（社会主義経済など）は左辺と右辺の方向に広がる社会領域の右辺を左辺の側へ、逆に自由放任経済（市場経済など）は左辺を右辺の側へと寄せ、社会全体の形を縦長の長方形へと変え、

そのなかにおける市場性または組織性が占める領域を縮減しようとする（たとえば、図1の労使関係法を囲む楕円の左端、または、雇用関係法を囲む楕円の右端に垂直線を引き、その左側のみ、または、右側のみからなるものとして、社会を編成する形を想定されたい。もちろん、時代により、また、国により、両要素の混在比率、長方形の形は、変化してきた）。

しかし、多様性に富む現実の社会領域は、圧倒的に両要素の混合状態からなる。そして領域の特徴に応じて、あるいは左側、あるいは右側に寄ったところに引かれる垂直線上に分布する。国家や地方自治体のような公共部門は左側に寄るので、組織性をより色濃く身にまとい、逆に、民間部門は右側に寄って、市場性をより色濃くまとう。そして、組織性と市場性の比率に応じて、政治の論理と経済の論理とが混合された「政治経済学」が成立し、これによって事態が処理される。

法もまた、そうした組織性と市場性の混合する政治経済学を反映する。国家の立法機能という政治性の高い場でルールが設定され、行政機能が立法ルールに沿った利害調整を担い、司法機能がルール全体の運用を最終的に担保するが、法のルールには対象とする社会領域の性質がそれなりに反映されるので、法領域ごとに規制色の強い組織要素と自由放任色の強い市場要素との混合割合は異なりうる。そして「法と経済学」は、経済の論理を強調するので、市場性が強い社会領域の法を扱うときにはより妥当する可能性が高いけれども、逆に組織性が勝る社会領域の法を扱うときには違和感を残すことになる。

これを労働法に当てはめると、原理として、団体的労使関係（集団的労働関係）を規律する労使関係法は組織性のより強い左辺に寄った位置の垂直線上に妥当領域を広げ、逆に労働市場を規律する労働市場法は市場性のより強い右辺に寄った位置の垂直線上に妥当領域を広げ、雇用関係（個別的労働関係）を規律する雇用関係法は両者の中間、ちょうど組織性と市場性が均衡するあたりの垂直線上に妥当領域を展開する。したがって、労使関係法はより組織性（政治の論理）が働きやすく、逆に労働市場法はより市場性（経済の論理）となじみやすく、そして雇用関係法では組織性と市場性（政治と経済の論理）が微妙に交錯する。このように同じ労働法といっても、画一的・一律的には論じられない。

図2　労働法の主要3領域の立ち位置

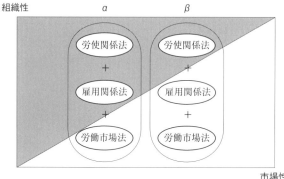

　また、労使関係法・雇用関係法・労働市場法が組み合わさった労働法の体系を想定するとき、図2のように、αとβの位置の垂直線上のいずれに労働の世界の基本パターンを設定するかにより、各法領域の基本的性格も異なり、また、それぞれの混成割合も異なってくることが予想される。経済の基本原理がより統制的であればαかさらにその左側に寄った労働法体系となり、逆により自由放任的であればβかさらにその右側に寄った労働法体系となろう。現在の労働法をめぐる多くの議論は、α系とβ系の間の選択をめぐるそれとなっている。ただし、現実の社会がαであるならばα系が、逆にβであればβ系がより妥当するであろうが、論者の現実認識の相違、さらに移行の仕方や微調整の方法をめぐる方向感覚の違いにより、見解が大きく異なってくる[19]。

　結論的にいうならば、労働をめぐる「法と経済学」が今後どのように展開するかは、α系とβ系のいずれの方向に労働の世界が展開していくかに大きくかかっており、もしα系にとどまるならば「法と経済学」の妥当可能性は限られ、逆にβ系に移行するならば妥当する範囲を広げていくことであろう。その場合、たんに立法論ばかりでなく、解釈論においても相当な影響を与えていくように思われる。「法と経済学」が市場性の側面の解明に不可欠な学問体系だからである。しかし、なお残る組織性の分野については本来的な限界がある。

---

19) いうまでもなく、さらにα系とβ系の間にもさまざまな系がありうる。

Ⅳ　結　論

　「法と経済学」を、法学は「組織」にかかわるもの、経済学は「市場」にかかわるものととらえるならば、表面的には「水と油」の関係にあり、とうてい交わりそうにも思えなくなる。だが、それぞれの分野の研究者が集まって議論をしてみると、違いは違いとして最後まで平行線に終わることも少なくないが、それ以上に共通するもののほうが多い。
　その理由は何よりも、いずれの研究者も社会科学の分野に属し、ある特定の時代の、特定の社会に属し、その意味で大きく異ならない共通の体験と認識をもつからなのだろう。もし中世の神学者と現代の物理学者が議論をしたのであるならば、こうはなるまい。
　だが、それだけでなく、われわれが参与観察する社会が、組織的要素と市場的要素との混合体であるという点を見落とすわけにはいかない。理念型でない現実の状態では、組織にも市場にも、それぞれ反対の極にあると思われがちな市場的要素と組織的要素が紛れ込んでいる。実態はほとんど常に組織と市場の混合状況なのであり、社会領域ごと、場面ごとに、そのいずれの要素がより強いかによって、組織を対象とする科学（法学、政治学、社会学など）の議論がより妥当したり、逆に市場を対象とする科学（経済学）の議論がより妥当したりするものらしい（たとえば内部労働市場論の前提もここにあったろう）。また、両者の狭間に行動するのが人間である以上、人間科学（とりわけ心理学、社会心理学）の成果がより妥当する局面も少なくない。
　したがって、労働をめぐる「法と経済学」も、より現実的な法政策を考案しようとするかぎりは、実は「法と社会諸科学」（さらには自然科学も含めた「法と科学」）という方向への発展を回避するわけにはいかない。それは、複雑な現実を対象に、よりよい政策を模索する政策科学が社会諸科学や自然科学を連ねた学際的な性格を免れないのと、同様である。そして、法学とりわけ実践法学である法解釈論と立法論は、最終的には当面、これら諸科学を総合したといえば聞こえがいいが、実際には関係する各人なりの限界のある知識と手法を用いた、そのかぎりで職人芸的な、あるいは、直感的な解決策によって担われて

いくほかない。そして、それを各学問領域の専門的視点から何度となく厳しく再吟味されるなかで、何らかの点（人権、効率性、公平性など）で著しく妥当性を欠き、維持されがたい策が排除され、妥当性評価においてそこそこ無難な、残った策のなかで、その時どきの社会の力点の置き方次第で変わる優先順位に沿って、一定の選択がなされていく性格であるらしい[20]。

「法と経済学」の議論は、そうした流れのなかで、市場的要素が存在するところでは、経済学的な理論が妥当する要因が強くなるから、そうした面にも配慮して法政策の選択をすることを要請する。その意味では、これまでの法学が、そして労働法学が、組織的要素に傾斜しすぎた議論になりがちで、市場的要素を軽視しすぎているとの警鐘を鳴らし、市場的要素のあるところではこれまでと異なった配慮をする必要がある、と教えてくれていると思われる。

労働法は、従来も政治学や社会学、人的資源論などの議論に触発されて、学問自身の理解を深め、法理の妥当性を高めようとしてきた。最近発展が著しいミクロ経済学などもまた一定の範囲で、これらの諸科学に伍して、あるいはそれ以上に、労働法の展開に寄与をしていくことであろう。それはちょうど、戦後の法社会学の発展により、およそ社会学的な観点を無視して法学を語れなくなったのと同様に、経済学をまったく学ぶことなくしては、労働法の研究も実践も妥当性を確保することがむずかしい時代になってきていることを痛感させる事態なのである[21]。

〔初出：日本労働研究雑誌500号（2002年）〕

---

20) こうした総合性や職人芸的な要素への依拠は、複雑な社会現象を相手にする政策を語るときには、実はどの学問にも共通するものである。実際、政策科学を論じる者は、宮川公男『政策科学入門』（東洋経済新報社・1995年）、リチャード・ゼックハウザー=エディス・ストーキー（佐藤隆三=加藤寛監訳）『政策分析入門』（勁草書房・1998年）などのように、おしなべて学際性、総合性に言及する。

21) 労働をめぐる「法と経済学」の将来的な課題としては、ポズナーのように法学と経済学の両者を本格的に学んだ者による、クロスオーバー的な仕事が本格的になされることである（たとえば浜田宏一『損害賠償の経済分析』（東京大学出版会・1977年）のような優れた業績が他分野には出ている）。法学以外のディシプリンを学んだ者が一定数進学する法科大学院の修了者のなかから、そうした人材の出現することを祈りたい。

第2部

キャリア権の提唱

第8章
キャリア権の構想をめぐる一試論

I 序　論

　職業キャリア（以下「キャリア」とも呼ぶ）の形成、発展、維持が円滑に進まないと、人びとは十分な報酬と働きがいを期待できなくなり、経済は人的資源の枯渇に苦しみ、社会は不安定さを増す。キャリアの核となる技能形成は、どうしたら確保されるか。また、キャリアはどう活用されるべきか。「キャリア権」という視角から法的に探る。

1　日本型雇用慣行

　これまでの日本でも長期雇用がすべてだったわけではないし、文字どおりの年功序列制などはむしろ例外的であったかもしれない。日本型雇用の「三種の神器」のなかでは、企業別労働組合がもっとも一般的な存在形式であるけれども、組織率は20％に満たないし、組織実態も公共部門と大企業・中堅企業の正規従業員に著しく偏る。

　したがって、日本型雇用慣行は、社会にあまねく広がった実態というよりは、よく目につく、良好とされる雇用にしばしば備わっていた基本属性なのであった。だが、良好なる雇用機会がもつモデル効果は、こうした雇用慣行を社会経済的な哲学にまで高めた。良好な雇用機会に遭遇するための進学競争、手に入れた雇用機会を失うまいとする一社懸命の企業忠誠、長期雇用を前提とした種々の行動様式、定年退職の前後に起きる大きな人生転換などの悲喜劇が繰り返し語られてきた。

　国の雇用政策も長期雇用による「雇用の安定」をキーワードに進められてきた[1]。内部労働市場を整備し、維持し、発展させるために、雇用維持に向けた各

種助成策を用意し、企業内訓練を前提とする能力開発制度を進めたが、どれも企業を対象にした措置であった。つまり内部労働市場の組織者である使用者を啓発指導し、より良い企業内労働市場と企業内労使関係を形成させ、これにより雇用の創出と維持発展を図り、あわせて安定的な労使関係を実現させることを目指してきた。もちろん労働法理も、日本型雇用慣行を前提に、これと整合的に存在し、機能してきた。[2]

そのような労使と国を巻き込んでの対応措置が、これまで相当な成果を上げてきたことは、あらためて指摘するまでもない。と同時に、雇用の二重構造、会社人間化、視野狭窄の忠誠行動、長時間労働などのマイナス面を伴っていたことも見落とせない。

2 雇用慣行の変容

こうした雇用慣行が、長期の不況のなかで変化しはじめる。最初は、従業員構成の高齢化と従来の処遇方式との乖離に対応するための年功序列制の手直し論であった。ポスト不足と賃金負担の重さに対応するために、能力主義、実績主義、成果主義などが唱えられ、組織のフラット化や専門職化が推奨され、目標管理と年俸制が広まった。次いで、長期雇用制にもメスを入れようとする動きがでる。[3] さらに不況が長引くと、当然のごとく、余剰人員の排出策が広がる。かつての合理化に代わってリストラが人員削減の代名詞になった。構造的に進む少子高齢化、情報化、経済のソフト化、国際化なども、雇用慣行の見直しを迫る。

---

1) 諏訪康雄「雇用政策法の構造と機能」日本労働研究雑誌423号（1995年）4頁以下参照。
2) 典型例として、解雇権濫用禁止の法理では、日本食塩製造事件・最二小判昭和50・4・25民集29巻4号456頁、高知放送事件・最二小判昭52・1・31労判268号17頁など。就業規則の法理では、秋北バス事件・最大判昭和43・12・25民集22巻13号3459頁、大曲市農協事件・最三小判昭和63・2・16民集42巻2号60頁など。配転の法理では、東亜ペイント事件・最二小判昭和61・7・14労判477号6頁、日産自動車村山工場事件・最一小判平成元・12・7労判554号6頁など参照。学説では、菅野和夫『雇用社会の法〔補訂版〕』（有斐閣・1997年）、菅野和夫＝岩村正彦編『岩波講座現代の法12巻 職業生活と法』（岩波書店・1998年）、諏訪康雄『雇用と法』（放送大学教育振興会・1999年）、佐野陽子＝宮本安美＝八代充史編著『人と企業を活かすルール しばるルール』（中央経済社・1999年）など参照。
3) もっとも典型的な例が、日本経営者団体連盟『新時代の「日本的経営」』（日本経営者団体連盟・1995年）における雇用のポートフォリオの提言であったろう。

こうして、雇用の流動化論が登場する[4]。衰退産業の衰退企業に補助金づけで雇用を維持させるのは愚策であり、人手の余った衰退産業から人材を切望する発展産業の発展企業に雇用を流動化させることこそが賢明な策である、と指摘する。外部労働市場の機能を活性化させようとする提言である。もちろん、雇用の流動化論には、強力な反対論が表明されているし、慎重な検証を提言する声もある[5]。

外部労働市場を見直し、その機能を高めようとする方向は、職業安定法、労働者派遣法の改正にも共通する発想であった。内部労働市場をないがしろにして、外部労働市場で代替せよなどとするものではない。だが、若者の失業率、転職志向、専門職志向などの高まり、長期雇用だけに収斂させえない女性のライフサイクルと就労パターン、生涯１社のみで就労する考え方が現実的でない高齢者の増加、産業構造と職業構造の転換などを考慮に入れたならば、今後とも外部労働市場の機能に依拠すべき部分がますます増えることは確実である。これまでのような内部市場一辺倒で外部市場軽視の法政策は、実態との間で齟齬をきたし、従来型の典型パターンを外れた人に多大な不利益をもたらし、ひいては社会全体の人的資源の開発と活用に禍根を残しかねないとする発想である。

3 新たな論点

外部労働市場に着目したとき、これまでは等閑視されがちであった問題がいくつも浮上する。そのうちでも能力開発・教育訓練にからんだ問題はきわめて重要である。

学校教育が提供できる能力開発は一般的、基礎的なものであり、特定の産業、企業、職務に就く際に必要となる職業能力は学校に依存しきれない。学校はせいぜい一般的、基礎的な職業能力を付与するにとどまり、実際的な職業能力の

---

[4] 多くの意見があるが、たとえば、島田晴雄『日本改革論 新産業・雇用創出計画』（PHP研究所・1994年）、島田晴雄=太田清編『労働市場改革』（東洋経済新報社・1997年）、山田久『大失業』（日本経済新聞社・1998年）など参照。

[5] これまた多くの見解があるが、たとえば、小池和男『日本企業の人材形成』（中央公論社・1997年）、同『仕事の経済学〔第２版〕』（東洋経済新報社・1999年）は長期雇用の利点とそれを崩壊させることの危険を強調し、小野旭『変化する日本的雇用慣行』（日本労働研究機構・1997年）は実証研究を展開する。

多くは一定期間、特定の仕事をしながら身につけていくしかない。そうすると、将来の労働者である生徒、学生に対する、その能力と意欲と適性に対応した学校教育の機会均等が重要なのと同様に、労働者が社会経済的に有益な職業能力を身につけるためには、能力と意欲と適性に対応した就職の機会均等もまた重要だということになる。

さらに、内部労働市場に組み込まれないことから、内部市場が提供する能力開発の機会が縮減し、他方で外部労働市場がこれを補いきれない場合に、どのようにして労働者の能力開発の機会を用意するかも大問題となる。年齢とともに職業能力が報酬に影響する要素が大きくなると同時に、能力開発のコストが高くなるので、外部労働市場型で就労を繰り返して中年になった者が能力開発において劣りがちになるとしたならば、本人はもちろんのこと社会的にも、残念な結果となる。また、せっかく身につけた職業能力が企業の要望と合わず、あるいは評価されず、転職、再就職が困難となることも、できるだけ避けなければならない。

外部労働市場の機能拡充を念頭においたとき、特定企業での雇用安定・雇用保障は主導理念となりがたい。それは内部労働市場を政策ターゲットにする場合の理念だからである。変化の時代に大企業の破綻さえも避けられないことがあるとなれば、ますます別途の視点が必要となる。そこで、これからの雇用政策、とりわけ職業をめぐる能力開発、教育訓練を主導する、基本的な理念を探り、法的に位置づけるのが本章の目的である。以下、Ⅱでは「キャリア権」という概念を提起し、Ⅲではその具体的な適用の余地と問題点を考察する。Ⅳでは試見のまとめと残された課題を示す。

Ⅱ 理念としてのキャリア権

キャリア権という概念がなぜ必要なのだろうか。また、これを労働法に持ち込むことにどのような意味があるのだろうか。ここでは、キャリアのもつ意味をとらえ直したうえで、キャリア権の法的概念の確定に努める。

1　キャリアは財産

　産業革命は、農業社会を大きく揺さぶり、近代の幕開けを告げた。大きく変化する時代の課題を解決するために、各国は19世紀を通じて、新たな政策を次つぎと繰り出す必要に迫られる。学校教育制度の整備、工場法のような労働法の萌芽、社会保障制度の前身などは、どれもこの時代に用意された。

　雇用をめぐっては、技術革新の波が職業の地図をどんどん書き換えていった。これに対抗して、機械打ち壊しのラダイト運動が起こったり、旧来の職業を守ろうとする主張も盛んとなった。労働運動では、「職務は財産（Job is property)」というスローガンも唱えられた。だが、時代の流れのなか、伝統的な職務のすべてを残すことは困難である。技術革新による生産システムと整合的でない職務は、いずれ消え去る運命にあった。

　こうした事態は、多くの人びとにとって、必ずしも心地よいものではなかったろう。子供時代から徒弟修業に励み、職人として技を磨いてきたのに、親方となるのを目前にして、状況がガラッと変わってしまうことがあったからだ。もちろん本人のせいとはいえない。だから人びとは、「何のために努力をしてきたのか」と嘆き、技術革新を呪いもした。長年にわたって身につけた技能が陳腐化するとき、われわれは生活の糧に困り、将来に不安を覚え、自分の人生は何だったのかと嘆く。職務の消失により、それまで蓄積してきたキャリアが中断してしまい、先へ続かないからである。

　この時代に「労働権」という考え方が生まれた[6]。国家には人びとに働く機会を付与する義務があり、もしそれができないならば一定の生活保障をすべきだとする理念である。旧来の職務が消失し、従来型のキャリアの展開が困難となる一方、共同体的な生活保障システムが崩壊していった現実への対応策の提言であった。実現は困難であったが、理念は次の時代に引き継がれる。

　19世紀の辛い経験は、労働運動の戦略目標を改めさせる。「雇用は財産

6）　アントン・メンガー（森田勉訳）『労働全収権史論』（未来社・1971年。原著刊行は1886年）参照。フーリエ以来の労働権の概念の展開、とりわけドイツの議論について本格的な検討をした仕事に、内野正幸『社会権の歴史的展開—労働権を中心にして』（信山社出版・1992年）がある。

（Employment is property）」といった方向へである。存在する個々の職務をそのまま将来にわたって保障することができなくとも、今ある雇用を保障し、そのなかでキャリアの継続を図ることはできるのではないか。こうした戦略である。欧州諸国の解雇規制法や米国のセニョリティ・ルール（勤続重視基準）は、その発現例であった。20世紀を通じて、雇用保障は重要なテーマとなった。

　この面では、企業内部の労働市場を整備し、長期の雇用を保障するとともに、キャリアの形成と展開を進めようとしてきた日本は、遅れてきた者が先行者の経験に学び、むしろ最先端にまで出てしまう「後発効果」を絵に描いたような成功を収める。終身雇用と名づけられた長期雇用、および、年功序列と呼ばれる勤続重視のキャリアと処遇の発展方式は、驚異の高度成長と石油ショック後に示された経済パフォーマンスの良好さにより、1970年代から80年代にかけて世界の注目を集めた。

　だが、20世紀も終わりを迎えようとするころ、企業の場で今ある雇用をできるだけ保障しようとする「雇用は財産」戦略は、19世紀の「職務は財産」という戦略と同様に、変化の時代において、これを維持し続けることができるのか、また、それが適当か、という鋭い問いを突きつけられるに至った。雇用の流動化論である。

　それでは、21世紀を主導する基本戦略はどこに求めたらよいのだろうか。

　19世紀と20世紀の経験に照らすならば、変化の時代における現状維持的な「不変」の追求は、相当に困難なことである。むしろ率直に変化に対応し、これを織り込みながら、かつ、人びとが不幸にならない方向を目指すべきではないかと思われる。しかし、それは何か。

　「職務は財産」というスローガンも、「雇用は財産」というそれも、3つの意味を込めていた。1つは、それによる「生活保障」である。生活を維持するよりどころとなる「財産」として、職務や雇用を守れと主張した。もう1つは、「職業キャリア」の保障である。職務も雇用もキャリアの形成と展開に密接に関係する。職務や雇用はキャリアを保障するための場であった。そして3番目は、「自己実現」である。人びとは仕事を通じて成長し、自己を実現する。人びとのキャリア展開とは、同時に、その自己実現の過程でもある。

　過去のスローガンの趣旨をこのようにとらえ直すならば、いかに時代と雇用

のあり方が変わろうとも、「生活保障・職業キャリア保障・自己実現の機会保障」という核心を否定すべきではないことに気づく。キャリアの保障を通じて、生活の保障をし、また、自己実現の機会を保障するという構図にも思いあたる。

こうして、「キャリアは財産（Career is property）」という新たな戦略目標が発見される。20歳前後から65歳か70歳まで、半世紀近く、職業の世界に身をおく時代がやってきた。なのに優良会社の寿命が30年ほどでは、1つの企業に依拠した職務や雇用の保障を想定しても難しい。むしろ、長い職業人生のなかでは、必ず職務転換や転職・転社を経験せざるをえない現実を織り込んで、それにもかかわらず、人びとの職業キャリアが中断せず、発展していくためには、どうしたら良いかという方向を模索すべきではないだろうか。雇用政策ひいては労働政策の基本理念もまた、ここにおかれる必要があると思われる。

外部労働市場の比重が高まる社会では、その整備にあたって重視すべきことは、個々人のキャリアが円滑に形成されなかったり、転職や失業があったとしても、中断ができるだけ起きないようにするため、キャリアの形成と展開の機会を準備することである。さもないと、個々の労働者も、使用者も、はては社会全体も、職業能力の低下と人的資源の枯渇に悩むことになりかねない。これでは、経済活動のレベルを維持することはもちろんのこと、高齢化社会の負担にも耐えられない。

雇用政策や労働法は、雇用の安定からキャリアの安定へ、雇用保障からキャリア保障へ、軸足を移していくべきではないか、ということである。少なくとも、雇用安定・雇用保障の一本槍ではなく、キャリアの安定・保障にもっと配慮をするようにならざるをえないと考える。[7]

2　キャリア権と憲法

キャリアを保障することの重要性が認識されたとしても、どのようにしたらこれを法の世界に取り入れることが可能だろうか。キャリアを何らかの意味で法的な権利（キャリア権）として構成するためには、どう工夫すべきだろうか。

キャリアに対する権利の保障を、雇用政策や労働法の基本にまで遡るならば、個人の主体性尊重と幸福追求の権利（憲法13条）に根本的な基礎をおくとともに、労働の場における社会的な役割と自己実現を確保するという観点からは、

憲法22条1項の職業選択の自由と憲法27条1項の勤労権すなわち労働権の双方に基礎づけられる、と解される。キャリアの準備や形成に配慮するならば、憲法26条（教育を受ける権利・受けさせる義務または学習権）とも関係する。その意味で、キャリア権は、労働権を中心において、職業選択の自由と教育（学習）権とを統合した性格の権利であるということになる。このようにして、キャリア権は雇用政策と労働法の重要な核となるキー概念として浮上する。

そこで、従来の議論を確認してみると、雇用安定・雇用保障の議論を基礎づけたのは、憲法25条（生存権）とともに憲法27条1項にいう労働権と労働義務（勤労の権利・義務）であった。その内容には、19世紀以来の議論のほか、1964年に採択され、日本も批准している国際労働機関（ILO）の雇用政策に関する条約（122号）と同勧告（122号）が影響を与えた。同条約は、「完全雇用、生産的な雇用及び職業の自由な選択を促進するための積極的な政策」（1条1項）を求め、また、「自己に適する職業に必要な技能を習得し並びにその職業において自己の技能及び才能を活用するための可能な最大限度の機会を有すること」（同2項C号）を確保することに言及する。[8]

---

7) 以上の記述は、諏訪康雄「変化の時代の雇用戦略目標をどこに求めるか」賃金事情2334号（1999年）56頁以下にほぼ依拠する。著者が「キャリアは財産」の視点を初めて本格的に論じたのは、Technological Change/Innovation and Social Protection, general report presented to the 6th Asian Regional Congress of the International Association of Labor Law and Social Security, Hobart (Australia)、1996 (mimeo) であり、Career Is Property: A Core Concept or an Impossible Dream?, Proceedings of the 11th World Congress of the International Industrial Relations Association, Vol. 1, 1998, pp. 1-25でさらに議論を深めた。同種の議論は、「雇用関係の変化と労働法の課題」中央労働時報901号（1996年）3頁以下ほかでも試みた。なお、キャリア関連では、K. Abraham and R. McKersie (eds), New Developments in the Labor Market, The MIT Press (Cambridge, Mas.), 1990; D.T. Hall et al., The Career Is Dead-Long Live the Career, Jossey-Bass (San Francisco), 1994; O. Benoit-Guilbot and D. Gallie (eds), Long-Term Unemployment, Pinter (London), 1994; E. A. Krause, Death of the Guilds, Yale University Press (New Haven), 1996; J. Arnold, Managing Careers into the 21st Century, Paul Chapman (London), 1997; P・ミルグロム=J・ロバーツ（奥野正寛ほか訳）『組織の経済学』（NTT出版・1997年）362頁以下、E・P・ラジアー（樋口美雄=清家篤訳）『人事と組織の経済学』（日本経済新聞社・1998年）などを参照した。

8) 詳しくは、高藤昭「雇用保障法制の展望」青木宗也先生還暦記念論文集『労働基準法の課題と展望』（日本評論社・1984年）497頁以下、片岡曻「労働権の保障と雇用保障法の理論体系」日本労働法学会編『現代労働法講座13巻 雇用保障』（総合労働研究所・1984年）2頁以下、松林正夫「雇用保障法の体系と雇用立法の問題点」同27頁以下、清正寛『雇用保障法の研究』（法

通説は、労働権・労働義務を労働者の国家に対する具体的な権利・義務だとはみない。まして私人である特定の使用者に対して採用や就労を求めることができる権利や、労働者の就労を義務づけることができる権利だとは考えない。市場経済体制の基本原則と大きく乖離するし、国が労働者の意に反して働かせるならば、強制労働の禁止（憲法18条）にも抵触しかねないからである。また、実現可能性に乏しく、もし仮に実現しても、失業対策事業のように政策としてのコスト・パフォーマンスや有効性には問題があることが多いからである。就労の強制は、戦時中に徴募した従業員の質のばらつきと就労意欲の低さに悩んだ経験も想起させる。

したがって、労働権・労働義務が、基本的に、国家の労働政策を導くプログラム規定だと理解され、国家は、労働市場や職業訓練などの法制の整備を図るとともに、失業保険などの法制を設けることを義務づけられる一方、労働権をないがしろにするような法政策を採らないことも義務づけられる。また、国家による失業給付、職業訓練などの制度設計にあたっては、労働者の就労意思を斟酌することも許される。さらに採用や解雇の自由を制限する法制を導入したり、その解釈論的な構成を試みる場合にも、労働権の規定・趣旨が導きの理念となることが指摘されている[9]。

これに対して、キャリア権の構想は、労働権および職業選択の自由との関係で、次のように位置づけられよう。

第1に、キャリア権は労働権の核となる重要な構成要素である。実際、キャリアの形成と展開が保障されることで生存（生計）の手段もまた確保されることから、またキャリアの形成と展開を抜きにした労働概念はきわめて平板かつ貧困で魅力に乏しい内容となってしまうことから、キャリア権は労働権の実質的な内容として読み込まれることが適当である。労働権が保障すべきものは、たんに量的に確保されるべき就労機会であってはならず、労働者の能力、適性、

律文化社・1987年）、黒川[両角]道代「雇用政策法としての職業能力開発(一)」法学協会雑誌112巻6号（1995年）762頁以下およびそこでの引用文献を参照。なお、公証人免職処分事件・東京地判昭和27・7・24行裁例集3巻6号1328頁は、具体的請求権たる性質を否定した裁判例である。

9）注8）掲記の文献のほか、中村睦男「27条注釈」樋口陽一ほか『注釈日本国憲法・上巻』（青林書院新社・1984年）620頁以下、角田豊「労働権」日本労働法学会編『新労働法講座1巻　労働法の基礎理論』（有斐閣・1966年）128頁以下も参照。

意欲を考慮した質的要素を含む就労機会でなければならない。

第2に、このように労働権の具体的な内容の1つとしてキャリア権を読み込んだとしても、これで労働権の法的性質が大きく変わるわけではない。プログラム規定としての社会権という基本的な性格に変化はない。ただし、後述するように、労働権が解雇権濫用法理の導入や雇用機会均等法制に一定の理念的な基礎を与えてきたのと同様に、キャリア権を含む労働権からは労働関係のいくつかの場面において、これまでとは異なった対応を要請することがありうる。

第3に、職業選択の自由（憲法22条1項）との関係では、キャリア権は個人の主体性と自由意思を尊重する性格をはっきりと示す。個人の発意により、その能力、適性、意欲をもっともよく体現できる職業が選択できる可能性を認める。そうでなければキャリア準備と形成・展開が円滑には進まないからである。長い職業人生を考えるとき、どんなに善意であっても、また、職業関係のエキスパートの判断であったとしても、本人以外が本人の意思を排除して職業の割当をすることは、多くの危険をはらむ。誰も不確定な将来について責任を負いきれないからである。自分の将来は究極的に自分で責任を負うという方式以外、関係当事者の満足を極大化することはできない。憲法により労働の権利・義務があるからといっても、徴用と強制配置といった方式で就労機会を確保するような法制は、きわめて例外的な場合を除いては、許されない。

第4に、教育の権利（憲法26条1項）との関係はどうか。教育の機会均等を実現するために経済的な配慮を国家に求める権利と、子供の学習権すなわち成長・発達の権利を保障する学習の権利とが同条で認められるとしたならば、「子供」だけにとどまらず、対象を全年代の「人間」に置き換えると、まさしくこのままキャリア権の内容となる。生涯学習の時代には、教育や学習の対象・主体を子供に限る必要はないし、まったく不適当であろう。

第5に、このように構成してくると、キャリア権は職業をめぐる人間の自己実現の権利そのものであることがよく理解できてくる。そして、こうしたキャ

---

10) 旭川学力テスト事件・最大判昭和51・5・21刑集30巻5号615頁は、「国民各自が、一個の人間として、また、一市民として、成長、発達し、自己の人格を完成、実現するために必要な学習をする固有の権利を有する」という。なお、芦部信喜『憲法〔新版〕』（岩波書店・1997年）244頁以下、中村・前掲注9）595頁以下など参照。

リア権は、狭い意味での雇用（民法623条）やこれに類似した労働形態に就く場合に限って認められるというのでは、おかしいことになる。就業者に占める雇用労働者の割合が8割を超えるにしても、労働政策や労働法の対象を雇用のみに限ることは狭すぎる。SOHO（住宅や小規模オフィスでの開業）やテレワーク（在宅勤務・就労）といった働き方が広がり、ネットワーク型のプロジェクト労働などの場合には、雇用、請負、委任が混在することも増えた。まして労働市場では小規模零細事業主も、請負・委任型の労働者も、雇用型の労働者も、混在する。職業という切り口で括ったキャリアは、就労形態とは無関係に、中断しないことも少なくない。将来的には、これらを包摂できるような労働法のあり方が求められていくのではないだろうか。

Ⅲ　規準としてのキャリア権

キャリア権を雇用政策のなかだけでなく、個別の雇用管理のなかで意味のあるものとするにはどうすべきか。ここでは、まずキャリアの形成と展開の設計主体について考察し、次いでいくつかの個別の論点を検討し、最後に実現のための課題を論じる。

1　キャリアの設計主体とキャリア権

図表1は、キャリア決定における戦略主体が労使のいずれであるかによって帰結する傾向のうち、主だったものを列挙する。左の系列が「組織決定型」であり、右側は「個人決定型」である。従来の日本型雇用慣行は前者に属し、米国のキャリア決定のパターンは後者に近い。もちろん一種の理念型なので、現実は両者の混合型が大部分である。

まず、日本のほぼ従来型である左側からみていくと、人事労務部門に代表される使用者がキャリア戦略を組織的、中央集権的に決定するのが一般的である。新卒採用が中心となって長期雇用を念頭に採用がなされる。本格的な人材育成とその成果の享受には、労使双方にとって雇用保障が重要な役割をはたす。長期にわたって雇用する以上、職務を特定することは困難であり、総合職（ジェネラリスト）型が主流となる。教育訓練については、学校教育による基礎能力

図表1　キャリアの形成と展開をめぐる戦略主体の違いによる2つの理念タイプ

組織決定型	項　目	個人決定型
使用者	責任の主体	労働者
新卒採用が中心	採用形態	職業能力保持者の採用が中心
長期が中心	雇用期間	短期・中期が中心
不可欠または最優先事項	雇用保障	必ずしも最優先事項でない
雇用保障の派生事項	キャリア保障	第一義的な最優先事項
総合職型が中心	キャリア形態	専門職が中心
労働者・その家族・社会の責任	一般的基礎能力の教育（学校教育）	労働者・その家族・社会の責任
使用者が主に配慮	一般的職業教育（汎用技能）	労働者・その家族・社会が主に配慮
使用者が主に配慮	特殊的職業教育（企業限り）	使用者が主に配慮
使用者のイニシアティブに労働者が同意	職種決定	労働者・その家族のイニシアティブに使用者が同意
使用者の戦略的決定事項	配置転換	労働者の主体的希望が重要
内部労働市場での勤続に依存	昇格昇給	労働者の専門的能力評価に依存
就業規則等による画一的決定	処遇決定	労働契約による個別決定
就業規則等による画一的処理	条件変更	労働契約による個別的処理（変更解約告知型処理も必要）
特別な対処策への関心は薄い	競業避止・秘密遵守策	適切な対応策の必要が高い
必要性（関心の度合い）が低い	就労請求権	必要性（関心の度合い）が高い
労使協議等による集団的処理	苦情処理	個々の労働者ごとの個別的処理
企業戦略と内部労働市場のコントロールの必要から成立しやすい	団体的労使関係	個人戦略と外部労働市場への依存度が高まり、成立しないことも起きる
企業中心の支援策	支援政策（補助金等）	個人中心の支援策
使用者の戦略的対応に依存（企業内での調整が可能な代わりに、企業外では調整困難）	環境変化への対応責任	労働者の戦略的対応に依存（企業外での調整が可能な代わりに、企業内では調整が困難）

の育成は企業外でなされるが、その後の職業教育は企業特殊的な能力を中心としつつ、一般的能力についても使用者が行うことが多い。配置による職種決定や配置転換も、組織目標、人事戦略にそって使用者が決定するのが基本となる。昇格昇給、処遇決定なども、内部労働市場における職務能力形成の程度を示唆

する勤続が重要な指標になる。そして、就業規則などによる統一的・画一的決定が主となる。長期雇用が前提なので、退職後の競業避止や秘密遵守などについては、企業はそれほど切実な関心を示さないことが多い。雇用は保障されている以上、労働者が実際に仕事に就いて働くこと（キャリア形成・展開・維持の機会）を求める就労請求権の必要性にも関心が薄い。苦情処理は集団処理に傾斜しがちで、内部労働市場に基礎をおく企業内労使関係が成立しやすい。雇用政策による支援策は、雇用維持、能力開発などを企業に頼る。環境変化への対応では、特定企業の組織戦略にキャリア戦略も依存することになり、内部労働市場での調整は容易でも、外部労働市場における調整は難しい。

　これに対して、米国が近いとされる右側の系列では、キャリア戦略の主体はあくまでも労働者個々人となる。採用は、企業外の学校教育や職業教育において形成された職業能力、あるいは、他企業での経験などを加味した、即戦力型となる。個人が自己のキャリアにとって最良と思われる戦略を立てて行動する場合、雇用期間が長期となるゆるやかな技能形成と能力発揮を必ずしも好まず、キャリアパスとなるならば短期で雇用保障がないことも意に介さないというように、雇用保障ではなくキャリア保障（形成・展開）を求める。個人がキャリアを積むために専門職（特定の職業・職務）を志向し、ジェネラリストは「何でも屋はダメ（Jack of all trades, master of none）」と嫌われる（管理職も専門職に引き付けた形となる）。能力開発は、学校教育と一般的な職業教育が個々の労働者のイニシアティブによるが、企業特殊的な教育は使用者の責任となる。職種決定も労働者が主体であり、大会社ならどんな職務でもよいというわけにはいかない。配置転換も同様で、異職種間の配転はもちろん、同一職種でも勤務場所が変わると労働者の同意が必要となりうる。昇格昇給、処遇決定は、内部労働市場内で完結せず、外部労働市場の動向（職業・職種別の市場相場）を反映し

---

11)　裁判例の傾向として、読売新聞社事件・東京高決昭和33・8・2労民集9巻5号831頁が「労働契約等に特別の定めがある場合又は業務の性質上労働者が労務の提供について特別の合理的な利益を有する場合を除いて、一般的には労働者は就労請求権を有するものでない」とし、調理人のような例（レストラン・スイス事件・名古屋地判昭和45・9・7労経速731号7頁）を除くとなかなか認めない。高北農機事件・津地上野支決昭和47・11・10労判165号36頁は、就労請求権を一般的に認めた例外的なもので、技能低下、職歴上の不利益、職業資格喪失の危険などに言及する。

やすく、労働者との合意による個別決定色が強い。労働条件の変更も同様であって、変更解約告知のような措置も必要となる。重要な仕事を任せていた労働者が自己のキャリア戦略によって突然辞め、競業他社に移ることも多いので、退職後の競業避止や秘密遵守は企業にとって重大な関心事である。自己のキャリアへの関心が強いので、労働者にとって就労請求権は大切なものとなる。苦情処理は個人対応となり、団体的労使関係が必ずしも適合しない。雇用政策によるキャリア支援は、個々の労働者が対象となる。環境変化との関係では、外部労働市場による調整が中心となり、企業内での調整は簡単でないこともある。

このように考えると、組織決定型から個人決定型への移行は、個々の企業と労働者のレベルでも容易ではないが、社会全体としてはさらに簡単でない。実際には、産業、地域、企業、職業・職種、労働者によって異なった選択が積み重なるなかから、長期的な傾向としては、徐々に左側系列の色彩を弱め、右側系列の方向に移行していくのではないかと予想される。そして、右側系列に進めば進むほど、雇用保障ではなく、キャリア保障（キャリア権概念の確立）こそが重要な関心の的になっていくことだろう。

2 キャリア権の課題

キャリア権は、現在のところ、憲法に根拠を有する理念的性格の抽象的な権利であり、雇用政策や労働立法を導くプログラム規定にとどまり、いまだ実定法の根拠には乏しい。判例法理も未開拓である。これは、重要な部分で大きな枠組みを与えるにとどまる概括立法であることが多い日本の労働法令の中身を補充するほどには雇用慣行としてキャリア保障、キャリア権概念が形成、確立されていないことを反映している。それらは雇用保障のなかに吸収され、あるいは、その背後に隠れたまま、いまだ表面化していない。

したがって、キャリア権概念の確立には、雇用政策と労働立法において、そ

---

12) 労働契約の当事者が条件の変更を申し入れ、変更が通らないときには解約をするという告知をするもので、日本でこの考え方を反映した裁判例に、スカンジナビア航空事件・東京地決平成7・4・13労民集46巻2号720頁がある。
13) 雇用政策法としては、男女雇用機会均等法（配置・昇進・教育訓練での差別禁止）、育児介護休業法（職場確保）、能力開発促進法（教育訓練休暇）、雇用保険法（教育訓練給付、休業給付など）など、キャリア権の視点から再整序すべきものが多々ある。

の理念を反映した努力が重ねられることが重要であると同時に、労働関係の実務において、キャリア重視の姿勢を労使がどこまで採用していくかが注目される。キャリア権は、外部労働市場の問題だけでなく、内部労働市場にも絡む。こうした動きを背景に、徐々にキャリア権の内実が実務的に形成されていくものと思われる。

　すなわち、キャリア権が労働法上の地位を強固なものとするためには、いくつかの前提条件を満たさないといけない。具体的に列挙してみよう。

　第1に、人事労務管理のなかでキャリア概念がより明確に意識されることである。労使双方ともキャリアの準備、形成、発展に無頓着で、一向に実務の世界に方向性が生まれてこないと、キャリア慣行もまた形成されない。新卒の職種別採用、専門職制、プロジェクト型採用の契約社員などは、どれもキャリア保障の観点なくしては、大きく広がり、成果を上げるには至らないだろう。外資系企業だけでなく、日本企業にもみられるようになってきた職業キャリア重視の方向、すなわち使用者と労働者の意思をすり合わせつつ、大まかなキャリアの見通しにそって、技能の形成、職歴の展開を図っていく動きが注目される。また、個別の労働契約でキャリア概念が導入されている場合には、従来型の雇用保障にばかり引き付けた解釈をするのでなく、キャリア保障（形成・展開）の視点をもっと前面に打ち出す必要もある。雇用保障とキャリア保障の間でバランスをとった解釈が要請されよう。

　第2に、従来型の雇用慣行や労働契約が中心になっている場合でも、雇用保障があればキャリア保障はいらないかどうかを再検討してみる必要がある。変化の時代の雇用リスクヘッジの手段としては、労働者の「財産」（人的資本）であるキャリアの蓄積を軽視することはできない。組織の都合ばかりを優先して、労働者個人のキャリアを著しくないがしろにする人事政策は、場合によっては、人事権の濫用という判断に至ることも考えられないものではない。教育訓練、配置、配置転換、出向、昇格昇進、労働者による就労請求などをめぐっ

---

14)　最近の企業では、職種別の採用、キャリア志望の尊重、社内公募制、キャリア・コースの多様化、本人のキャリア形成と企業目標とのすり合わせ制度など、キャリア展開を意識した人事戦略が目立つようになってきている。たとえば、吉田寿『未来型人事システム』（同友館・1997年）、八代尚宏『人事部はもういらない』（講談社・1998年）など参照。

図表2　職務知識などの形成の仕方

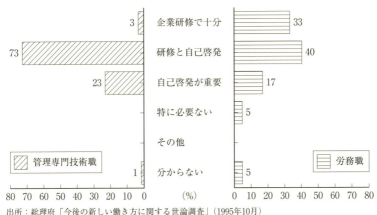

出所：総理府「今後の新しい働き方に関する世論調査」（1995年10月）

ては、従来と異なった視角からの検討も必要だと思われる。[15]

　第3に、キャリアの形成と展開は個人の主体性を尊重し、個人ごとに考えざるをえないことがある。キャリア権の視点からは、より個々人を重視した組織編成と運用、自発性を要請する自己啓発（図表2のように専門職化の流れはこれに傾く）、各種の資格制度、個人ごとのキャリアという視点に対応したキャリアカウンセリングなどが注目される。[16]技能形成では、雇用政策において、企業対象だけでなく、個人を対象とした能力開発支援を拡充していく必要があるほか、訓練機会の拡充と時間的、金銭的に能力開発を支援する施策も望まれる。能力開発バウチャーの試みも1つの方策である。[17]

---

15) たとえば、法的には難しいが、労使による整理解雇のルールとして「その企業でしか役に立たないような技能を蓄積してきた人、やり直しのききにくい中高年は最後に削減対象とする、といった明確なルール」が必要だとする意見などである（清家篤「やさしい経済学」日本経済新聞1994年1月28日朝刊29面）。

16) 今野浩一郎＝下田健人『資格の経済学』（中央公論社・1995年）、太田肇『個人尊重の組織論』（中央公論社・1996年）、注14）の文献などのほか、個人重視の方向を論じる著書は実に多数である。なお、知識労働という側面に着目した示唆的なものに、R.B.ライシュ（中谷巌訳）『ザ・ワーク・オブ・ネーションズ』（ダイヤモンド社・1991年）、P.F.ドラッカー（上田惇生ほか訳）『新しい現実』（ダイヤモンド社・1989年）、同『ポスト資本主義社会』（ダイヤモンド社・1993年）などがある。

17) 経済戦略会議報告（1999年）が提唱し、政府の緊急雇用対策にも盛り込まれる方向にあった。なお、竹中平蔵『経世済民「経済戦略会議」の一八〇日』（ダイヤモンド社・1999年）171頁以下参照。

図表3　技術革新と若年労働力（退職年齢が65歳の社会を前提とするモデル）

[A]	訓練時間		時間当たり訓練コスト	コスト計	コスト回収期間	勤務1年ごとの負担
若者（20歳）	20時間	×	1,000円	20,000円	45年	444（20,000/45）円
中年（40歳）	40	×	1,000	40,000円	25年	1,600（40,000/25）
高年（60歳）	60	×	1,000	60,000円	5年	12,000（60,000/5）
[B]	訓練時間		時間当たり賃金コスト	コスト計	コスト回収期間	勤務1年ごとの負担
若者（20歳）	20時間	×	1,000円	20,000円	45年	444（20,000/45）円
中年（40歳）	40	×	2,000	80,000円	25年	3,200（80,000/25）
高年（60歳）	60	×	3,000	180,000円	5年	36,000（180,000/5）
[A]+[B]	訓練コスト		賃金コスト	コスト総計	年間コスト	勤務1年ごと負担の比
若者（20歳）	20,000円	+	20,000円	40,000円	889円	1.0
中年（40歳）	40,000	+	80,000	120,000円	4,800円	5.4
高年（60歳）	60,000	+	180,000	240,000円	48,000円	54.0

出所：本文の仮定にもとづき著者が作成した。

　なお、能力開発をめぐっては、コストとベネフィットの兼ね合いが問題となる。図表3はそれを概念的かつ極端に示す。仮にこれまで自動車のなかった島に道路が整備されて運転技術が必須となったとしよう。自動車免許を取るのに要する時間は、俗説にいうように年齢に比例するとみる。また、現在の中高年の時給は若者の2倍ないし3倍で、訓練期間中の賃金を企業が負担し、引退年齢は65歳だとする。そうすると、インストラクターの費用まで考えると、中高年の訓練費は若者の何倍にもなり、訓練のリターンは勤続可能年数の短さから何分の1にしかならない（結局、この例では、60歳の高齢者訓練は、訓練後の勤務1年あたり若者の50倍以上のコスト負担となる）。限られた教育資源を誰に投資すべきかを考えると、おのずから若者主体になってしまう。中高年にとっては、この種のキャリアの転換をどう回避するか、また、これが避けえないとすると、誰がどれだけコストを負担するかが、重要な論点となる。

　第4に、企業が提供する教育訓練には、技能形成とキャリア展開に向く職場への配置、技能形成の機会となるOJT、教育訓練コース参加、自己啓発補助金や教育訓練休暇などの各種支援措置などが含まれるが、その法的問題点を再確認しなければならない。これまでは、ややもすると労働契約、指揮命令権などによる企業の「教育訓練権」の限界が論じられるぐらいだったが、キャリア権

の視点からは、労働契約などによる労働者の「学習権（教育訓練受講権）」もまた重要である。契約にそった機会付与や均等待遇・差別禁止（労働基準法3条、男女雇用機会均等法6条、労働組合法7条1項など）などの判断にあたって、留意すべき点であろう。

第5に、キャリアを重視した採用、配置、処遇が広がっていくと、個別管理の色彩は強まり、契約的な処理がより必要となる。労働契約の内容、内容変更、解約などをめぐっては、これまでと違った処理も要請されよう。とりわけ変更解約告知は問題となることであろう。[18] 法制として必要な規制などの議論がやがて浮上しそうだ。

IV 当面の結論は何か

職業キャリア権を構想してみた結果、次のような結論に至った。

第1に、内部労働市場を重視する雇用政策を導く理念は「雇用の安定・保障」でよかったが、外部労働市場のことをも考慮に入れ、さらには変化の時代への動的な対応策を図ろうとすると、キャリアを切り口に、一貫させる視点が浮かび上がる。「職業の安定」の再浮上であり、その核となるキャリア概念を重視する対応である。

第2に、「キャリアは財産」といったスローガンを掲げてみたところで、キャリアに代表される人的資本が法的な意味での「財産」になるわけではない。それ自体を人間から切り離して取引の客体にすることなど不可能である。そうではない形で、キャリア権を構想する必要がある。

第3に、その場合、個人としての尊重と幸福追求の権利（憲法13条）と生存権（同25条）を基盤に、職業との結びつきの関係で、教育（学習）権（同26条）、職業選択の自由（同22条）、労働権（同27条）に着目した。すると、個人を主体に、その発意でキャリアの準備と形成をし（学習権）、キャリア形成と展開のために仕事を選び（職業選択の自由）、キャリアの機会確保に向けて各種の措置を求める権利（労働権）が、一連のものとして展望される。

---

[18] 大内伸哉『労働条件変更法理の再構成』（有斐閣・1999年）、野田進『労働契約の変更と解約』（信山社・1997年）など参照。

第4に、しかし現在のところ、職業をめぐるキャリア権という形で統合的な概念を導入したとしても、教育権・学習権や職業選択の自由や労働権の内容を明確にし、豊富化することはあっても、基本的な法的性質を変えるまでには至らないと考えられる。したがって、キャリア権を根拠として、個人が国家や使用者に対して一定の給付を求めたりすることは、なお困難である。もっぱらプログラム規定における理念の明確化、現代化という役割を担うにとどまる。

第5に、とはいえ実定法的にも、一定の回路を経ることで、キャリア権を解釈論的な導きの糸にする余地は、現在でもあるし、将来はさらに発展すると思われる。たとえば、教育訓練、配置・配置転換・出向、整理解雇などの際の人選基準におけるキャリアへの配慮とか、就労請求権を認めるかどうかにおけるキャリアへの配慮である。労働者本人の意思に反して、キャリアをないがしろにし、回復困難な不利益をもたらすような人事上の措置に対しては、人事権の濫用や不法行為と判断される余地があるように思われる。解雇権濫用の法理を形成するうえで、雇用の実態とならんで労働権の概念が考慮されることがあるようにである。

残された課題は何か。それは三系列からなる。

第1に、キャリア権の概念はいまだ荒けずりで、これを労働法の種々の法原理・法原則との間で整合的なものとなるよう、解釈論として精緻化する作業が必要である。これなくしては、使いものになる法概念にはならないからである。

第2に、雇用政策の基本概念の1つとして、キャリア権を確立させることである。プログラム規定としての社会権であるにせよ、法と政策を導く基礎概念たる労働権をキャリア権の概念によって甦生させ、変化の時代に人びとの支えとすることが重要である。

第3に、キャリア権の概念が実務の側から理解され、現場の実践で磨き上げられ、より使い勝手のいい実務概念となることである。この点でも、問題提起にはさらに検討すべき余地が多い。

〔初出:日本労働研究雑誌468号(1999年)〕

第 9 章

キャリア権とは何か

I　キャリアとは何か

　「キャリア」という語は、分かっているようで、あらためて問われると、的確に答えづらい概念である。
　人によって、医者や弁護士のような専門職の職業生活を思い浮かべたり、官庁のキャリア組の任務や昇進経路のことを連想したり、あるいは人材サービス会社がしきりにキャリアを強調するので、次つぎに会社を変わる転職志向のことかと思ったりする。このように世間で使われるキャリアなる語の外延は広がり、その内包する意味もさまざまである。
　中世ラテン語の「車道」が起源の「キャリア」は、競馬場や競技場におけるコースやトラックと同様に「行路、足跡」を意味する。そこから、人がたどる行路やその足跡、経歴、遍歴なども示唆するようになる。現在の用例では、何よりも「職業上の経歴・履歴」を指す。日本語でも「経歴」と聞けば、人の「社会的な地位、役割、活動などの連鎖」がまず念頭をよぎる。社会的な地位がしばしば職業的なそれに対応してきたからである。
　その結果、人の一生における単なる経歴一般を指し示すためには、頭にライフを付して、わざわざ「人生キャリア」(life career)と呼んで、これと対比し、職業を切り口としてとらえた場合の人の一生・経歴・履歴の特定部分を「職業キャリア」(work career)と呼んで区別することもある。この意味では、人生キャリアが「広義のキャリア」を意味し、職業キャリアが「狭義のキャリア」となる。
　本章では、キャリアを狭義すなわち「職業キャリア」の意味で用いる。人が職業に就くことを準備し、職業を選択し、あるいは職業を転換し、その遂行能力を高めたりするなかで、経済的報酬や社会的評価を獲得するとともに、自己

実現をしていく過程、および、その結果としての経歴のことを指して、キャリアという語を用いておこう。

Ⅱ　なぜキャリアか

　職業的な地位、役割、活動などの連鎖であるキャリア（職業経歴）は、これを過去形で語るか、現在進行形で語るか、それとも未来形で語るかにより、意味合いを変える。

　過去形で語るならば、すでに職業生活の大部分を終えようとしている人の履歴をたどることとなり、ある人は大活躍をし、別の人はささやかな貢献をしたなどの評価につながっていく。

　しかし、まだ職業生活の途中にある人にとっては、キャリアは現在進行形または未来形で語られる。現在進行形では、過去の経歴を踏まえて、現在どんな職業的な地位、役割、活動を展開しているかが注目される。過去の発展系としてキャリアが連続する人もいれば、何らかの理由で断絶して連続していない人もいる。未来形だと、過去と現在を踏まえて、将来どんな職業的な地位、役割、活動を展開するのかが関心の的となる。過去、現在の発展系としてキャリアが将来も連続する人もいれば、何らかの理由で断絶して連続しなくなってしまう人もいることだろう。そして、若者のようにこれから職業の世界に乗り出していく人にとっては、キャリアは未来形でしか語れない。時代の変化の中で、どのようなキャリアを送ることが自分にとって、もっとも向いており、可能性があるかが真剣に模索される。

　実際、個々人にとって、キャリアは常に重大な関心事である。二度とない自分の人生の多くの部分を決定する基本要素だからである。

Ⅲ　これまではどうか

　ところが戦後、高度成長を遂げたころから、日本ではキャリア一般への関心が背景に退く。もっぱら特定の企業や組織への所属と、そこでの経歴に対して人びとの関心が集まり、組織内キャリアばかりが論じられてきた。

企業や組織にとって最適なキャリア編成はどうあるべきかが語られる一方、個人のキャリア選択は、むしろそれに付随（従属）するものとして扱われた。個人は事務系、技術系、技能系などのおおまかな方向を確認した後は、就職先としてどの企業や組織を選択するかに関心が集中してきた。
　そして就職後は、辞令に象徴される、もっぱら企業や組織が用意する配置と配置転換の連鎖からなるキャリア展開に、身を委ねてきた。
　人は、自分にとって選択の余地がある事項には関心を示すが、自分ではいかんともしがたい問題は考慮外とする。考えても仕方ないからだ。
　どの企業や組織に就職するのか、また、それらによるあてがいぶちのキャリア展開が次にどうなるかは、個人にとって事前に予測することが困難であったから、現在形と未来形のキャリアはいつも漠然としたものになりがちだった。
　学校時代のキャリア準備期には、どの企業や組織に所属し、どのようなキャリア展開をするかの予見ができないので、文系、理系などという、ごくおおまかな系列を選択した後は、それ以上に特定の職業キャリアに向けた専門知識や技能を具体的に深めていく方向に関心と意欲が向きがたい傾向ともなった。とりわけ文系にとってはそうだった。学生たちは、企業や組織が、協調性、根性、何であれ与えられた目前の仕事に専念する心がけなどで人材を評価する以上は、それらの用意はしても、具体的な職業に直結する専門的な技術技能、知識、思考・行動特性などにはさほど意を払わない傾向となった。
　従業員となってからも、企業や組織でのキャリア選択の余地と予見性が限られていればいるほど、自らのキャリアそのものに拘泥するよりは、むしろ企業や組織の将来性に期待をして、企業や組織の命じるがままに目前の仕事に集中するばかりで来た。
　こうした環境のもとでは、キャリアはせいぜい現在形までしか語られず、未来形を欠く。だから、キャリアの多くは過去形で語られ、先輩たちの成功談くらいに受け取られてきた。

Ⅳ　現在はどうか

　ところが、ここ10年ばかり、キャリアの議論が盛んになった。

右肩上がりの社会経済情勢のもとで、これまで従業員のキャリア総体に責任をもつ企業や組織の命じるがままに仕事をしてきたが、最近は企業や組織の先行きがすっかり不透明となり、ある日突然、企業や組織が壁にぶつかったり、大きな転換を余儀なくされて、雇用が失われる事態が広がってきた。キャリア形成を自覚せずに、命じられるがままに、目先の仕事に懸命に取り組んできた揚句に、個人のキャリアが断絶してしまう結果も多発するようになった。
　しかも、いざ転職となると、他社や他組織でも通用する能力が問われ、これにつながるキャリア形成をしてきたかどうかが問題とされる。
　個人も企業も、従来型の人事政策（キャリア政策）の限界を感じはじめた。とりわけ若手、中堅の社員たちが未来形でキャリアを語ることの必要性を意識して、個々人のキャリア展開にもっと配慮した人事政策を求めるようになってきた。企業は、若手、中堅の志気を維持するうえでも、また、中高年の処遇に対処するうえでも、キャリアに着目することが有効だと思いはじめた。雇用の流動化、多様化の動きが、これに拍車をかける。
　こうして、労使双方のキャリア意識が高まってきている。学生は学生で、終身雇用や年功序列を信じた末、リストラで辛い思いをしている父母の世代を見聞し、自分はそうなりたくないと考える。専門性の強化や資格取得への関心は高い。従業員も、いざというときの転職が可能なように、エンプロイアビリティの強化に意を払いはじめた。企業は、日本型雇用慣行のコストとパフォーマンスに疑念を抱いて、成果主義やアウトソーシングなどに関心を示す。
　こうして先行きが不透明な時代となり、関係者の意識が「職業キャリア」にもう一度、回帰してきているようである。

V　キャリアは財産？

　19世紀の労働運動は、「職務は財産」（Job is property）というスローガンを唱えていたが、永遠なる過去に生きる封建的な組織の時代と違って、躍動する変化の市場の時代には、過去から現在にかけて従事してきた特定の職業や職種に拘泥しても、その維持は困難であった。多くの伝統的な職業や職種が失われ、新たなそれらが生まれるようになった。

20世紀の労働運動は、「雇用は財産」（Employment is property）といった方向に目標を転換する。職業や職種は変動するかもしれないが、特定の企業や組織における雇用は安定的であり、維持されるべきだとするものである。こうして内部労働市場が整備され、労働運動はその運用に深く関わるようになった。
　だが、21世紀への転換点において、米国の動きを先頭に、雇用の流動化、多様化、柔軟化が進行し、特定の企業や組織、すなわち内部労働市場において完結せず、企業や組織を超えた外部労働市場での需給調整を織り込んだ雇用形態が広がってきた。そこで、生涯に何度か雇用先を変えたり、自営をしたりしながらも、職業経験の連鎖がしかるべく継続していく仕組みが、あらためて問われるようになった。
　もはや19世紀のように特定の職業や職種に拘泥することは困難であり、かといって20世紀のように特定の雇用に依拠することもまた難しいとなると、どのようなスローガンで職業社会の基本哲学を示すのが適切だろうか。
　そこに「キャリアは財産」（Career is property）という標語が生まれ、この現実化に向けて政策や法制度を整備していくべきだとの声が徐々に広がりつつある。

VI　キャリア権とは

　では、「キャリア権」とは何か。
　以上のような流れを念頭におくと、人が「職業に就くことを準備し、職業を選択し、あるいは職業を転換しつつ、職業上の遂行能力を高めるなかで、経済的報酬や社会的評価を獲得するとともに、自己実現をしていく過程、および、その結果としての経歴」をめぐって、これらの連鎖的な流れに対応し、人間の活動を基礎づける権利、あるいは、各人が自己のキャリアを追求し、展開することを基礎づける権利、ということに帰着しよう。その際、原理的には、広義と狭義のキャリア権が考えられる。
　まず前者は、人生キャリアの追求を法的に権利として概念化しようとする場合（広義のキャリア権）であり、個人の主体性尊重と幸福追求の権利（憲法13条）がもっとも根本となる憲法的な基礎をなす。これに対して後者は、そのうちの

職業キャリアに着目して法的に概念化しようとする場合（狭義のキャリア権）であり、広義のキャリア権の基盤に加えて、生存権（同25条）、労働権（同27条）、職業選択の自由（同22条）、教育権（同26条）などが憲法的な基礎となり、職業キャリアの視点からこれらを統合した権利概念だということになる。

要するに、人が職業キャリアを準備し、開始し、展開し、終了する一連の流れを総体的に把握し、これら全体が円滑に進行するように基礎づける権利として、キャリア権の概念（理念）が構想されるのである（以下、狭義のものをキャリア権と呼ぶ）。

Ⅶ どんな内容か

キャリア権の議論は、働く人の一生（ライフ・キャリア）に大きな位置を占める職業キャリア（職業経歴）を法的に位置づけ、概念化しようとする試みであり、これを核に労働法全体の意義を見直そうとする流れである。

キャリア権は、理念の側面と基準の側面とを合わせもち、現状では前者の域を大きく出ていない。就労請求権（具体的に仕事に就かせるよう請求できる権利）や配置転換・出向などを律する規準の側面については、今後の立法措置や労働協約化などが必要である。

そこで理念の側面に限って論じると、第1に、キャリア権は労働権思想が内包する重要な核概念である。キャリアの形成と展開が保障されることで生存（生計）の手段もまた確保される。キャリアの形成と展開を抜きにした労働概念は平板かつ貧困で魅力に乏しい。

第2に、労働権の核にキャリア権を読み込んだとしても、労働権の法的性質は大きく変わらず、国が政策面で責務を負うプログラム規定としての社会権という基本的な性格に変化はない。だが、労働権が解雇権濫用法理や雇用機会均等法制に一定の理念的な基礎を与えてきたのと同様に、キャリア権を前提とした労働権からは、労働関係とりわけ雇用政策のいくつかの場面において、これまでと異なった対応を要請することだろう。

第3に、職業選択の自由（憲法22条1項）との関係では、キャリア権は個人の主体性と自由意思を尊重する性格をはっきりと示す。個人の発意により、その

能力、適性、意欲をもっともよく体現できる職業を選択する可能性を認める。そうでなければキャリア準備と形成・展開が円滑には進みがたいからである。長い職業人生を考えるとき、どんなに善意であっても、また、いかなる職業関係のエキスパートであったとしても、本人以外が本人の意思を排除して職業の割当をすることは、多くの危険をはらむ。誰であれ不確定な将来について責任を負いきれないからである。

第4に、教育の権利（憲法26条1項）により、教育（学習）の機会均等に向け経済的な配慮を国家に求める権利と、子供の学習権すなわち成長・発達の権利とが認められるならば、これは子供だけの問題でない。生涯学習の時代には、教育訓練の対象を子供（青年）に限る必要はないし、また、不適切である。

第5に、キャリア権は職業をめぐる人間の自己実現の権利であり、狭い意味での雇用（民法623条）やこれに類似した労働形態に就く場合に限って認められるというのでは、おかしい。労働政策や労働法の対象をより広く解していくべきだろう。また、個人主導のキャリア設計を考えると、個人的・社会的なリスクの増大に対応する政策や支援策も、新たに整える必要がある。

VIII　どこまでキャリア権か

キャリアが注目されるようになり、法的な次元でこれを支えるキャリア権の概念も徐々に現実化の方向にある。だが、個人のキャリア権により、自己のキャリア形成プログラムから外れる配置転換や出向が直ちに拒否できたり、キャリア断絶の責任が主として企業や組織の側にあったからとして、整理解雇などが許されなくなったりするものだろうか。

そうはなるまい。当面、プログラム規定にすぎないから、政策面での配慮と尊重を国に要請するが、私人間で直ちに具体的な請求権を生むものではない。また、規準化したところで、権利同士の衝突における調整は要請されるから、万能の権利となるはずもない。

しかしながら、将来的には、労働政策、立法だけでなく、法の解釈適用の次元でも一定の配慮を要請することになるものと予想される。とりわけ、実務においてキャリアへの関心が高まれば高まるほど、こうした事態は広がっていく

ことだろう。

〔初出:中央職業能力開発協会編『能力開発最前線』(中央職業能力開発協会・2003年)〕

■**参考文献**
諏訪康雄「キャリア権の構想をめぐる一試論」日本労働研究雑誌468号(1999年)
諏訪康雄「労働市場法の理念と体系」『講座21世紀の労働法 第2巻』(有斐閣・2000年)所収
ピーター・キャペリ(若山由美訳)『雇用の未来』(日本経済新聞社・2001年)
橘木俊詔編著『ライフサイクルとリスク』(東洋経済新報社・2001年)

第10章

キャリア権をどう育てていくか

はじめに

　キャリア（career）という言葉が流行している[1]。
　二度とない人生は悔いなく生きたい。卓越した才能や努力には欠けていたとしても、人生を振り返ったとき、「まあまあだったかなぁ」とつぶやけるくらいには、自分なりに納得のいく人生を送りたい。社会が豊かになり、選択の機会が広がると、この想いも広がっていく。制度や組織に組み込まれ、変化に乏しい日々の出来事に受け身で流されているような人でも、何かの折には、ふと考え込む。自分はいったい何をしているのか、このままでよいのか、と。
　よりよいキャリア展開への願望とそれにもとづく行動の基盤を提供する法的概念に、キャリア権（right to a career）がある。しかし、一般的によりよい人生を送りたいとする願望と行動に関しては、すでに憲法13条の規定がある。「すべて国民は、個人として尊重される。生命、自由及び幸福追求に対する国民の権利については、公共の福祉に反しない限り、立法その他の国政の上で、最大の尊重を必要とする」のである。個人として主体性が尊重され、幸福追求に対する権利が憲法で保障されている以上は、キャリア権もまた、これに包摂されるのではないか。

1） 近年、キャリアに言及する書籍や論文は、まさしく枚挙に暇がないほどの量に達している。たとえば、伝統的な職業指導の関連領域では、柴山茂夫ほか編『進路選択の心理と指導』（学術図書出版社・1995年）、伊藤一雄『職業と人間形成の社会学―職業教育と進路指導』（法律文化社・1998年）、梅澤正『職業とキャリア―人生の豊かさとは』（学文社・2001年）、青島祐子『女性のキャリアデザイン―働き方・生き方の選択』（学文社・2001年）、矢島正見ほか編『変わる若者と職業世界―トランジッションの社会学』（学文社・2001年）など、心理学やキャリアカウンセリング関係では、武田圭太『生涯キャリア発達―職業生涯の転機と移行の連鎖

だが、人の生涯、人生経歴（life career—以下、人生キャリアと呼んで、次の職業キャリアと区別する）を一般的にとらえ、幸福追求権に言及するだけにとどまるのでは、あまりに漠然としすぎている。個々人のたんなる自由の問題にすぎないではないか、と片づけられてしまいそうである。そうではなくて、人の生涯の構成要素に着目するならば、核となるものの1つとして、職業（仕事）をめぐるキャリア（work career）が浮かび上がる。職業生涯とか職業経歴と訳されてきた職業上のキャリア（以下、職業キャリアと呼んでおこう）は、人生のきわめて重要な核であり、これを支える法的基盤については、より詳細な分析と統合的な評価が必要だろう。

本章は、この作業を試みるものである[2]。

（日本労働研究機構・1993年）、クリフォード・ハキム（安村信訳）『失業からの生還』（東急エージェンシー・1995年）、渡辺三枝子ほか『キャリアカウンセリング入門』（ナカニシヤ出版・2001年）、ノーマン・C・ガイスバースほか（大久保功ほか訳）『ライフキャリアカウンセリング—カウンセラーのための理論と技術』（生産性出版・2002年）、リチャード・N・ボウルズ（リクルートワークス研究所監修・花田知恵訳）『あなたのパラシュートは何色？：職探しとキャリア・チェンジのための最強実践マニュアル』（翔泳社・2002年）、金井涛宏編著『会社と個人を元気にするキャリア・カウンセリング』（日本経済新聞社・2003年）、ミゲル・ジャヤシンゲ（小林勝ほか訳）『キャリア・ガイダンスとカウンセリング—英国にみる理論と実践』（同友館・2004年）など、人材コンサルタントなどのものでは、高橋俊介『キャリアショック—どうすればアナタは自分でキャリアを切り開けるのか？』（東洋経済新報社・2000年）、アーサー・D・リトル社経営イノベーション・プラクティス『キャリア競争力—自己実現のマネジメント』（東洋経済新報社・2000年）、グロービス・マネジメント・インスティテュート『ビジネスリーダーへのキャリアを考える技術・つくる技術』（東洋経済新報社・2001年）、小杉俊哉『キャリア・コンピタンシー』（日本能率協会マネジメントセンター・2002年）、エド・マイケルズほか（マッキンゼー・アンド・カンパニー監訳・渡会圭子訳）『ウォー・フォー・タレント："マッキンゼー式"人材獲得・育成競争』（翔泳社・2002年）、原井新介『キャリア コンピテンシーマネジメント』（日本経団連出版・2002年）、佐々木直彦『キャリアの教科書—「自分の人生。自分の仕事」をつかむエンプロイアビリティの磨き方』（PHP研究所・2003年）、ハーミニア・イバーラ（金井涛宏監修・宮田貴子訳）『ハーバード流キャリア・チェンジ術』（翔泳社・2003年）、橘・フクシマ・咲江『40歳までの「売れるキャリア」の作り方』（講談社・2003年）、ほか。白書では、厚生労働省・労働白書（労働経済白書）のほか、経済企画庁編『平成11年版 国民生活白書：選職社会の実現』（大蔵省印刷局・1999年）なども言及する。

2) すでに著者は、「雇用関係の変化と労働法の課題」中央労働時報901号（1996年）3頁以下、「キャリア権の構想をめぐる一試論」日本労働研究雑誌468号（1999年）54頁以下、「労働市場法の理念と体系」日本労働法学会編『講座21世紀の労働法2巻 労働市場の機構とルール』（有斐閣・2000年）2頁以下ほかで「キャリア権」の基本構想を展開してきた。

I　職業生活設計とその法的規整

　職業キャリアへの関心が労働法的な規整の対象となったという意味で、2001（平成13）年の雇用対策法と職業能力開発促進法の改正（「経済社会の変化に対応する円滑な再就職を促進するための雇用対策法等の一部を改正する法律」平成13年法律35号）は、まさしく特筆に値する。

1　法改正の概要

　まず、雇用対策法3条（基本理念）が注目に値する規定をおく。
「労働者は、その職業生活の設計が適切に行われ、並びにその設計に即した能力の開発及び向上並びに転職に当たつての円滑な再就職の促進その他の措置が効果的に実施されることにより、職業生活の全期間を通じて、その職業の安定が図られるように配慮されるものとする。」
　労働市場法・雇用政策法全体の基本法となる雇用対策法が、職業生活すなわち職業キャリアを「基本理念」として正面から位置づけたのである。同4条（国の施策）1項も「国は……前条に規定する基本的理念に従つて……必要な施策を総合的に講じなければならない」とする。まさしく職業キャリアの尊重は、ここに実定法における理念的基礎を与えられ、その具体化に向けて、諸法令、諸施策に趣旨をこれから波及させていこうとする第一歩を記した。
　同じく職業能力開発促進法の改正法（以下、能開法と呼ぶ）は、以下のような諸規定を用意する。
　2条4項「この法律において『職業生活設計』とは、労働者が、自らその長期にわたる職業生活における職業に関する目的を定めるとともに、その目的の実現を図るため、その適性、職業経験その他の実情に応じ、職業の選択、職業能力の開発及び向上のための取組その他の事項について自ら計画することをいう。」
　職業生活設計とは、職業をめぐるキャリアデザインのことである。自らの職業キャリアの設計は、他人任せというわけにはいかず、結局のところ、個々の労働者が自ら計画するほかはない。この基本原則を確認し、同法はそれを支える基本理念を宣明する。

3条 「労働者がその職業生活の全期間を通じてその有する能力を有効に発揮できるようにすることが、職業の安定及び労働者の地位の向上のために不可欠であるとともに、経済及び社会の発展の基礎をなすものであることにかんがみ、この法律の規定による職業能力の開発及び向上の促進は、産業構造の変化、技術の進歩その他の経済的環境の変化による業務の内容の変化に対する労働者の適応性を増大させ、及び転職に当たつての円滑な再就職に資するよう、労働者の職業生活設計に配慮しつつ、その職業生活の全期間を通じて段階的かつ体系的に行われることを基本理念とする。」

その上で、次のように付け加える。

3条の2第1項 「労働者の自発的な職業能力の開発及び向上の促進は、前条の基本理念に従い、職業生活設計に即して、必要な職業訓練及び職業に関する教育訓練を受ける機会が確保され、並びに必要な実務の経験がなされ、並びにこれらにより習得された職業に必要な技能及びこれに関する知識の適正な評価を行うことによつて図られなければならない。」

2　改正能開法の意義

これらの条文には、

① 労働者の「職業生活の全期間を通じて……能力を有効に発揮できるようにすること」の不可欠性、

② 能力開発が労働者の「職業生活設計に配慮しつつ、その職業生活の全期間を通じて段階的かつ体系的に行われる」べきこと、

③ 労働者の「自発的な職業能力の開発及び向上の促進」をすべきこと、

④ 労働者を取り巻く雇用と産業をめぐる状況変化に即応できるようにすべきこと、

⑤ 「教育訓練を受ける機会」「実務の経験」「適正な評価」が必要であること、

などが指摘されており、個々の労働者に視点を定めた生涯学習(教育訓練)の体制構築が明確に志向されている。

すなわち、能開法は今や、失業中の労働者が就職できるように職業能力の開発に助力するという、あるいは、現に雇用される企業による職業訓練を促進するという、短期的かつ対症療法的な性格の施策を用意するにとどまるのではな

く、より広くまた深い観点から「職業生活の全期間を通じて段階的かつ体系的」に労働者の職業能力の発展が図られるように、さまざまな施策を展開する姿勢を示すのである[3]。

このように職業キャリア権は、もはやたんなる学説上の概念としてだけでなく、実定法的なとっかかりを与えられた、労働実定法上の現代的な権利概念としても、若葉を芽吹きはじめている[4]。

II 「理念」としての職業キャリア権

ライフ・キャリアすなわち人生キャリアの権利は、憲法上、個人としての尊重とその幸福追求権（13条）によって基礎づけられることを上述した。では、ワーク・キャリアすなわち職業キャリアの権利の場合は、どのような法的構成となるのだろうか。

1 憲法規定との関係

第1の基礎に、憲法13条があることは共通である。しかし、これに加えて、職業キャリアの場合、労働を準備し、選択し、展開する過程にかかわる、憲法上の権利規定が関係してくる。

そこで、第2の基礎として、職業選択の自由が浮上する。憲法22条1項は「何人も、公共の福祉に反しない限り、居住、移転及び職業選択の自由を有する」という。これは人生キャリアにとって重要な規定であるが、同時に職業キ

---

3) 改正能開法についての詳細は、厚生労働省職業能力開発局編『労働法コンメンタール8 新訂版職業能力開発促進法』（労務行政・2002年）、諏訪康雄「能力開発法政策の課題―なぜ職業訓練・能力開発への関心が薄かったのか？」日本労働研究雑誌514号（2003年）27頁以下など参照。

4) 職業キャリア権概念を検討したものに、森戸英幸「雇用政策法―労働市場における『個人』のサポートシステム」日本労働法学会誌103号（2004年）3頁以下、両角道代「雇用政策法と職業能力開発」同19頁以下、藤原稔弘「雇用保険法制の再検討―基本原理に基づく制度の再設計」同52頁以下などがある。なお、こうした視点や関係した言及がある政府の研究会報告には、経済企画庁『多様な生活選択に関する研究会報告書』(1997年)、厚生労働省『エンプロイアビリティの判断基準等に関する調査研究報告書』(2001年)、同『キャリア形成支援へ向けた労働市場政策研究会報告書』(2002年・2003年)、同『若年キャリア支援研究会報告書』(2003年)、同『仕事と生活の調和をめぐる検討会議報告書』(2004年)などがある。

ャリアにとっても大切な規定である。どのような職業に就き、どのような職業に転じるかは、適職選択という形で職業キャリアを設計し、どう職業キャリアを展開するかという観点から、核となる課題だからである。キャリアの視点を重視すればするほど、職業選択の自由とその実現は、労働政策を展開するうえで避けて通ることのできない、戦略目標となる。

　第3の基礎は、労働権である。憲法27条1項は「すべて国民は、勤労の権利を有し、義務を負ふ」とする。「勤労の権利」すなわち労働権（right to work）の考え方は、19世紀以来の伝統的な考え方を受け継ぎ、プログラム規定として国家に対して、就業機会の確保政策と、もし就業機会が確保できない場合の代替的な失業給付などの政策を、要請する。労働者による国家や使用者に対する具体的な請求権までを基礎づけるものではないとされるが、その反面として、労働者に具体的な就労義務までを求めてもいない（労働の能力と意欲に欠ける場合には、失業給付のような措置をとらないことがありうるだけである）。

　確かに憲法13条と22条は、どちらも自由権であるだけに、人生キャリアにも、職業キャリアにも、関係してくる。しかし、憲法27条となると、社会権であり、職業キャリアとの関係こそが第一義的になり、人生キャリアとの関係は第二義的になる。人生キャリアは背景に退くのである。そして、個人としての尊重と幸福追求権、および職業選択の自由の精神に照らして、労働権を解釈するとき、国家が確保に配慮すべき就業機会とは、たんに何でもよいから職業に就いて、報酬を得られるようになればよいという性格のものではなくなる。つまり、量的な意味での就業機会の確保だけでなく、質的な意味での就業機会の確保が、重大な関心事となる。人びとにとって二度とない人生における職業キャリアの展開にあたっては、能力、意欲、適性などを考慮した適職選択権の実現が、要請されるのである。

2　職業キャリア権

　こうして、職業キャリア権の場合、幸福追求と職業選択の自由という基盤のうえに成立する労働権こそが、その核心を構成する。そして、奴隷的拘束・苦役からの自由（憲法18条）、教育権・学習権（同26条）、団結権（同28条）などの規定が、職業キャリア権の体系を補強する。憲法18条は幸福追求と職業選択をめ

ぐる最低限の確保であり、26条は幸福追求と職業選択の内実を充たすために不可欠の事項であり、28条は職業キャリアを追求するうえでの手段の1つを提供する。

したがって、このような観点からとらえ直してみると、国家が基本的人権として一連の自由権と社会権を保障するのは、人びとがよりよき人生キャリアを送ることができるようにするためであり、そのなかでも社会と個々人の生計を維持するのに不可欠な職業活動については、とりわけ職業キャリアに着目した特別の配慮をしている、と考えることができよう。仮に前者を「広義のキャリア権」と呼ぶならば、職業キャリア権は「狭義のキャリア権」として特別に加重された権利保障のもとにあるのである。

こうした意味での職業キャリア権は、キャリアという連鎖状につながる転機と移行の過程をカバーする存在でなければならない。そこから、「職業に就く準備をし、職業を選択あるいは転換しつつ、職業上の遂行能力を展開していくなかで、経済的報酬や社会的評価を獲得するとともに自己実現を遂げていく過程、および、その結果として形成されるところの経歴」をめぐって、これらの連鎖的な流れ（時間軸）に対応しつつ人間の職業活動を基礎づける権利、あるいは、各人が自己のキャリアを追求し、展開することを基礎づける権利として、構想されてきたものである[5]。

そもそも近代国家と近代憲法の成立には、市民のキャリアを尊重し、これを支援するための諸権利や諸措置を準備するという思想が込められていたと考えられるが、現代の国家と憲法では、さらに職業キャリアをめぐって特別の配慮を示すに至っている。日本国憲法もまた、そうした流れにあるだろう。

Ⅲ　職業キャリアをめぐる大きな流れ

職業キャリアの展開は、大きくみて、「職務は財産（Job is property）」、「雇

---

[5] 以上の詳細は、注1）掲記の諸論文およびとりわけ諏訪・前掲注2）「キャリア権の構想をめぐる一試論」を参照。なお、労働権については、アントン・メンガー（森田勉訳）『労働全収権史論』（未来社・1971年）、内野正幸『社会権の歴史的展開―労働権を中心にして』（信山社出版・1992年）など参照。

用は財産（Employment is property）」、「キャリアは財産（Career is property）」という段階をたどってきているように思われる。

1　19世紀ころまで

「職務は財産」という時代は、19世紀ころまでの比較的変化がゆったりとしていたころの発想である。職業はしばしば「家業」であり、祖父も父も薬局を経営していたり、鍛冶屋であったり、田畑を耕す農家であったりしていた時代には、家族が依拠する生業すなわち家業に従事するほかはなかった。身分制のくびきが残存し、職業の選択の自由はないか、あっても選択肢に乏しかった。しかし、田畑だけでなく、ギルド制などに守られた経営もまた、まさしく「財産」としての安定性を示し、堅実に家業を守るならば、そのなかで自らのキャリアを発展させる余地があった。徒弟見習い、職人修業、やがて親方としての独り立ちといった典型的なキャリア展開の過程は、多かれ少なかれ、どの職業にも付いて回る。農家であっても、見よう見まねによる父母の手伝いから始まり、やがて農作業の一部の責任を任されるようになり、やがては農業経営の大黒柱となっていく。この間に、結婚し、家庭を築き、子どもすなわち家業の後継者などを育てるという、人生キャリアの展開もあった。

産業革命によってそうした時代が過ぎ去ろうとして揺れていたころ、「職務は財産」というスローガンは、労働運動（職業別労働組合など）の合い言葉として唱えられたりもした。だが、生産様式、産業構造、就業構造が変化するとき、旧来の家業や職人仕事に執着しても、変化の大波には逆らえなかった。

2　20世紀

20世紀は、組織の時代であった。組織の力が高く評価され、事実、製造業をはじめとした企業組織は増殖し、大規模化していった。「組織のなかの組織」ともいうべき国家も肥大化した。[6] 自営業や家族従事者として家業に就いていた人びとは、だんだんに比率を落としていき、雇用という形態で他人に雇われて働く就業形態が主流になっていった。後れて産業発展をした日本では、戦後も

6）　この点の詳細は、諏訪康雄「労働をめぐる『法と経済学』―組織と市場の交錯」日本労働研究雑誌502号（2002年）15頁以下参照。

図1 就業者に占める「雇用者」(雇用労働者等) の比率

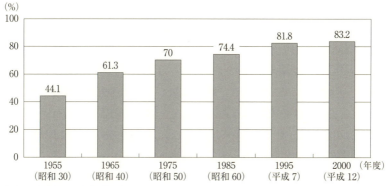

出所:総務省統計局「労働力調査」

図2 勤続年数の国際比較 (1998年)

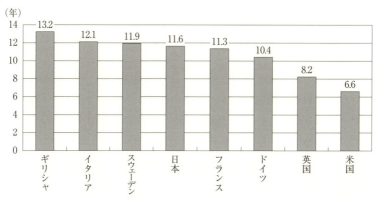

出所: Peter Auer and Sandrine Cazes, "The resilience of the long-team employment relationship : Evidence from the industrialized countries", International Labour Review, Vol. 139 (2000)

1955年ころまでは雇用労働者が主流とはならず、高度経済成長の過程でようやく過半数を超え、現在は80％以上を占めるに至った (図1参照)。かくして「雇用は財産」とでもいうべき状態が出現する。家業や特定の職務にしがみついて職業生活をまっとうすることが難しくなり、代わって、どこかしっかりした組織に雇用され、それに組み込まれて人生を送るモデルが出現する。欧州や日本

だけではない。今や勤続年数で先進国の最短を記録する米国でさえも（図2参照）、かつては組織依存型の長期雇用モデルが幅を利かしていたとされる[7]。こうした観点からすると、日本は後れて長期雇用モデルに到達し、20世紀の最後の四半世紀にその最先端にまで達したのであった。

この時代には、職業キャリアは「家業」のくびきを離れるが、代わって「組織」のくびきにからめ取られる。職業に就くという意味の「就職」も、現実には「就社」を意味するだけになる。そして、組織の効率性を前提条件に運用される内部労働市場（個々の企業内に展開する、組織性の強い労働市場）では、人びとは組織の一員として、あらかじめ用意されたキャリア・パスに組み込まれ、自ら行うキャリア選択の余地は大きくなかった。内部労働市場を統制する人事労務部門が主導する、組織主体のキャリア設計がなされ、これが個々人にも通知されるだけであった。ただし、だからといって、職業キャリアが展開しなかったわけではない。経済が右肩上がりで、人口構造もピラミッド型で、組織も成長を遂げるならば、大いに活躍できる場面もたくさんあった。安定した「財産」としての雇用を享受しながら、多くの人がそれなりに職業キャリアも発展できたのであった。

しかし、さしも巨大化を競った産業構造や就業構造も、20世紀最後の四半世紀には揺らぐ。組織の肥大化による効率の低下が深刻になり、企業組織の細分化やフラット化が進展し、社会主義国家もほとんど姿を消すに至った。日本型雇用慣行でさえも、バブル経済崩壊後の「失われた10年」となった20世紀最後の10年間には、大きく変化した。組織主体の集団主義への懐疑心も高まった。

3　21世紀

特定の組織に雇われて、そこで「安定」と引き換えに組織の「拘束」を受け、自主的なキャリア選択の余地を抑制されてきた人びとが、組織従属という代価を支払ってでも期待してきた雇用やそれによるキャリアの安定が動揺したのであった。そうなると、「雇用は財産」と高をくくってはいられなくなる。もはや多くの雇用が「財産」といえるほどには安心できるものではないとなって、

7）　たとえば、ピーター・キャペリ（若山由美訳）『雇用の未来』（日本経済新聞社・2001年）19頁以下参照。

図3　石油ショック前と以後の主要国の失業率の変化（再掲）

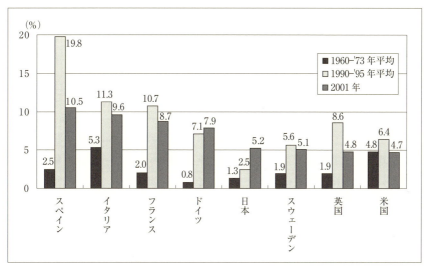

出所：1　石油ショック前と以後の平均失業率は，OECD, Historical Statistics, Paris, 1997, p.45
　　　2　2001年の数値は，社会経済生産性本部『活用労働統計2004年版』18・198頁（日本は総務省統計局「労働力調査（2001年）」による）
　　　3　ドイツは統合前については「西ドイツ」のもの

これに代わる依拠すべきモデルを探しはじめる。しかも、この変化は日本だけに起きたことではなく、他の先進諸国にほぼ共通して、20世紀末を彩ったのであった。多くの国における失業率の急速な高まりは、そうした移行期の不安定さを端的に示すものであった（図3参照）。

　新しいモデルは何か。それは「キャリアは財産」という方向であろう。もはや家業はないし、一企業での雇用に安住できなくとも、自己の職業キャリアを着実に形成していくならば、エンプロイアビリティ（雇われることのできる能力、市場価値のある職業能力）を身につけ、転職や起業の可能性が大になる。そもそも当該企業におけるキャリア展開の可能性も広がる。[8] 優良な「資産」とでもいうべき職業キャリアがあるならば、世の中を渡って行けそうである。

[8]　たとえば、諏訪康雄「エンプロイアビリティは何を意味するのか？」季刊労働法199号（2002年）81頁以下参照。

実際、変化の激しい時代には、産業や企業の栄枯盛衰は激しく、半世紀も活力をもって生き延びられるような企業組織は、そう多くはない。その一方で、高齢化が著しい社会では、年金受給年齢が逃げ水のように高くなっていき、就業年齢の上限も65歳あるいはそれ以上になると予想されている。20歳前後で社会に出て、その年齢まで半世紀近くも働き続ける時代が目前に迫っている。職業キャリアの展開期間が長くなる一方で、企業の寿命が短くなるならば、当然、人びとが転職（実際は多くの場合、転社）する確率が高くなる。日本の男性の平均勤続年数は約14年であり、これで20歳から65歳までの45年間を割ると、どうやら平均して3社程度は雇用先をもつことが予想される[9]。また、失業率が5％近いということは、20人に1人が失業している計算になり、これを1人に投影して、つまり平均して20年間に1年は失業しているとみなすならば、半世紀の就業年数のうちに、2年くらいの失業を経験する可能性もある[10]。高度成長時の失業率1％は100年に1年、安定成長時の同2％は50年に1年という換算であったの比して、確率論的にみて、長期間化してゆく職業キャリアは何と失業の危険を高めることになるものか。

　家業も雇用も安定的でない時代には、個々人がもつ職業キャリアの価値こそが問われるようになる。失われた10年のリストラ騒動ばかりでなく、こうした底流こそが本章の冒頭に記したようなキャリア論の流行を招いた、背景的事情だと思われる。

　しかし、スローガン的に「キャリアは財産」と唱えたところで、21世紀が半ばを過ぎるころまでは、本当にそうなるかどうかはよく分からない。だが、職業キャリア権の概念は、「キャリアは財産」といった方向を基軸に政策を進めようとする際には、不可欠の法的な基礎概念となる。また、こうした基本概念を欠いては、雇用と政策の不確定要素をさらに高めてしまう。そもそも法理論としては、仮に残念ながら職業キャリアが「財産」や「資産」となる状況にま

9）もっとも平均勤続期間には、人口構成も影響するし、一部の固定的な勤続傾向の人はおよそ転職しないし、転職する人はもっと頻繁に動く。したがって、この計算はあくまでも、極度に単純化した議論である。

10）これまた、極度に単純化した論法であり、一方でおよそ失業の危険の少ない公務員のような雇用形態があるかと思うと、絶えず就業と失業を繰り返す人がいるので、現実は必ずしもこのようにはならない。

ではいかなかったとしても、「理念」としての職業キャリア権の価値と必要性は、否定できないと思われる。

Ⅳ　どう育て上げていくか

職業キャリア権の概念は、いまだ生成途上にある。どういった方向に育てていったらよいのだろうか。

1　組織主導と個人主導の調整

最初に、職業キャリア権が確立していくにしたがって起こることが予想される事態を検討してみよう。それは、好むと好まざるとにかかわらず、今よりも転職が一般化する社会になっていくにしても、雇用労働者のキャリアはやはり、いずれかの組織（内部労働市場）に帰属し、そのなかで展開することが運命づけられている点である。

そうなると、各企業組織は自己の効率性を最大化するために組織主導のキャリア展開を継続するのであって、個々人はその主体性を発揮したキャリア展開にとって少しはましな期待ができる組織を求めて、ただA社からB社、C社へと、転職を繰り返すだけにすぎないのかどうか、である。

結論から先にいうならば、当面はそうしたやや遺憾な事態も十分に予想できるが、中長期的にみるならば、働く人びとの意識と行動が変わっていくならば、組織の効率性の前提に人びとの行動形態が反映するようになり、エンプロイアビリティを高める職業キャリア展開を可能とする企業にこそ人びとが集まるようになっていくので、組織の側の対応も徐々に変化していくことであろう。とりわけ少子高齢化による労働力人口の減少が起こるなかでは、相対的に労働供給側（つまり働く人びと）の交渉力が高まっていくだろうから、職業キャリアに配慮した組織行動が広がり、その積み重ねにより、やがては「キャリアは財産」あるいはキャリアの「資産価値」を実感できる社会が広がると期待したい。

ただし、多くのサブシステム、雇用慣行の変動なくしては新たな均衡状態に入らないだけに、移行期は一世代30年くらいには及ぶであろう。その間の、現行制度から新しい制度への移行過程では、かなりの混乱も予想されなくはない。

とくに職業キャリア展開をめぐる組織主導と個人主導との間の相克をどう調整するかは、重大な問題となるだろう。

というのも、職業キャリア戦略をめぐる組織主導と個人主導との間には、正反対といってもよいようなところがあるからである（第8章図表1参照）。いくつかの論点を取り上げてみるだけでも、真っ向から対立するところがあることが理解できよう。

たとえば、配置転換である。企業と労働者との間で、その者の職業キャリア設計をめぐって離齬がないならば、問題は起きない。しかし、両者の間において基本的な食い違いがある場合、一方が人事権を振りかざして配転の業務命令を発し、他方が職業キャリア権を楯にこれを拒否した場合など、人事労務管理上の対応はどうなることだろうか。また、裁判所などの第三者判断が必要となった場合には、どのような判定が下されるのだろうか。

従来の判例の判断手法は、職業キャリア権のような理念も規準もほとんど考慮に入れていない[11]。もちろん、人事権の濫用という枠組みは融通無碍なところがあるので、職業上の利益を考慮する余地はあった。したがって、実際にはさして判断に困ることはないかもしれない。しかし、将来的には、採用の時点で職業キャリア権を尊重して雇用契約（労働契約）に一定の規定が入ったり、その合理的な解釈に微妙な違いが出ることも予想される。

2　理念から規準へ

職業キャリア権は、なるほど「職業生活設計」として能開法の指導理念の柱の1つとなったが、いまだ理念的な次元にとどまる。これを労働法政策の基軸にして、予想される労働契約法、これから運用が開始される労働審判制度、各種の雇用政策を統合していくことが望まれる。労働法は、たんに労働者の組織（使用者）への従属状態に一定の是正を加えようとする伝統的な考え方によるだけでなく、より積極的な意味合いとしては、労働者の職業キャリアの展開の枠組みを提供し、職業キャリアの円滑な形成と展開を支援していこうとする法領域だと想定される。そのように考えると、職業キャリア権は、労働市場法

---

11)　たとえば、東亜ペイント事件・最二小判昭和61・7・14労判477号6頁参照。

（雇用政策法）の領域においてだけでなく、全般的な労働立法とその運用を通じての重要な指導理念となりうる。

たとえば、労働基準法であるならば、1条（労働条件の原則）、15条（労働条件の明示）などに関して、職業キャリア（権）の保護・支援をより意識したものに改めていくことが望まれる。

さらに、仕事と生活の調和（work-life balance）という重要な課題をとっても、企業組織が命じる仕事と個々人が追求する生活との間の調整という場合には、職業キャリアの視点が浮上する。それだけに、個々人における職業キャリアと人生キャリアとの間の調整（より正確には、人生キャリアにおいて職業キャリアが占める位置と重さをどのように設計するか）という問題も含まれてくる。

また、職業キャリア権は、年齢にとらわれない働き方を目指すエイジ・フリーでも、障害をもつ人の就業機会の確保でも、不可欠の視点を提供する。高年齢者雇用安定法を改正して65歳までの雇用継続を図ろうとするとき、障害者雇用促進法を改正して精神障害者の雇用率算入や在宅就業への支援措置の導入を図ろうとするとき、高年齢者や障害をもつ人の職業キャリア権の実現という視点なくしては、法改正の基軸が明確にはならない、と考える。[12]

いずれにせよ、理念としてならばともかく、具体的な労働関係の運営や労働紛争の予防と解決の規準として使いこなせるほどになるまでには、かなりの時間がかかると思われる。そして、理念の具体的な規準化については、現場における労使の協議や工夫こそが大きな寄与をすることだろう。職業キャリア権を尊重し、具体化するような雇用慣行が育っていってこそ、規準化は進展する。このことは、これまでにおいても日本型雇用慣行なくして、判例や学説の法理がどこまで今のような姿となったかと思うと、予想に難いことではない。

---

12) なお、労働政策をめぐる分析と課題の提示を経済学の立場から行ったものとして、たとえば、清家篤『生涯現役社会の条件―働く自由と引退の自由と』（中央公論社・1995年）、樋口美雄『雇用と失業の経済学』（日本経済新聞社・2001年）、猪木武徳＝大竹文雄編『雇用政策の経済分析』（東京大学出版会・2001年）、玄田有史＝中田喜文編『リストラと転職のメカニズム―労働移動の経済学』（東洋経済新報社・2002年）など参照。

3　現場の知恵と工夫

　職業キャリア権を育てていく鍵は、間違いなく、労使の現場が握っている。
　現在、パナソニック、日本電気（NEC）、伊勢丹などの大手企業において進んでいる、職業キャリア形成支援の動きは、たんに一部の社員が職業キャリア意識に目覚めたとか、企業側が一定の魂胆から導入しているといったものではなく、若手を中心とした労働者における希望、使用者の組織変革・人事変革の動向、それに労働組合の積極的な関与などが相まって、進展しているように見受けられる。電機連合のように、産業別労働組合のレベルで職業キャリア重視の運動を展開しているところもある。
　また、最近になって対応の動きが目立ちはじめた、国や地方自治体、職業紹介機関、教育機関などにおける若者の職業キャリア意識の涵養や各種の対策なども、若者の職業キャリア権をどう支援するかという視点から、注目される。
　こうした動きが広がっていったとき、外部労働市場における労使の行動形態は変わり、これを支える教育機関、職業紹介機関、職業能力開発支援機関などの行動形態も変わり、職業キャリア権を具体化していく基盤が作られていくことだろう。
　その意味で、現場の知恵と工夫が職業キャリア権の目指す方向に共鳴し、これを具体化する策をどこまで展開するか、にすべてが懸かっているといっても、大げさではない。

おわりに

　二度とない人生は悔いなく生きたい。卓越した才能や努力には欠けていたとしても、人生を振り返ったとき、「まあまあだったかなぁ」とつぶやけるくらいには、自分なりに納得のいく人生を送りたい。社会が豊かになり、選択の機会が広がると、この思いが広がっていく。制度や組織に組み込まれ、変化に乏しい日々の出来事に受け身で流されているような人でも、何かの折には、ふと考え込む。自分はいったい何をしているのか、このままでよいのか、と。
　職業キャリア権とは、そうした想いを法的な次元で受け止め、基礎づけよう

とする理念である。と同時に、時代の大きな流れのなかで、そうした想いの具体化が重要な役割をはたすようになりつつあり、それを支援する法の理念と体系の構築が急務であるとの見通しにも裏打ちされる。

とはいえ、いまだ実定法化の端緒についたばかりであり、概念の精緻化でも、立法面での具体化でも、さらには現場における運用や実践でも、解決すべき課題は多い。

本章は、そうした現状を再確認し、これからの課題を整理してみたものである。

〔初出：季刊労働法207号（2004年）〕

第11章
職業能力開発をめぐる法的課題
──「職業生活」をどう位置づけるか

はじめに

「明日の100より今日の50」や「藪のなかの2羽より籠のなかの1羽」という諺は、当てにならない未来よりも確実な現在を大事にせよとの戒めにも、また、人はとかく目先の利害や既得意識に引きずられがちだという教訓にも、使われる。これは、将来に向けた職業能力開発（以下、能力開発とも略称する）の機会と現実の就業機会が眼前にあり、どちらか一方をすぐ選択しなければならないとき、人びとがどのように反応しがちであるかを端的に示唆する。

もちろん就業機会を得ることで、仕事を通じた職業能力開発の機会も開けるのが通例である。だが、図表1のとおり、就業機会の良否と能力開発の良否を組み合わせれば、4種の類型の存在が想定できる。

就業機会も能力開発機会も良好のA型、就業機会は良好だが能力開発機会は

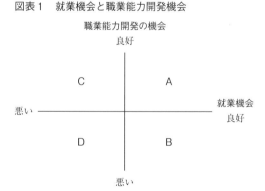

図表1　就業機会と職業能力開発機会

思わしくないB型、就業機会は思わしくないが能力開発機会は良好なC型、そしてどちらもよろしくないD型である。法や政策の理想でいえば、A型は増え、D型は減る方向を志向すべきである。だが、B型とC型では、どちらを政策的に優先すべきだろうか。それとも、理想のA型に比してどちらも課題を残すので、並列的にそれぞれの補正点を指摘すべきだろうか。また、どのような理念にそって、国、企業、個人のうち誰が、それぞれ何を行うべきなのか。

　こうした問題意識から、本章は、まず「職業生活」という概念の使用例を法令と判例にさぐり（Ⅰ～Ⅵ）、これらを手がかりに職業生活概念の再検討をし、能力開発における自助・共助・公助の分業と協業または連携の視点から法的課題を考察する（Ⅶ）。それにより職業能力開発法政策のこれからの方向を模索してみたい。

Ⅰ　法における「職業生活」の状況

　キャリア（career）というカタカナ語は、しばしば「経歴」や「履歴」と訳されてきた。だが、それでは過去形のキャリアの意味に傾きすぎ、いま展開している現在形のキャリアや、これから展開していく未来形のキャリアを適切に包摂した概念としては違和感を残す。

　キャリアは大多数の人にとっては仕事を核においた人生展開を意味するので、その過去・現在・未来を含めた意味で「職業人生」「職業生涯」と翻訳することも可能であろう。だが、法律用語としてはあまりにも漠然としすぎている[1]。そこで、雇用対策法（以下、雇対法）と職業能力開発促進法（以下、能開法）にキャリア関連の規定が整備された際、「職業生活」という語があてられた（2001年法改正）。ただし興味深いことに、職業生活という語自体は所与で自明のことであるかのように、とりたてて定義をされていない[2]。

1）　総務省「法令データ提供システム」（http://law.e-gov.go.jp/cgi-bin/idxsearch.cgi）で検索してみると、2011年10月1日現在の現行法令には、「職業人生」「職業生涯」という語はまったく用いられていない。

2）　たとえば、2001年法改正を準備した事務局による厚生労働省職業能力開発局編著『労働法コンメンタール8　新訂版職業能力開発促進法』（労務行政・2002年）117頁および197頁参照。

「この法律において『職業生活設計』とは、労働者が、自らその長期にわたる職業生活における職業に関する目的を定めるとともに、その目的の実現を図るため、その適性、職業経験その他の実情に応じ、職業の選択、職業能力の開発及び向上のための取組その他の事項について自ら計画することをいう。」(能開法2条4項。下線部は著者、以下同じ)

そのうえで、基本理念として同法3条は、次のように宣明した。

　「労働者がその職業生活の全期間を通じてその有する能力を有効に発揮できるようにすることが、職業の安定及び労働者の地位の向上のために不可欠であるとともに、経済及び社会の発展の基礎をなすものであることにかんがみ、この法律の規定による職業能力の開発及び向上の促進は、産業構造の変化、技術の進歩その他の経済的環境の変化による業務の内容の変化に対する労働者の適応性を増大させ、及び転職に当たつての円滑な再就職に資するよう、労働者の職業生活設計に配慮しつつ、その職業生活の全期間を通じて段階的かつ体系的に行われることを基本理念とする。」

さらに、雇用政策法（労働市場法）の基本法とされる雇対法3条は、雇用政策の領域における基本理念として次のように規定した。

　「労働者は、その職業生活の設計が適切に行われ、並びにその設計に即した能力の開発及び向上並びに転職に当たつての円滑な再就職の促進その他の措置が効果的に実施されることにより、職業生活の全期間を通じて、その職業の安定が図られるように配慮されるものとする。」

また、男女雇用機会均等法（以下、均等法）2条1項も基本的理念として以下のような規定をおく。

　「この法律においては、労働者が性別により差別されることなく、また、女性労働者にあつては母性を尊重されつつ、充実した職業生活を営むことができるようにすることをその基本的理念とする。」

こうして、さまざまなキャリア概念のうち、職業（それもしばしば雇用）にとくに焦点をあてたものが「職業生活」という法令用語となった。キャリアデザインまたはプランニングは「職業生活設計」という語に訳し替えられている。

また、「職業人生」や「職業生涯」を示す使い方としては、「長期にわたる職業生活」とか「職業生活の全期間」といった語句がみられる。

　それでは、この語は、どのような法令のなかで、どれくらい使用されているのだろうか。それを一覧にしたものが次頁の図表2である。

　精査してみると、2011年10月1日現在の現行法令では、合計31の法令（19の法律と、12の命令）において、この語の使用を見出すことができる[3]。19の法律では、計62カ条が職業生活の語を含み、見出しに用いられた3回を含め、計84回使われている（もっとも使用頻度が高い法律では、10カ条、17回にのぼる）。また、12の命令では、計25カ条が同語を含み、見出しに用いられた1回を含め、計36回使われている（もっとも使用頻度が高い命令では、4カ条で13回となっている）。したがって、法令総計では、87カ条（104項号）に同語が存在し、合計120回の使用が認められる。平均して関係1法令につき、3カ条弱かつ4回弱の出現状況である。

II　理念としての「職業生活」

　職業生活なる語は、当然、法令によって異なった文脈で、微妙な違いをもった使われ方をしている。まず、基本理念を掲げる条項での使われ方がある。先に掲げた雇対法、能開法、均等法などの系統である。たとえば、以下の条文である。

　　「障害者である労働者は、経済社会を構成する労働者の一員として、職業生活においてその能力を発揮する機会を与えられるものとする。」（障害者の雇用の促進等に関する法律3条。以下、障害者雇用促進法）

　　「この法律の規定による子の養育又は家族の介護を行う労働者等の福祉の増進は、これらの者がそれぞれ職業生活の全期間を通じてその能力を有効に発揮して充実した職業生活を営むとともに、育児又は介護について家族の一員としての役割を

---

[3]　これらの件数は、「職業能力開発」という語が計214法令で用いられているのに比すると、はるかに少ない。けれども、新たに発展してきている法の領域（雇用機会均等法、育児介護休業法など）でよく使われるようになってきたことは、注目に値しよう。

図表2　条文等に「職業生活」という文言を含む法令31件の一覧（2011年10月1日現在）

区分	法 令 名	出現頻度(回)	条文数(条)
法律(19件)	障害者の雇用の促進等に関する法律	17	10
	職業能力開発促進法	14	9
	育児休業、介護休業等育児又は家族介護を行う労働者の福祉に関する法律	13	10
	高年齢者等の雇用の安定等に関する法律	10	5
	母子及び寡婦福祉法	4	4
	雇用の分野における男女の均等な機会及び待遇の確保等に関する法律	4	3
	次世代育成支援対策推進法	3	3
	雇用対策法	3	2
	独立行政法人高齢・障害・求職者雇用支援機構法	2	2
	勤労青少年福祉法	2	2
	短時間労働者の雇用管理の改善等に関する法律	2	2
	少子化社会対策基本法	2	2
	労働者派遣事業の適正な運営の確保及び派遣労働者の就業条件の整備等に関する法律	2	2
	厚生労働省設置法	1	1
	雇用保険法	1	1
	高齢社会対策基本法	1	1
	介護労働者の雇用管理の改善等に関する法律	1	1
	建設労働者の雇用の改善等に関する法律	1	1
	労働基準法	1	1
命令(12件)	障害者の雇用の促進等に関する法律施行規則	13	4
	雇用保険法施行規則	5	5
	建設労働者の雇用の改善等に関する法律施行規則	3	1
	厚生労働省組織規則	2	2
	厚生労働省組織令	2	2
	障害者自立支援法に基づく指定障害福祉サービスの事業等の人員、設備及び運営に関する基準	2	2
	障害者自立支援法に基づく障害者支援施設の設備及び運営に関する基準	2	2
	障害者自立支援法に基づく障害福祉サービス事業の設備及び運営に関する基準	2	2
	障害者自立支援法に基づく指定障害者支援施設等の人員、設備及び運営に関する基準	2	2
	雇用の分野における男女の均等な機会及び待遇の確保等に関する法律施行規則	1	1
	労働政策審議会令	1	1
	職業能力開発促進法施行規則	1	1

出典：総務省「法令データ提供システム」（http://law.e-gov.go.jp/cgi-bin/strsearch.cgi）2011年10月21日更新　2011年10月30日確認

円滑に果たすことができるようにすることをその本旨とする。」（育児休業、介護休業等育児又は家族介護を行う労働者の福祉に関する法律3条1項。以下、育児介護休業法）

「すべて勤労青少年は、心身の成長過程において勤労に従事する者であり、かつ、特に将来の産業及び社会をになう者であることにかんがみ、勤労青少年が充実した職業生活を営むとともに、有為な職業人としてすこやかに成育するように配慮されるものとする。」（勤労青少年福祉法2条〔現在は「青少年の雇用の促進等に関する法律」〕）

一読して気づくように、法律による表現の相違はあるものの、①長期性（職業生活の全期間）、②機会付与（個々人の能力発揮の機会）、③充実性（職業生活の充実）などに言及している。基本理念といった規定の性格もあって、抽象的なキャリア理念が含意されている。したがって、先述の雇対法、能開法、均等法の同種規定と同様に、これらの用例における「職業生活」はそのまま「キャリア」という語に置き換えても、十分に意味がとおるのが特徴的である。

Ⅲ　努力義務としての「職業生活」

こうした理念を現実化するには、関係者の応分の努力が要請される。その種の規定も散見される。たとえば、雇用政策では定番ともいえる、事業主、国、地方公共団体の努力義務等の規定では、以下のようになる。

「事業主は、その雇用する労働者に対し、必要な職業訓練を行うとともに、その労働者が自ら職業に関する教育訓練又は職業能力検定を受ける機会を確保するために必要な援助その他その労働者が職業生活設計に即して自発的な職業能力の開発及び向上を図ることを容易にするために必要な援助を行うこと等によりその労働者に係る職業能力の開発及び向上の促進に努めなければならない。
2　国及び都道府県は、事業主その他の関係者の自主的な努力を尊重しつつ、その実情に応じて必要な援助等を行うことにより事業主その他の関係者の行う職業訓練及び職業能力検定の振興並びにこれらの内容の充実並びに労働者が自ら職業に関する教育訓練又は職業能力検定を受ける機会を確保するために事業主の行う援助その他労働者が職業生活設計に即して自発的な職業能力の開発及び向上を図る

ことを容易にするために事業主の講ずる措置等の奨励に努めるとともに、職業を転換しようとする労働者その他職業能力の開発及び向上について特に援助を必要とする者に対する職業訓練の実施、事業主、事業主の団体等により行われる職業訓練の状況等にかんがみ必要とされる職業訓練の実施、労働者が職業生活設計に即して自発的な職業能力の開発及び向上を図ることを容易にするための援助、技能検定の円滑な実施等に努めなければならない。」(能開法4条)

「事業主並びに国及び地方公共団体は、前項に規定する基本的理念に従つて、労働者の職業生活の充実が図られるように努めなければならない。」(均等法2条2項)

このほかにも多数あり、関連命令等が詳細を定めているが、いずれも事業主、国、地方公共団体などに努力義務を課すとともに、個別の法ごとに必要な施策などを要請している。これらはどれも、具体的な権利義務関係を設定する規定ではなく、職業生活関連でただちに特定の義務を課すこともない。ソフトローの一種である努力義務を多用するのは、精神的規定といった趣旨を感じる。理念規定にあったように、職業生活のあり方は長期性、能力発揮機会、充実性などといった多元多様で多要素に影響されるという特徴がある。そこで、これら要素のすべてに広く網をかぶせて一律に強行規定化したのでは、職業生活の現実に対する過度の規制となったり、実現性が疑わしくなったり、あるいは望ましくない副作用を生みかねないことなどを考慮してのものであろう。

さらに次のように、国や事業主らに対してだけでなく、職業生活を営んでいく個人労働者にも一定の努力義務を課している場合がある。

「労働者は、高齢期における職業生活の充実のため、自ら進んで、高齢期における職業生活の設計を行い、その設計に基づき、その能力の開発及び向上並びにその健康の保持及び増進に努めるものとする。」(高年齢者等の雇用の安定等に関する法律3条2項)

「母子家庭の母及び寡婦は、自ら進んでその自立を図り、家庭生活及び職業生活の安定と向上に努めなければならない。」(母子及び寡婦福祉法〔現在は「母子及び父子並びに寡婦福祉法」〕4条)

また、当該条項には「職業生活」の語そのものは入っていないが、職業生活

関連規定を受けて、努力義務が規定されているものもある。

　「子の養育又は家族の介護を行うための休業をする労働者は、その休業後における就業を円滑に行うことができるよう必要な努力をするようにしなければならない。」(育児介護休業法3条2項)

　キャリアを形成していくうえでは、事業主らの支援措置ばかりでなく、本人の自覚と継続的な努力が欠かせない。それだけに、個々の労働者の自覚と努力なくして、国や事業主などの他人任せでばかりいるならば、充実した職業生活を送れるようにしようとする法の理念や趣旨の実現は不可能に近い。これらの条文では、再確認的な要素も含みつつ、労働者自身の役割に対しても言及がなされ、自覚を促している。いうまでもなく、使用者や事業主を名宛人として義務などを課すことが一般的な労働法の規定としては、同様の規定は必ずしも多くないので、注目される。

Ⅳ　措置を求める「職業生活」

　法的事項は、基本理念と努力義務を宣言するだけにとどまっていては、なかなか現実化、具体化しない。そこで、関係者とりわけ労働関係において優位な立場にある側や、国などに一定の措置を求めることが多い。職業生活をめぐっても、その種の例がみられる。たとえば、代表的な例に能開法の規定がある。

　「事業主は、……必要に応じ、次に掲げる措置を講ずることにより、その雇用する労働者の職業生活設計に即した自発的な職業能力の開発及び向上を促進するものとする。
　一　労働者が自ら職業能力の開発及び向上に関する目標を定めることを容易にするために、業務の遂行に必要な技能及びこれに関する知識の内容及び程度その他の事項に関し、情報の提供、相談の機会の確保その他の援助を行うこと。
　二　労働者が実務の経験を通じて自ら職業能力の開発及び向上を図ることができるようにするために、労働者の配置その他の雇用管理について配慮すること。」
　(能開法10条の3)

---

4)　相互的な性格の労働契約をめぐる労働契約法3条、4条2項、労働者の理解と協力が必要な労働安全衛生法4条などは、労働者への要請を明記する。

「事業主は、……必要に応じ、その雇用する労働者が自ら職業に関する教育訓練又は職業能力検定を受ける機会を確保するために必要な次に掲げる援助を行うこと等によりその労働者の職業生活設計に即した自発的な職業能力の開発及び向上を促進するものとする。
一　有給教育訓練休暇、長期教育訓練休暇、再就職準備休暇その他の休暇を付与すること。
二　始業及び終業の時刻の変更、勤務時間の短縮その他職業に関する教育訓練又は職業能力検定を受ける時間を確保するために必要な措置を講ずること。」(同10条の4第1項)

　また、施策を実現していくために、より具体的な措置を求めるための細則として、多くの政省令などが用意されている。12の命令として指摘したものは、その種の規定を多々含んでいる。たとえば、以下のようにである。

「指定就労移行支援事業者は、利用者の職場への定着を促進するため、障害者就業・生活支援センター等の関係機関と連携して、利用者が就職した日から6月以上、職業生活における相談等の支援を継続しなければならない。」(障害者自立支援法に基づく指定障害福祉サービスの事業等の人員、設備及び運営に関する基準182条)

「事業主が労働者の職種転換等に際して、当該労働者の職業生活の継続のために必要な配慮を行つていないこと。」(特定受給資格者の認定基準をめぐる雇用保険法施行規則36条6号)

「事業主は、厚生労働省令で定める数以上の障害者……を雇用する事業所においては、……障害者職業生活相談員を選任し、その者に当該事業所に雇用されている障害者である労働者の職業生活に関する相談及び指導を行わせなければならない。」(障害者雇用促進法79条1項)

　さらに、法の趣旨を実現する方向での望ましい積極的措置へと誘引するためには、補助金、助成金の類が用意されている場合がある。たとえば、次のようなものである。

「都道府県等は、配偶者のない女子で現に児童を扶養しているものの雇用の安定及び就職の促進を図るため、政令で定めるところにより、配偶者のない女子で現

に児童を扶養しているもの又は事業主に対し、次に掲げる給付金（以下「母子家庭自立支援給付金」という。）を支給することができる。
一　配偶者のない女子で現に児童を扶養しているものの求職活動の促進とその職業生活の安定とを図るための給付金
二　配偶者のない女子で現に児童を扶養しているものの知識及び技能の習得を容易にするための給付金」（母子及び寡婦福祉法31条〔現行法名、前述〕）

「職業生活上の環境の整備、所定外労働の削減その他の建設労働者の雇用管理の改善」（建設労働者の雇用の改善等に関する法律施行規則7条の2第3項1号(6)〔現在は削除〕）

このように職業生活をめぐっても、具体的な措置を講じるように求めたり、誘引措置として助成金などを用意したりすることがある。ただし、多くの措置や助成などが事細かに定められていることの多い雇用政策法の領域では、職業生活に言及しながらの具体的な措置及助成は、およそ氷山の一角といっていいほどの存在にしかすぎない。しっかり整備されているというには、ほど遠い。

V　文脈による「職業生活」

ここまで検討してきた職業生活はほぼ、キャリアという語に置き換えてみても、そのまま条文の意味が通じるものであった。だが、法律上の職業生活には少し異なるニュアンスでの用例もある。たとえば、以下のようなものである。

「事業主は、子どもを生み、育てる者が充実した職業生活を営みつつ豊かな家庭生活を享受することができるよう、国又は地方公共団体が実施する少子化に対処するための施策に協力するとともに、必要な雇用環境の整備に努めるものとする。」（少子化社会対策基本法5条）

「事業主は、基本理念にのっとり、その雇用する労働者に係る多様な労働条件の整備その他の労働者の職業生活と家庭生活との両立が図られるようにするために必要な雇用環境の整備を行うことにより自ら次世代育成支援対策を実施するよう努めるとともに、国又は地方公共団体が講ずる次世代育成支援対策に協力しなければならない。」（次世代育成支援対策推進法5条）

「国は、対象労働者に対して、その職業生活と家庭生活との両立の促進等に資するため、必要な指導、相談、講習その他の措置を講ずるものとする。」(育児介護休業法31条)

「国は、対象労働者等の職業生活と家庭生活との両立を妨げている職場における慣行その他の諸要因の解消を図るため、対象労働者等の職業生活と家庭生活との両立に関し、事業主、労働者その他国民一般の理解を深めるために必要な広報活動その他の措置を講ずるものとする。」(同33条)

これらにいう職業生活は、仕事と生活の調和(work-life balance)でいう「仕事」に相当し、ワークやジョブの概念に近いようにも思われる。これら文脈で職業生活をキャリアに置き換えてみると、ただキャリアと置き換えたのでは、やや違和感が残るものである。もちろん、一定の継時的な含みのある概念としてのキャリアの一部にスポットライトを当てているので、「職業キャリア」とでもいった置き換えならば、意味は通じる。仕事キャリア(work-career)と人生キャリア(life-career)というように、キャリアを2本立てで概念化し、そのうえで統合するとらえ方であるとみるならば、そうおかしくはない。

いずれにせよ、職業生活という用語は、必ずしもただちに「家庭生活」まで含めた広義のキャリア概念とは互換的でなく、より狭義の職業に焦点をあてたキャリア概念(職業上のキャリア)と親和性がある使い方をされている。また、現在形のキャリアである現に従事している仕事や職務を念頭においているらしい用例もあるということである。

---

5) 職業キャリアという名称はよく使われるが、キャリアには職業を核とする意味が含まれているととらえた場合、トートロジーの印象を与える。しかし、前掲注1)の法令検索で調べると、たしかに「キャリア」という語を含む法令が20件(労働法領域は10件で、法律はなく、すべて命令でキャリアコンサルタントやキャリア形成支援室などに関連するテクニカルな規定のみ)あるけれども、その半数の10法令が通信関連キャリアや運輸関係キャリアといった別意のcarrierの例である。それどころか、「ソフトバンクモバイルは4日、Apple の携帯端末『iPhone』を年内に国内販売すると発表した。以前より、iPhone の国内キャリア権を巡ってソフトバンクモバイルとNTTドコモが激しく競り合っていると報道されていた」といった使い方もされる(松藤壯太「ソフトバンクモバイル、『iPhone』の国内キャリア権を獲得」http://codezine.jp/article/detail/2611 [2011年10月10日閲読])。役所のキャリア組などとの区分けの意味でも、あえて「職業」キャリアとして意味を限定し、明確化することには日本語文脈において一定の意味があろう。

VI　裁判例にみる「職業生活」

　不思議なことに、裁判例において「職業生活」という用語が使われることはかなり稀のようである[6]。しかも、前述してきたような法令の解釈適用をめぐっての例はないようである。そこで、いくつかの用例を例示しつつ、その理由を少し考えておきたい。
　代表例は、次のようなものである。

（定年制）
　「定年制は、労働者に職業生活の中断を強いるものであって、労働条件のうちでも解雇と同様に重大なものであるが、それが通用力を持つのはその内容に平等性があることによるのであって、理由のない差別はかえって定年制自体の通用力を減殺する結果を招くのみならず、定年制の内容に適正を欠くと、定年時以前から従業員の職業生活に対する希望と活力を失わせるという弊害を生ずるのであって、このような定年制の特質にかんがみると、定年制の内容に差別が設けられる場合は、それが社会的見地においても妥当であって、その適用を受ける者の納得が得られるものであることが、強く要請されるものということができる。」（日産自動車女子定年制事件・東京高判昭和54年3月12日）[7]

（移籍）
　「幹部従業員でない者が、被告が倒産するという噂が社内に広まる中で自らの職業生活を考えてジョーメイへの移籍を選択したこと自体を強く非難することができない」（三昌堂退職金請求事件・新潟地判平成13年12月10日）[8]

（配置転換）
　「原告は、本件スペシャル・アサインメントにより、MDO-CMKのシニア・マ

6）　以下では労働裁判例そのものの検討をするものではないので、かなりの遺漏があることは承知しつつも、とりあえず最高裁判所の裁判例データベースを用いて検索をした結果だけを示す（http://www.courts.go.jp/hanrei/）。それによると、一般の民事や刑事の事件などを含めると38件の裁判例が検索できるが、判決文に実際には「職業生活」の語が出てこない夾雑例もあり、労働事件だけに限定して絞り込むと、18件が出てきたので、これらを基礎に論じる（検索日は2011年10月30日現在）。

7）　http://www.courts.go.jp/hanrei/pdf/9FCA471EFB19154849256A57005AE421.pdf

8）　http://www.courts.go.jp/search/jhsp0010List1

ネジャーとして専門性の高い職務に従事していたのに、そのような従前の職務のみならず、他の通常の職務も与えられず、新たな職務を探すことだけに従事させられたものであり、自己の能力を発揮する機会を与えられず、正当な評価を受ける機会が保障されないという職業生活上の不利益を受けたものということができる。」(プロクター・アンド・ギャンブル・ファー・イースト・インク配転事件・神戸地判平成16年8月31日[9])

これらの職業生活の用例はどれも、キャリアまたは職業キャリアと語句を置き換えることができる。そして、一定の継時性をもったキャリア展開上の特定の出来事に対して、使用者がとった措置を不利益措置であるとして、法的な救済を図っている裁判所の判断で言及された例である[10]。

これに対して、職業生活という用語でなく、キャリアという用語を用いた例もある。

---

9) http://www.courts.go.jp/hanrei/pdf/20060605155711.pdf
10) なお、結果的に事実認定などにより裁判所の容れるところとはならなかったが、労働者が主張したところでは次のような用例があった。いずれも法令がいう「職業生活」に近いキャリア概念が基礎にあったり、反映したりする主張のようである。
　A「労働は、労働者にとって単に賃金を得るためだけの手段ではなく、自己実現の場であり、また自己の能力を開発していく場でもある。労働者にとっては、自己の能力が適切に開発されることは、労働の生き甲斐を得ることにつながり、ひいては労働者をより人間らしくする事にもつながるものである。また、年齢に応じた役職に就くためにも、役職にふさわしい能力開発が労働者に保障されることが必要であり、そのような観点からの能力開発が行われない場合には、労働者は職業生活が長くなれば長くなるほど職場での疎外感をつのらせ、労働自体が苦役となっていく。」(商工組合中央金庫男女昇格差別事件・大阪地判平成12年11月20日 http://www.courts.go.jp/hanrei/pdf/AA3587710E71E46649256DD60029DC4B.pdf)
　B「仮に労働契約上勤務地及び職種の限定がされていなかったとしても、原告らの勤務地及び担当職種は長らく安定していたにもかかわらず、本件配転命令は、安定的な職業生活及び家庭生活を急激かつ根本的に破壊するものであった。このことは、本件配転命令が権利濫用に当たることを基礎づけるものである。」(西日本電信電話配転事件・大阪地判平成19年3月28日 http://www.courts.go.jp/hanrei/pdf/20070509193117.pdf)
　C「本件配転命令は、①職業生活の基盤となり、しかも、被告会社の人事制度において待遇を決定するための不可欠な基盤である原告の職能形成の可能性を否定し、②そのために原告の将来の待遇に著しい不利益を与えることを予定され、③仕事を通じて形成された対内的、対外的な人間関係を否定し、④職場内外における労働者としての人格的評価をおとしめるという著しい不利益を加えるものであって、⑤被告会社の労働契約上の義務に反する著しく不合理なものである。」(オリンパス配転事件・東京地判平成22年1月15日 http://www.courts.go.jp/hanrei/pdf/20110621150355.pdf)

（配置転換）

　「情報技術に関する経歴と能力を見込まれ、情報システム専門職に就くべき者として中途採用された者」であり、「情報システム専門職としてキャリアを積んでいくことが予定されていた」者（原告）につき、労働契約上の職種限定があったとまでは認めなかったものの、「本件配転命令は、業務上の必要性が高くないにもかかわらず、被告において情報システム専門職としてのキャリアを形成していくという原告の期待に配慮せず、その理解を求める等の実質的な手続を履践することもないまま、その技術や経験をおよそ活かすことのできない、労務的な側面をかなり有する業務を担当する銀座店ストックに漫然と配転したものといわざるを得ない。このような事実関係の下においては、本件配転命令は、配転命令権を濫用するものと解すべき特段の事情があると評価せざるを得ないから、無効というべきである。」（同様の理由で不法行為責任も認める。X社［エルメスジャパン］事件・東京地判平成22年2月8日労経速2067号21頁）

　このように、従来からも裁判例で職業生活という用語が使われた例は多くなく（最初のものは珍しい例）、近年において散見されるものの、まだ極端に少ない。また、最後の事件のように、判決文中でむしろキャリアという語を用いた例さえある。

　これはなぜなのだろうか。考えられる理由は次のようなものである。

① 裁判官のみならず、弁護士や労使当事者の間でも、職業生活という法令用語に対する認知が進んでいない。

② 仮にその種の用語を認知していても、職業生活につき努力義務や措置義務を課すくらいの法令の実情からして、権利義務関係の判断をする場ではその概念に言及したところでただちに何らかの法的効果をもたらすものではないので、使われない。

③ 近年は職業生活という日本語よりもキャリアといったカタカナ語のほうが裁判官を含めた多くの人にとってなじみやすいところがある。

④ さらに背景的事情としては、労働契約と就業規則によって広範な人事権をもつ企業組織主導でキャリアの形成と展開がなされてきた実態からして、配置転換事件などで職業生活やキャリアに言及したところで、それだけでは労働者側の主張がなかなかとおらない向きがある。

⑤ 旧来の労使関係法（労働組合法、労働関係調整法など）が職業生活に言及していないのは不思議ではないが、近時の立法である労働契約法がいまだ職業生活概念に言及していないことは相当に大きく影響していそうである。

最後の点については、同法3条3項は「労働契約は、労働者及び使用者が仕事と生活の調和にも配慮しつつ、締結し、又は変更すべきものとする」という点が見逃されている。ここでいう「仕事」は文字どおりの目先の仕事や職務だけでなく、むしろ労働契約が包摂する一定の継時性を前提にしてとらえるべきである。それゆえにまさしく「職業生活」の意味であるととらえられるべきであろう（先述の次世代育成支援対策推進法5条、育児介護休業法3条1項、31条、33条など参照）。この点の理解に欠けていることも、法曹実務における職業生活概念への言及の少なさに影響しているように思われる。

Ⅶ 能力開発をめぐる自助・共助・公助

1 「職業生活」概念の再検討

職業生活は、キャリアまたは職業キャリアの日本語訳だと思われる。日本語としての字義によると、生計を維持するなどのために報酬をともなう仕事に継続的に従事しながら生きていく過程や状態を意味しよう。これまでに検討した諸法令は、これを雇用労働者らについて法的に位置づけ、その職業生活の全期間にわたって円滑に進むことを支援し、保障しようとしている。つまり、その職業生活の開始、展開、終了について、法は一定の注意を払っているのである。[11]

もちろん、労働法全般は職業生活のあれこれの場面について、市場における交渉力の弱い労働者に必要な保護をはかり、労使間のバランスをとろうとするけれども、とりわけ雇用政策法（労働市場法）の領域で職業生活を前面に出して支援する必要があると判断し、さまざまな立法的介入をしているとみられる。

---

11) ただし、職業生活の準備や展開のうち、学校教育や社会教育（生涯学習）は文部科学省の管轄下におかれ（文部科学省設置法4条）、厚生労働省が主管する法令もまた、学校以外でなされる職業教育と訓練のみにかかわることになる（厚生労働省設置法4条）ように、実際の職業生活よりも法令上の含意は狭くなっているところがある。

このように法律で職業生活として職業キャリアに関連する規定をもったことで、その下位レベルの規定では10の命令等がキャリアという言葉を含む技術的な規定をおくようにもなっている。つまり眼前の仕事や職務だけを法的規整の対象とするだけでなく、一定の継時性をもった職業生活を総体としてとらえて、法的な支援の対象にしようとする流れが導入されたのである。

　実際、図表2にあったとおり、まず雇対法や能開法のような一般的に適用される法律で職業生活を支援しようとする規定を設ける。そのうえで、とりわけ支援の必要な場合が多い女性、育児介護休業者、シングルマザー、高年齢者、勤労青少年、障害者に関連する諸法令において、とくに多く言及する。その結果、どちらかというと内部労働市場型で正規雇用されるのではなく、外部労働市場型で非正規雇用されることの多い人びとにかかわる分野での立法例が目立つことになっている。

　ところが、少ないけれども裁判例となると、どちらかというと正規雇用の人びとの雇用の変動あるいはキャリアチェンジ（終了・移籍・配置転換など）に関係して、使用者の人事権にもとづく措置の正当性・妥当性の問題として争われるなかで、当事者となった個々の労働者の職業生活への言及がなされている。そのせいもあってか、本章が検討する31の法令に使われた職業生活という語の解釈適用が直接に争われた事件は、ないようである。

　すなわち、両者を比較検討するならば、法は外部労働市場に身をおく労働者への支援の一環として、職業生活に配慮した規定を設けるに至っているけれども、内部労働市場における職業生活については、労働契約法が仕事と生活の調和に言及することを別にすれば直接の関連規定をおいていないし、雇対法や能開法の基本理念もおよそ具体性を欠く抽象的な理念または事業主の努力義務の域にとどまっている。職業生活をより前面に出した法的対処は、いまだ発展途上にあるといってよい。

2　職業能力開発の主体

　変化が激しい時代の職業生活は、変化対応能力を要請する。技術革新とグローバル化が職場と仕事の急速な変化をもたらすので、長期にわたる職業生活を円滑に展開していくためには、生涯学習を具体化するたゆまぬ能力開発が必要

となる。これは誰が主体になって進めるべきだろうか。

　日本型雇用慣行が妥当してきた使用者のもとでは、正規雇用労働者について、主に使用者の責任と権限のもとで能力開発が進められてきた。だが、4割近い人びとが非正規雇用となった現在、それらの人びとの能力開発は誰が主体になるべきか。また、必ずしも1つの組織内で職業生活が完結しないことが多く、横断的な専門職外部労働市場が形成されている専門職のようが場合は、どうか。さらに、知識基盤社会となって、個々の労働者の知識、技術技能、経験、意欲や創意工夫などにもとづく知識創造、知識応用の価値が従来以上に高まってきているとしたならば、その能力開発は誰の責任か。

　こうした事態を前提にするならば、自助・共助・公助のうち「共助」として企業や組織に多くを依拠する考え方や慣行は妥当する範囲と程度が限られてきており、「公助」として国や地方公共団体が担うべき責任の範囲と程度は高まっているだろう[12]。さらに、専門職や知識労働者さらに産業・職業の変化を念頭におくならば、「自助」のはたす領域も広がっている[13]。

　そもそも教育訓練する側とこれらを学習する側の両者がいてはじめて、能力開発は円滑に進む事実からするならば、いかなる労働者であったとしても、自助の役割が消えることはない[14]。社会には職業生活の先行きが保障されない、行き止まりの業務や職務が多く存在し、社会を成り立たせるためには、これらも誰かが担当せざるをえない。また、企業組織内部において組織主導のキャリア展開により、組織の都合で業務や職務に継続性がなくなり、一貫したキャリアが形成されがたい場合もある。こうしたことが起きないように国や企業が配慮をすることはもちろん大事であるが、労働者がそれだけに身をゆだねているわけにもいかない。個人の側においても、自己の職業生活を守るために、断片化しがちなキャリアを自分なりに統合し、エンプロイアビリティを高める工夫が要請される。

---

12)　2011年に成立した求職者支援法は、まさにこうした公助の拡大傾向を象徴する。
13)　諏訪康雄「専門職のキャリアは誰が形成するのか？」専門図書館協議会誌248号（2011年）1-8頁参照。
14)　大学教員であるならば、数百人の学生を相手に授業を終えて試験をすると、答案の0点から90点以上までの分散を前にして、まったく同じ講義を聞いていながら、なんと個人差があることかと驚くのが常である。いうまでもなく、学習すべき側の学生の対応に個人差があるからだ。

とはいえ、個人が生涯学習を継続していけるような職場環境や社会環境が必要であり、能力開発のモチベーションを維持できるようにする仕組みもいる。まさしく職業生活の円滑な展開をめぐっては、自助・共助・公助の分業と協業、あるいは相互連携が問われている。職業生活をめぐる法令の多くは、これらの再構成を志向しているものと読みとるべきであろう。[15]

3 職業能力開発の法的課題

そう考えてくると、職業能力開発の法的課題は、変化する時代環境と雇用状況のなかで、20歳前後から70歳前後まで半世紀にも及ぶ長い職業生活を、人びとがどのように円滑に準備し、始動し、展開し、締め括るかをめぐって、自助・共助・公助の再編成をすることにある。とりわけ公助の核を形づくり、人びとの自助と共助を支える基盤と枠組みを提供すべき法政策は、より明確に職業生活を前面に打ち出し、これを基軸とした体系を考慮する時期にきている。[16]

また、変化にさらされる長い職業生活では、人びとが多層サンドウィッチ状に就業と学習とを何度も繰り返しつつ、変化対応能力を身につけていくことが必要であり、生涯学習は不可欠といえる。その意味では、学校生活と職業生活との乖離が激しく、しかも職業生活に向けた生涯学習体制が文部科学省と厚生労働省とに二極分解したままの現状は、望ましくない。コミュニティ・カレッジのような地域に根ざした、人びとの身近にあって利用しやすい生涯学習・生涯能力開発の拠点が欠けているのも、残念である。[17]

---

15) 自助・共助・公助の視点の概要は、労働政策研究・研修機構編『これからの雇用戦略』(労働政策研究・研修機構・2007年) 300-309頁〔諏訪康雄担当〕参照。
16) スポーツ基本法の前文が「スポーツを通じて幸福で豊かな生活を営むことは、全ての人々の権利」と記して、いわゆるスポーツ権に言及しているように、職業生活についても同様の趣旨の理念(職業生活権またはキャリア権)が明確に規定され、人びとが理解しやすいようにする必要があると思われる。なお、キャリア権とその雇用政策法(労働市場法)における意義については、諏訪康雄「労働市場法の理念と体系」日本労働法学会編『講座21世紀の労働法2巻 労働市場の機構とルール』(有斐閣・2000年) 2-22頁参照。
17) 公民館は本館と分館を合わせると全国に1万5,000ほどの拠点があり、社会教育の学級・講座総数(教育委員会による開催数)も年に14万100ほどあるが、「職業知識・技術の向上」をめぐる学級・講座の数はわずかに1,330(総数の0.9%)、しかもそのうち夕刻5時以降になされるものは392(同0.3%)、日曜・土曜に開催されるものは205(同0.1%)にしかすぎない(文部科学省「社会教育調査」2007年)。また、生涯学習の拠点である「生涯学習センター」は全

おわりに

　変化の時代には人びとの変化対応力が必要である。変化対応力は地道な生涯学習によるたゆみない職業能力開発によって担保される。長い職業生活における能力開発を、より広い範囲で、より高い程度に、人びとにどう現実化していくか。職業能力開発をめぐる最大の法的課題である。

　そのためには、政策原資としてヒト、モノ、カネ、チエ（知識・情報）、トキ（時間）などをどれだけ割くことができるかが問われているけれども、法的課題としては、近時に導入された「職業生活」という概念が十分に活用されることなく、中途半端な存在にとどまっている現状を見直し、これを核とした制度設計と運用再編が望まれる。とりわけ職業能力開発をめぐる自助・共助・公助の枠組みの再構成と、生涯学習体制の再編は不可欠だと考えられる。

　当面、労働契約法のような内部労働市場にかかわる法領域に職業生活の発想を取り入れることも必要であるし、さらにはスポーツ基本法に類似したような「職業生活基本法」の制定といった構想も考えられよう。

〔初出：日本労働研究雑誌618号（2012年）〕

　国に384か所あり、平成19年度にはそのうち286センターで合計1万9,566の学級・講座が開催されているが、趣味・稽古などにかかわるものが8,144（総数の41.6%）もあるのに対して「職業知識・技術の向上」関係は合計してわずか565（同2.9%）にすぎず、しかも夕刻5時以降開催が81（同0.4%）、土日開催が71（同0.4%）と、公民館以下の状況である。公民館と生涯学習センターを合計して、通常働いている社会人の多くが参加できそうな土日または夕刻5時以降開催の合計数は、全国で年度に649学級・講座しかない（同調査）。現状では、とても職業をめぐる生涯学習の拠点にはなりえていない。

第3部

キャリア権の展開(I)
――社会人のキャリア形成支援

第12章
エンプロイアビリティは何を意味するのか

はじめに

　カタカナ語はどこかうさん臭い。
　いつの間にか賃貸共同住宅が長屋からアパートへと通称を改め、さらには差異化のためにコーポやハイツと名づけられるようになった。鉄筋共同住宅もマンションやレジデンスなどと呼ばれている。どれも原語の意味とはずいぶん異なる使われ方だが、それぞれのニュアンスを伴いつつ、日常用語として定着するに至った。
　おびただしい数のこうした例をみてきているだけに、カタカナ語にはどこか新しものがり屋の軽薄な議論といった臭いを感じる。あるいは西洋かぶれの舶来物輸入商が、概念という新奇商品を、おどろおどろしい名称で、これみよがしに売り込もうとしているかのような印象も免れない。
　とはいえ、服飾品の売り子をファッション・コーディネーターとかファッション・アドバイザーと呼べば、何か新しい付加価値のついた職種のような気がしてくるし、理美容師がヘア・デザイナーと称すれば、いかにも流行の最先端にいるような印象を与える。教育能力の向上が必要だといわれると反発する大学教授も、FD（ファカルティ・ディベロップメント）なる語には、そんなものかと納得してしまう。カタカナ語には、かつて漢語がわれわれに訴えかけたのとよく似た作用があり、逆に町作りを「まちづくり」とひらがな語化すると、何か新しい気分になるのと共通する言霊が秘められているようである。
　最近、雇用をめぐって耳にする機会が増えた「エンプロイアビリティ」なる語にも、同様の印象を拭えない[1]。この語も、一時の流行としてもてはやされたのちいずれ消え去る運命にあるものだろうか、それとも、多少とも広さと深さ

を伴った新しい概念として関連用語集に定着していきそうなものであろうか。本章は、「エンプロイアビリティ」なる新概念を検討し、この語の運命を予測するとともに、これが企業、労働者や雇用政策などにとって意味するものを考察することを目的とする。

I エンプロイアビリティとは何か

エンプロイアビリティ（employabiity）とは、employ（雇用する）とability（能力）の二語を合成した言葉である。一見すると、使用者（employer）が雇用労働者（employee）をどれくらい雇ったり、雇い続けることができるかという、使用者側の雇用能力を示しているかのように早合点されかねない。だが実は、「雇用される能力」と訳されることがあるように[2]、雇用に際して労働者側に問われる労働能力、あるいは、雇用されうる可能性のほうを意味している。

したがって、言葉の内包する意味を広く探っていくと、仕事に就いておらず

---

1) ある研究所の会合で人的資源管理をめぐる議論をしていたとき、著名な教授が「よく知りませんが、エンプロイアビリティなんていかがわしいですね」と発言された。何人かの出席者も同様の思いであったらしく、別の教授が「どういかがわしいんですか」と問い返したが、はかばかしい反応がないまま、それ以上の議論とはならなかった。このように、カタカナ語や安易な横文字の利用（たとえばIT）には、どこか「いかがわしさ」がまとわりつくためか、「よく知らない」ままに一笑に付されたり、一定のレッテルを貼って済まされるおそれがある。しかし概念自体は、たとえば Edmund Heery and Mike Noon, *A Dictionary of Human Resource Management*, Oxford University Press (Oxford), 2001, p. 96 に「労働者が、使用者たちによって要請される、市場で通用する技能と属性を、備えていること」と定義されるように、決して「いかがわしい」ものなどではない。

2) たとえば讀賣新聞2001年11月2日夕刊の記事を参照。日経連教育特別委員会・エンプロイヤビリティ検討委員会報告『エンプロイヤビリティの確立をめざして――「従業員自律・企業支援型」の人材育成を』（日本経営者団体連盟教育特別委員会・1999年）7頁は「雇用されうる能力」と「う」の一字を挿入する。また、経済企画庁編『平成12年版世界経済白書』（大蔵省印刷局・2000年）237頁以下は、「就業能力」とか「就業に関する能力」と訳しており、これには自営（self-employment）も含む、雇用より広めのニュアンスがある。なお、日本におけるエンプロイアビリティのとらえ方については、たとえば森清『仕事術』（岩波書店・1999年）26-32頁に要領のよい比較検討がなされている。ちなみに高橋俊介『成果主義――どうすればそれが経営改革につながるのか？』（東洋経済新報社・1999年）237頁のように、エンプロイアビリティを備えることで使用者にとって雇用し（続け）たくなる魅力のある人材という概念に対置しては、エンプロイメンタビリティ（employmentability）という語でもって、そのような労働者が雇用され（続け）たくなる魅力ある使用者の能力を表現する例もある。

雇用先を探している求職者にとって「雇用される能力」とは、自分が希望するような業界、企業、職種などにおいて「就職できる可能性」や「採用される可能性」を意味し、すでに仕事に就いているが転職先を探している求職者にとっては将来の「転職できる可能性」を示し、さらにすでに仕事に就いていてとりたてて転職する気のない就業者にとっては、現在の雇用先に従業員として将来も「雇用され続けることのできる可能性」を含意する。

このようにエンプロイアビリティとは、労働者のおかれた境遇と求職行動のあり方との関係で多義的な様相を呈するが、そのポイントとしては、
　①労働者側に対して問われる労働能力であること
　②主として他人に雇われて働く際に問われる労働能力であること
　③当該能力を評価するのは労働者側ではなく、主として雇用主・使用者の側であること
において共通する。

したがって、
　④使用者がどれだけの雇用をできるかといった雇用能力を問うものではないこと
　⑤労働者が働くにしても、通例、請負や個人商店主などの自営業者として就業する際の能力を直接に問うものではないこと
　⑥労働者が自分でどれほど労働能力があると自己評価していても、雇用する使用者側から評価されなければ目指す結果につながらないこと
を前提にした概念である。

また、エンプロイアビリティの構成要素を掘り下げると、
　⑦心身の活動能力として働くことができるかどうかという、一般的な労働能力
　⑧特定の職業・職種の仕事ができるかどうかという、より絞り込まれた労働能力
　⑨特定の使用者に特有の仕事ができるかどうかという、さらに絞り込まれた労働能力
の三次元の労働能力を含んでおり、この労働能力を分析すると、
　⑩技能（skill）
　⑪知識（knowledge）

⑫適性（aptitude）
⑬意欲（will）

などが内包されている。そして、⑫適性と⑬意欲をも含んだ

⑭人間性（human factors）

を挙げることも考えられる[3]。あるいは⑫適性と⑬意欲をも含めた別途の概念として

⑮思考・行動特性（competency）

を指摘するとらえ方もある[4]。

　さらに視点を変えて労働能力を分析するならば、以上の⑦〜⑬には「顕在的なもの」と「潜在的なもの」との双方が含まれており、エンプロイアビリティにも両者が関係してくる。通常、後者の「潜在的なもの」が外部から窺い知れない隠れたものにとどまるかぎり、第三者である雇用主・使用者による評価の対象にはなりにくく、エンプロイアビリティとして評価されるものは主として前者の「顕在的なもの」だということになる。ただし、エンプロイアビリティを高めるといった言い方をする場合、「顕在的なもの」を高めることはもちろ

3）　現に社会調査では、採用にあたって使用者が重視する項目の上位には、必ず熱意や協調性などの人間的な要素が挙げられる。たとえば、リクルート社の新卒採用調査（1999年・787社回答）によると、新卒採用時の重視項目のトップとして「人柄」（84.3％）が来て、次に「将来性」（76.8％）、「熱意」（71.5％）と続く（「就職ジャーナル」380号56-57頁）。米国についても、ジェームス・E・チャレンジャー（今道訳）『ビジネスマンと企業のためのアウトプレースメント［再就職支援］』（TBSブリタニカ・1999年）41頁は、「残念ながら専門知識は、採用にあたっての決定的な要因とはなりえないのである。……企業は、協調性のある人間、職場でのチームワークを作り出せる人間、組織を不安定な状態に陥れることのない人間をまず選択する」と指摘する。なお、OECD, Assessing and Certifying Occupational Skills and Competences in Vocational Education and Training, OECD (Paris), 1996, p.204も教育訓練の重要項目として「個人的資質（personal qualities）」に言及し、責任感、自尊心、社会性、自己管理能力、誠実正直を列挙している。

4）　たとえば厚生労働省職業能力開発局『エンプロイアビリティの判断基準等に関する調査研究報告書』（厚生労働省職業能力開発局・2001年）3－7頁。2000年のILO第88回総会がエンプロイアビリティをめぐり議論し、技能・知識・コンピテンシー（思考・行動特性）などに言及したのは、注目に値する（http://www.ilo.org/public/english/standards/relm/ilc/ilc88/pdf/rep-v.pdf）。なお、能開局の上記報告書は、米国などで提唱され、日本の人事労務管理の場にも導入されつつある「高業績者の成果達成の行動特性」または「ある状況又は職務において高い業績をもたらす類型化された行動様式（性向、態度、知識・技能などを効果的に活用して実際に成果を達成する行動様式）」といった意味ではなくて、「労働市場において評価される行動特性」といった、より一般化した意味で使おうとしている（7頁）。

んであるが、「潜在的なもの」を高め、また、これをできるだけ顕在化させるべきことも示唆する。

　以上により、エンプロイアビリティとは、「使用者から評価されて、雇用につながる、労働者の能力」のことだという基本的な性格が明らかになった。しかしこれだけでは、従来から職業能力や労働能力として指摘されてきたものと、どこがどう違うのか、いまひとつ判然としない。

　実際、エンプロイアビリティ論の特色となる構成要素として、最初のほうで③雇用主・使用者側による評価という点を指摘したように、これら雇用主・使用者が一方の当事者となる「労働市場における評価」という観点が前面に出ているところに大きな特徴がある。従来の職業能力や労働能力の議論は、ややもすると職業や職種が確固不変のものであるかのように論じて、いかにこれら職業や職種に対して個々の労働者が自己を適応させていくかという観点が前面に出がちであった。ところが、エンプロイアビリティ論は、労働市場の動向・変化を織り込んだうえでの「雇用される可能性」を論じる。[5]

　時代の流れのなかで職業も職種も変化する。それは、当該の職業や職種に従事する者や個々の雇用主・使用者の思惑を超える場合がある。社会経済環境が変わると、比較優位性に欠ける産業が衰退し、これに関係した職業や職種が消えていく。日本でも炭鉱業、繊維産業、アルミニウム精錬産業、海上運送産業などが、多かれ少なかれ、そうであったようにである。また、大きな技術革新が起きれば、陳腐化した職業や職種も消え去る。電話の自動交換機により交換手の職が消え、事務所にコンピュータが普及して和文タイピストが不要になり、ソロバン名人の出番がほとんどなくなったようにである。コンピュータ業界に

---

5) たとえば柴山茂夫=甲村和三編『進路選択の心理と指導』(学術図書出版社・1995年)18頁以下や伊藤一雄『職業と人間形成の社会学—職業教育と進路指導』(法律文化社・1998年)73頁以下は、職業心理学の成果に従って「職業適性」については解説を加えているが、およそエンプロイアビリティには言及していないし、梅澤正『職業とキャリア—人生の豊かさとは』(学文社・2001年)も矢島正見=耳塚寛明編著『変わる若者と職業世界—トランジッションの社会学』(学文社・2001年)も、エンプロイアビリティにはほんとど言及していない。また、武田圭太『生涯キャリア発達』(日本労働研究機構・1993年)は、心理学の立場から職業を中心とした生涯キャリアを論じた研究書であるが、エンプロイアビリティには言及していない。このように、エンプロイアビリティ論には、従来の職業心理学や職業社会学からする発想とは少し違うところがあるようである。

おいても、メインフレーム関連の職が激減し、代わってネットワーク関連の技術者が引っ張りだこである。産業構造の変化によっても、物の製造加工から情報の製造加工へと多くの人の仕事内容が変わり、サービス関連の職業や職種が増加し、知識経済化で高度な専門知識・技術技能を必要とする職業や職種が注目を集める。

エンプロイアビリティの場合、こうした広い意味での労働市場の変化に対応した「雇用される能力」を問題とする。そこから、「エンプロイアビリティは、労働市場価値を含んだ就業能力、即ち、労働市場における能力評価、能力開発目標の基準となる実践的な就業能力と捉えることができる」といった定義づけもなされている[6]。

このようにみてくると、これまでの職業能力、職業適性といった、存在する(または存在しうる)職業や職種を念頭に、もっぱら労働者の側の個人的な事情に注目してきた従来の接近法に対して、エンプロイアビリティには、労働者(求職者)と使用者(求人者・雇用主)の双方の事情に同時に目配りし、労働市場の動向・変化を織り込もうとするとらえ方において、これまでにない斬新さのある概念だということができよう。

カタカナ語のままでは分かりづらく、また、「雇用される能力」では日本語としてのこなれが悪い直訳調であるので、いまひとつピンと来ないところがあるが、これまでにはない要素を内包した概念であり、これからの人的資源管理や雇用政策を論じる際には軽視してはならない用語である[7]。

II 最近なぜ意識されるようになったか

エンプロイアビリティが意識的に論じられるようになったのは、欧米でもほぼ1990年代に入ってからであり、日本ではここ数年のことである[8]。エンプロイ

---

6) 厚生労働省・前掲注4) 報告書3頁。
7) それゆえ、たとえば篠田武司編著『スウェーデンの労働と産業―転換期の模索』(学文社・2001年) 199-201頁では、「1980年代以降、新自由主義イデオロギーが世界を席巻する」ことに批判的な論調の論者(伊藤正純)であっても「今日、勤労者のエンプロイアビリティを向上させることは必要不可欠だ」と論じるし、森・前掲注2) も「エンプロイアビリティを大切に考える」(29頁) という。

図1　主要国における失業率の変化（1970年-1999年　単位＝％）

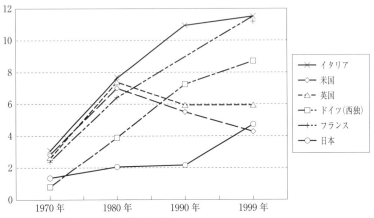

出所：OECD. Labour Statistics, 1991/2001ほか

　アビリティ概念が注目されるに至ったきっかけは、煎じ詰めると、3つの大きな流れだと思われる。

　第1に、失業率の高止まり傾向に対する強い懸念があることである。1970年代の2度にわたる石油ショックを経て、先進諸国の失業率はおしなべてどこも上昇し、しかも多くの国では低下する様相を呈しない（図1参照）。恒常化する失業現象に対しては、さまざまな対応策が採られてきたが、多くの国ではなかなか目覚ましい効果がみられない[9]。

　その結果、これまでの労働市場政策を見直し、より効果的な雇用政策を探る

---

8) それもあってか、注5）掲載の文献のような進路指導系の教科書や倉内史郎＝鈴木真理編著『生涯学習の基礎』（学文社・1998年）のような関連分野の教科書ばかりでなく、小池和男『仕事の経済学〔第2版〕』（東洋経済新報社・1999年）のような代表的な労働経済学の教科書にも、エンプロイアビリティの議論は顔を出さない。なお、米国の論議については、ピーター・キャペリ（若山由美訳）『雇用の未来』（日本経済新聞社・2001年）16・56・285・322・330頁など参照（同書における言及のかぎりでは、エンプロイアビリティ論にはやや懐疑的なニュアンスが感じられる）。

9) たとえば、Odile Benoit-Guilbot and Duncan Gallie (eds), Long-Term Unemployment, Pinter (London), 1994参照。長坂寿久『オランダモデル―制度疲労なき成熟社会』（日本経済新聞社・2000年）や根本孝『ワークシェアリング―「オランダ・ウェイ」に学ぶ日本型雇用革命』（ビジネス社・2002年）などのようにオランダがモデルとして注目されるのは、一時期、同国が例外的に失業率を2‐3％台にまで下げたからである。

必要が生まれ、その過程でエンプロイアビリティにも注目が集まった。失業者とりわけ長期失業者の特性を分析すると、年齢、性などの要素のほか、学歴水準や労働能力の相対的な低さ、時代の流れから外れた技能や知識といった、労働市場が要求するものとの乖離が浮かび上がる。つまり市場で評価されない、市場価値の低い労働能力しか保持していないと、就職が困難となる。[10]

現在から将来に向けての労働市場においては、どのような職業、職種が維持され、発展し、また新たに生まれてくるかを少しでも的確に見通すなかから、そうした動向において必要とされる基礎的学力、技術技能、知識、思考・行動特性をいかに労働者が身に備えていくかが、課題となる。学校教育が社会の変化に関心が薄く、百年一日のごとく陳腐化した、古いタイプの学力や職業能力の養成をしているのでは、若者の就職は困難となるし、企業は技術革新に対応できなくなり、産業展開に後れが出ればますます雇用の創出が滞って、失業問題の解決を困難としてしまう。また、産業構造が変化し、技術が革新していくにつれ、必要とされる労働能力にも変化が生まれるが、これに対応できない労働者は自らの雇用維持、職業経歴（キャリア）の望ましい展開、いざという時の転職などに、大きな支障を来す。

こうした観点からすると、エンプロイアビリティとは、職業能力形成における指標となり、生涯学習に目標を与える重要な要素となる。

第2に、内部労働市場におけるこれまでの雇用慣行、人事労務管理のあり方を見直そうとする動きが起きていることである。産業構造や技術水準が変化することで、従来は妥当性を有していた雇用慣行や人事労務管理のあり方にも、メスを入れる必要が生まれる。

たとえば米国では、1980年代の大がかりなダウンサイジングの動きにより、長期雇用慣行が崩れ去ったなか、良好なる雇用の新たな指標としてエンプロイアビリティ概念に言及され、エンプロイアビリティの確保、すなわち将来のキャリア展開や転職の可能性を保障するために、雇用契約で教育訓練の機会を付与することが約束される傾向があるという。[11]

日本でも、右肩上がり経済、人口のピラミッド型構造、キャッチアップ型経

---

10) Benoit-Guibot ほか編・前掲注9）のほか、たとえば労働大臣官房国際労働課編著『平成9年版海外労働白書』（日本労働研究機構・1997年）311頁以下参照。

済、規制で秩序づけた市場などを前提にした日本型雇用慣行の現実不適合性が指摘され、その見直しが進むなかでエンプロイアビリティへの言及がなされるようになった。とりわけ、終身雇用と呼ばれてきた長期雇用慣行を必ずしも維持できないとなると、転職を可能とするような職業能力を養成する機会や、そうしたキャリア展開への配慮を従業員に提供する必要が生まれてくる。また、変化の激しいなかで企業競争力を維持できるよう、雇用し続ける従業員に対しても、あらためて市場競争力のある職業能力を身につけさせる必要性が認識されるようになった。[12]

エンプロイアビリティは、内部労働市場が外部労働市場との関係をより意識して、人的組織を管理・運用していこうとする際の、新たな指標のひとつとして浮上してきたのである。

第3に、外部労働市場の機能への関心が高まっていることである。「雇用の安定」を最重要目標とし、できるかぎり内部労働市場に人的資源を抱え込もうとすると、労働市場は分断化され、縦割化する。その結果、転職市場は狭隘なものとなり、いざ失業や退職となった時に、中途求職者は良好なる雇用機会の乏しさに苦労をするし、いったん労働市場から退出したのち再雇用されようとする女性労働者なども雇用機会の制約に遭遇する。そこで、内部労働市場に過剰な期待を寄せる方向が現実的でなくなると人びとが考えはじめるようになれば、外部労働市場の整備と機能強化は避けて通ることのできない課題となる。

外部労働市場の機能整備に着目すると、当然、それを導く基本戦略、目標が問われる。つまり、特定の雇用主のもとで雇用が安定し、キャリア展開を図る内部労働市場モデルとは違った、別途の外部労働市場モデルが必要となる。労働市場には直接に人間的な要素が絡まっており、物やサービスといった通常の商品が取引される市場とは異なったところがある以上、そうした市場としての共通性を押さえたうえで、労働市場の特性に応じた機能確保を図る必要がある。

---

11) キャペリ・前掲注8）56・285頁。なお、米国の人員削減については、ニューヨークタイムズ編（矢作弘訳）『ダウンサイジング オブ アメリカ―大量失業に引き裂かれる社会』（日本経済新聞社・1996年）、稲葉陽二『「中流」が消えるアメリカ―繁栄のなかの挫折』（日本経済新聞社・1996年）など参照。

12) その典型は、日経連教育特別委員会・エンプロイヤビリティ検討委員会報告・前掲注2）であろう。

その際の指標の１つがエンプロイアビリティであり、労働者にエンプロイアビリティをどう確保するかが、関係者にとっての重要な課題となる。エンプロイアビリティを「労働者自身が職業生活において必要な技術・能力を身につけることによって就業や転職、キャリアアップなどの可能性や機会をひろげること」と解そうとする見解は、外部労働市場、および、これとより接合する形で展開していく内部労働市場を念頭に置いたものだと推定される。[13]

　エンプロイアビリティを身につけることにより、あるいは、常に身につけ続けようとすることにより、労働者は市場価値を保有し続けることができる。使用者は、従業員にエンプロイアビリティを身につけさせることにより、あるいは、常に身につけさせ続けようとすることにより、企業の人的資源の市場価値を保有し続けることができる。そして、市場価値とは市場で評価される能力のことであり、市場での競争者との関係では競争力、優位性として現れる。

Ⅲ　企業にとって何を意味するか

　エンプロイアビリティは、まだ多義的な概念であるだけに、企業にとっても多義性に応じた意味をもつ。しかし、広義のエンプロイアビリティに他社への転職可能性と自社における雇用継続可能性との二者を含め、その双方に共通する要素と異質な要素があることを指摘し（図２参照）、両者に目配りした人事労務管理のあり方を提言した日経連報告書がまずもって注目される。[14]

　国内外の競争にさらされる企業にとっては、市場における何らかの独自性、優位性を確保し、競争力をもたなければ、経営体として生き延びていくことができないし、また、社会経済的にも存在する意味に乏しい。そうした独自性、優位性、競争力を確保するためには、よりよい人材を引きつけ、よりよい人的資源管理を行い、より市場価値のある製品・サービスを提供できるようになることが要請される。

　この点で長らく社会的なモデルになってきたのは、終身雇用・年功序列・企業別労働組合の三点セットで語られてきた日本型雇用慣行であった。これが

---

13)　経済企画庁編・前掲注２）241頁。
14)　日経連教育特別委員会・エンプロイヤビリティ検討委員会報告・前掲注２）7-8頁参照。

図2　広義のエンプロイアビリティの概念図

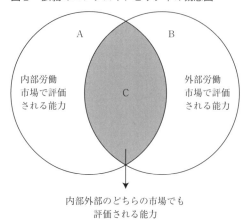

　1980年代までかなりの程度、日本の社会経済環境の条件にうまく対応して、見事な成果を上げたことは、率直に認める必要がある。また、この種の企業内部に展開する労働市場（内部労働市場）の制度・機能の整備に積極的に対応しようとすると、多かれ少なかれ共通要素の多い雇用慣行、人事労務管理の方式などが生まれてくることも、今ではよく知られるようになった。[15]
　しかし、内部労働市場にばかり意識を傾注すると、どうしても外部労働市場がおろそかになりがちとなる。日本では、外部労働市場の制度と機能を整備することが後れ気味であったことは否定できない。しかも内部労働市場にはプラスの側面だけでなく、マイナスの側面もあり、経済環境次第ではプラス面でなく、マイナス面がむしろ前に出てしまうこともある。そして多くの点で、外部労働市場のマイナス面が内部労働市場のプラス面、前者のプラス面が後者のマ

---

15) たとえば、キャペリ・前掲注8) 39・110頁などは米国でも大企業を中心に内部労働市場中心主義の流れが存在したことを指摘し、またエドワード・P・ラジアー（樋口美雄＝清家篤訳）『人事と組織の経済学』（日本経済新聞社・1998年）は本格的な内部労働市場の経済分析を示し、日本について小池・前掲注8) などが日本型雇用の意義を説明してきた。その他、ジェフリー・フェファー（佐藤洋一監訳）『人材を生かす企業――経営者はなぜ社員を大事にしないのか？』（トッパン・1998年）や小池和男＝猪木武徳編著『ホワイトカラーの人材形成』（東洋経済新報社・2002年）ほか多数の本も、内部労働市場における人材育成の意義を指摘する。

イナス面に対応することから、内部労働市場のマイナス面を外部労働市場のプラス面で補完しようとする議論が出てくる。

　衰退局面にある産業に属する企業が内部労働市場にいたずらに人材を抱え込む反面、成長局面にある産業に属する新興企業に必要とされる人材が供給されないことから、産業構造の転換や経済成長が阻害されてしまうので、外部労働市場を利用した人材の流動化が必要である、といった主張である[16]。

　エンプロイアビリティは、こうした外部労働市場におけるスムースな転職を実現しようとする場合の、1つの重大な指標となる。つまり、内部労働市場における個別企業（グループ）の独自の組織運営方針にのっとり、これにがっちりと組み込まれた人材の育成と活用の策ばかりが採られる場合、労働者がいざ外部労働市場で転職を試みるとき、元の内部労働市場に固有な適応をしていればいるほど、他の内部労働市場には適応が困難となる可能性が強くなる。確かに、各企業ごとに人材に独自の文化を刷り込むことは、自社の独自性、優位性、競争力を高めるために不可避の過程である。だが、もし独自の企業文化が優位性を失い、むしろ企業運営の桎梏となるような場面に遭遇すると、これが強く刷り込まれていればいるほど、そうした組織と人材は変化に抵抗するばかりで、みずから変身することができなくなる[17]。また、そうした人材は他社の文化（組織や行動様式）に適応することにも多大の困難を覚えることになる。

　したがって、もし企業が変化する経済環境に従って柔軟に変身していきたいと願うならば、過度に独自的で硬直的な組織運営方針はそぐわない。また、必ずしも長期雇用慣行を保証できないと考える場合には、過度に独自的で汎用性に乏しい人材育成・活用方針を採用することは、従業員との関係で無責任となる。むしろ外部の環境変化を常に意識し、これに対応できるだけの柔軟性を組織運営方針に織り込み、外部の労働市場の動向を常に意識し、これに対応できるような人材育成・活用方針を心がける必要が生まれる。つまり、一方で企業の独自性、優位性、競争力に、他方で外部労働市場とのより円滑な接合に意を

---

16) 代表的なものに、八代尚宏『日本的雇用慣行の経済学』（日本経済新聞社・1997年）、同『雇用改革の時代―働き方はどう変わるか』（中央公論社・1999年）などがある。

17) たとえば、柴田昌治『なぜ会社は変われないのか―危機突破の企業風土改革』（日本経済新聞社・1998年）、柳下公一『わかりやすい人事が会社を変える―「成果主義」導入・成功の法則』（日本経済新聞社・2001年）など参照。

図3

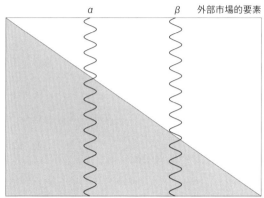

払いつつ、新たな内部労働市場の制度設計と運営を試みるべきことになる。

　この関係を概念図（図3参照）で説明すれば、つぎのとおりである。図は、内部労働市場の独自性に極度にこだわった閉じた制度を左辺に、外部労働市場に極度に開かれた制度を右辺に配し、その両端の間に両者の要素の混合した制度がある、それらのあり方を配置している。実際に存在する企業は、左右両端の中間に位置し、産業、地域、企業規模などにより、多かれ少なかれ、より左辺または右辺に寄ったところに引かれた垂直波線αまたはβなどの任意の位置に身を置く。現在の議論の流れは、たとえていうならば、より独自性にこだわった左側のα線（内部市場的要素と外部市場的要素とがほぼ2：1）からより開かれた右側のβ線（同1：2）の方向へ、企業の内部労働市場の制度と運営を移行させるべきだ、といった指摘をするに等しい。

　そうなると、人材の育成と活用の方針においても、おのずから外部労働市場の存在と動向をより意識した方向が採られることになる。エンプロイアビリティが注目されてきているゆえんであろう。つまり、企業内の教育訓練、配属と人事異動、キャリア形成などのあり方を、いざというときの転職可能性に留意すると同時に、在職する企業においてより能力発揮をして雇用を継続しておきたくなるような方向に、移行させようと考えはじめたわけである。[18]

Ⅳ 労働者にとって何を意味するか

　エンプロイアビリティ概念が人的資源管理における重要な指標の一角を形成するようになると、これは労働者にとって何を意味することになるのだろうか。
　第1に、エンプロイアビリティを強化することで、雇用における危険分散（リスクヘッジ）の可能性が高まる。広義のエンプロイアビリティが高まれば、現に在籍する内部労働市場における雇用継続可能性やキャリア展開可能性が高まるだけでなく、ありうべき外部労働市場における求職活動についても転職可能性を高める。したがってエンプロイアビリティは、特定の内部労働市場からの排出と別の内部労働市場への参入困難という、二重の意味で存在する失業の危険を減らす役割をする。それゆえエンプロイアビリティを意識し、その強化に努めることは、労働者にとって重要だということになる。失業の危険性が高い経営風土で働く米国の労働者の多くが、エンプロイアビリティに対する責任は会社だけになく、主として労働者自身にあると考えているのは、まさしく自分の人生の危機管理は何よりも自分の責任であることを、失業の危険が高い状況に投影させている意識なのであろう。[19]
　第2に、エンプロイアビリティの重要性を労働者が意識すればするほど、労働者は自分のキャリア形成にも意識的になる。就職でなく「就社」をもっぱら

---

18) 米国雇用のニューディール論については、キャペリ・前掲注8) 39頁以下、257頁以下など参照。日本の場合、米国のニューディール論のように、長期雇用を保障しない代わりに、エンプロイアビリティを高める方向で教育訓練とキャリア形成を図ることを雇用契約の明示条件として人材を誘引しようとするところまでには、割り切っている例が多くない。また、エンプロイアビリティを配慮することは当然に社員の転職可能性を高めることになるので、ようやく育て上げた有能な社員ほど他社へ転出する可能性が高くなるし、また、転出しないまでも企業との関係で社員の交渉力を高める結果となることから、エンプロイアビリティ強化論にはなんとも「痛し痒し」のところがあると思っている節が見受けられる。

19) キャペリ・前掲注8) 322頁によると、タワーズ・ペリン社の1997年調査では94%もの労働者が「自分自身」に責任があると答えているそうである。これに対して、三和総合研究所『職業能力に関する調査報告書』（三和総合研究所・2000年）42頁以下によると、個人主体のキャリア設計を要望するかとの問いにつき、調査回答従業員（2,340人）の40.9%が「そう思う」（「ややそう思う」は36.6%）と答えるけれども、実情はまだ多分に使用者依存的であると思われる。

とし、使用者にキャリア決定を委ねてしまっていると、当該企業でのキャリア展開の可能性が閉ざされた場合、労働者は厳しい選択に直面する。不満を抱えながら雇用関係を継続するか、それとも、他社への転職を考えるかで、迷う。雇用の安定性が保障されていれば、前者の選択肢が通例だろうが、不本意な配属に働く意欲が萎えかねない。もし当該企業における雇用の先行きが懸念される場合には、後者の選択肢にどれほどの現実性があるかで真剣に悩む。雇用情勢が深刻な状況では転職者に求められる水準が高まるので、企業主導の一貫性を欠いたキャリア形成に甘んじていた者は、自己のエンプロイアビリティの低さに愕然とする。周囲にそうした事態をみると、労働者はエンプロイアビリティを高めるようなキャリア形成を使用者に求めるようになっていく。就職するにあたって、エンプロイアビリティにつながる人事労務戦略をもつ使用者により着目するようにもなるだろう。能力開発について企業任せだけではおれない意識へと徐々に進んでいきそうである。[20]

　第3に、労働者においてエンプロイアビリティやキャリアへの意識が高まり、さらには自分の職業人生はできるだけ自分で決定していきたいとする思いが強まると、転職への違和感が薄くなるどころか、これに期待する動きが広がる可能性がある。そうなると、多くの企業で採用されている雇用慣行や人事労務の方針に与える影響は大きく、これがまた労働者の意識と行動に影響するというスパイラル現象も起きうる。その場合、労働者の意識としては、雇用状態にありながらも「自営業」的な自立心を核にした、自己決定と自己責任の思いが高まる。多かれ少なかれ、いわば個人商店か請負業を営んでいるかのごとく、みずから職業キャリア戦略を立て、それを支える能力開発や資産形成などに意識的になることだろう。[21]

　第4に、労働者の自己決定と自己責任の要素が高まるほど、労働者個人が負う危険（リスク）もまた高まるので、個人に過度なリスク負担とならないように、社会的なリスク分散の仕組みが求められるようになる。とりわけ変化する

---

20) 日本でも30代以下の年齢層を中心にこの種の意識は高まっているが、企業側がキャリア形成には真剣でないと意識させられることが多い女性の場合、とりわけ敏感である。たとえば、脇坂明『職場類型と女性のキャリア形成〔増補版〕』（お茶の水書房・1998年）、青島祐子『女性のキャリアデザイン―働き方・生き方の選択』（学文社・2001年）など参照。

経済環境のもとキャリア展開のパターンが変化し、1つの仕事を低いレベルからより高いレベルへと極めていく形が崩れると、どのような方向でキャリア形成をし、エンプロイアビリティを高めていくかという指標もまた揺らいでしまい、ある方向で長期間にわたって蓄積した経験や技能が灰燼に帰すような事態も考えられる。個人レベルの対応策では、共働きや兼業、副業のような所得分散、生涯学習の実践、資格の取得、複合的な職業能力の形成、職業動向の情報入手、人脈の形成などが考えられるが、これまでとは異なった、企業組織におけるリスク分散の工夫も必要であるし、社会的なリスク分散のために新たな政策的支援の方式も求められていこう。[22]

V 雇用政策にどのような課題を投げかけるか

　エンプロイアビリティ論は、前述のように使用者にとっても、労働者にとっても、それぞれに意味するところは小さくないが、雇用の将来像と絡んでいるだけに、雇用政策に多くの課題を投げかける。その主要なものを挙げたい。[23]
　第1に、エンプロイアビリティは市場で評価される職業能力を指すので、何よりも職業能力の形成をめぐる教育訓練政策が問題となる。OECDの考え方を参考にすると、基礎技能としてまず、伝統的な「読み書き算盤」に「聞いて話す」コミュニケーション能力を高めなければならない。また思考技能として、

---

21) もちろん、この種の方向に好意的な太田肇『個人尊重の組織論―企業と人の新しい関係』（中央公論社・1996年）、高橋俊介『人材マネジメント革命―ポスト終身雇用/自由と自己責任の新人事戦略』（プレジデント社・1998年）、渡辺深『「転職」のすすめ』（講談社・1999年）、太田肇『ベンチャー企業の「仕事」―脱日本的雇用の理想と現実』（中央公論新社・2001年）などが多数出ている一方、熊沢誠『能力主義と企業社会』（岩波書店・1997年）のような懐疑的な議論があり、その間に森・前掲注2）の仕事へのこだわり論のような展開がある。

22) Douglas T. Hall et al., The Career is Dead : Long Live the Career, JOssey-Bass (San Francisco), 1996 ; Audrey Collin and Richard A. Young (eds), The Future of Career, Cambridge University Press (Cambridge), 2000 など参照。そこで、たとえば橘木俊詔編著『ライフサイクルとリスク』（東洋経済新報社・2001年）で検討されたような視点がさらに重要となる。なお、冨永健一＝宮本光晴編著『モビリティ社会への展望―変動する日本型雇用システム』（慶應義塾大学出版会・1998年）も参照。

23) たとえば、雇用政策についてバランスのよい指摘をする最近の著作に、樋口美雄『雇用と失業の経済学』（日本経済新聞社・2001年）401頁以下がある。

創造思考、意思決定、問題解決、図式化、学習力、推論力を鍛錬しなければならない。さらに個人的資質を高めることにも配慮する必要がある。[24]とりわけエンプロイアビリティとの関係では、学校教育における社会経済的な動向の考慮、生徒・学生のキャリア意識の涵養などが、今後の課題である。生涯学習との関係では、社会人大学院、コミュニティ・カレッジのような多様な学習機会を提供する制度の整備も欠かせない。[25]

第2に、エンプロイアビリティは誰よりも労働者にとって大事であるだけに、労働者個人が主体的にこれを高めようとする場合に、それを政策的に支援する必要がある。企業による教育訓練への支援策だけでなく、個々の労働者を直接に支援する方式を拡充していかなければならない。エンプロイアビリティの評価基準を検討して最新の関連情報を提供したり、教育訓練の時間や資金を確保するための策、実効的な教育訓練のあり方などを工夫することも大切である。労働者が自ら教育訓練投資を行った場合に、税制上の優遇措置などを認めることも望まれる。

第3に、外部労働市場の制度的整備に努めるとともに、就職、転職のマッチング機能を高めることが必要である。市場の円滑な機能には、情報の提供、優れた仲介者の育成なども不可欠であり、インターネットを用いた職業情報提供、キャリアカウンセラー、キャリアコンサルタントのような支援専門職などが存在することなしには、労働者個人が適切な判断をすることは期待しがたい。また、いざという時のためのセーフティネットとして雇用保険制度などの充実も重要である。

第4に、外部労働市場の整備とも関わる重要な問題としては、雇用の多様化が進むなか、正規雇用以外の非典型雇用（パートタイム労働、契約労働、派遣労

---

24) OECD, 前掲注3) pp. 203-4.
25) とりわけ多くの社会人が特別の準備などなくとも必要に応じて、いつでも身近で、廉価に学ぶことができる生涯学習機関として、米国のコミュニティ・カレッジのような施設を展開する必要が高い。米国の例については、たとえば、W. Norton Grubb et al., Honored but Invisible : An Inside Look at Teaching in Community Colleges, Routledge (NY & London), 1999参照。また、諸外国の職業教育訓練をめぐっては、労働大臣官房国際労働課編『平成8年版海外労働白書』（日本労働研究機構・1996年）273頁以下、『公共職業訓練の国際比較研究』シリーズ［スウェーデン・フランス・イギリス・アメリカ・イタリア・ドイツ］（日本労働研究機構・1997-2000年）など参照。

働など）に従事する者のエンプロイアビリティをどう実効的に高めていくかが問われている。[26] その割合がどの国でも高まりつつある傾向があるだけに、実効的な制度の設計と運用が求められる。

　第5に、エンプロイアビリティやキャリア展開をめぐる雇用政策を主導する基本概念を確立する必要もある。これは、一貫した理念のもと体系的な政策を展開するためだけでなく、立法や法解釈の導きともなるべき基盤概念なしには、これからの時代の雇用政策、雇用管理さらには労働法の適切な展開が危ういと考えるからである。[27]

おわりに

　生涯にわたり１つの職業を全うしたり、１つの企業で雇用を全うすることが、だんだんに困難な時代に入ってきたことにより、社会経済的な環境と切り離して労働者の職業能力を論じることが不適切になった。そこで、時代変化や市場動向を織り込んだ職業能力の概念として、エンプロイアビリティが考案された。エンプロイアビリティは、これからの企業経営、労働者の職業経歴の展開にとって無視できない意味をもつだろうし、また、雇用政策にとっても重要な課題を投げかけている。これが表題に掲げた疑問「エンプロイアビリティは何を意味するのか」に対する回答である。

　だが、エンプロイアビリティが雇用政策や人的資源管理における最重要な概念になるかと問われれば、そうだとまで主張する気にはなれない。訳語としての適切なものがまだない難点を別としても、「市場動向・市場評価」と「職業能力」とを複合させた、変化の激しい時代を反映する巧妙な新概念ではあるけ

---

26) たとえば、篠田・前掲注７）201頁が「臨時雇用ではエンプロイアビリティを獲得するインセンティブが小さい」と指摘するとおり、新たな仕組みを工夫しないならば、非典型雇用者の職業能力の開発においての後れが将来、大きな禍根を残すことも懸念される。
27) 著者は、こうした観点からすでに「キャリア権」概念を提唱してきた。詳しくは、諏訪康雄「キャリア権の構想をめぐる一試論」日本労働研究雑誌468号（1999年）５頁以下、同「労働市場法の理念と体系」日本労働法学会編『講座21世紀の労働法２巻 労働市場の機構とルール』（有斐閣・2000年）２頁以下、同「なぜ労働法は職業訓練・能力開発に関心を示さなかったのか？」『「雇用をめぐる法と経済」研究報告書』（日本労働研究機構・2001年）134頁以下など参照。

れども、これなくして雇用政策や人的資源管理を論じられないというほどの性格だとは、思えないからである。

　したがって、本章で述べてきたようなエンプロイアビリティの検討は、結局のところ、時代を反映する複合概念の内容を理解し、当面これが意味するものを指摘したのであるけれども、中長期的な視点からは、時代の流れのなかで見直しが迫られているキャリア展開の再編成論における構成要素の1つとして位置づけられる、といった程度のものではないだろうかと考える。つまり、本章における検討のかぎりでは、雇用政策や人的資源管理をめぐる分析用具として意味のある、1つの新しい概念であるという位置づけは十分に可能であるが、それ以上でも、それ以下でもないととらえておきたい。

〔初出：季刊労働法199号（2002年）〕

第13章

キャリアデザインとは何か
―― これからの職業能力形成の方向

I　幼い夢もキャリアデザイン

　誰でも子ども時代には夢をみる。
　私は電車の車掌になりたくて、買ってもらった子ども電車セットの呼び子を首からさげ、最寄り駅で車掌がドアを閉めようとするところをみはからっては鳴らし、駅員にこっぴどく叱られた。こうして自主的な「ジュニア・インターンシップ」はあまりいい結果を呼ばず、その後、小学校では電気技術者をめざしてラジオを組み立て、放送部で機材をさわり、中学の科学部や高校の化学部の落ちこぼれ部員を経て、いまは法学の教師として食をはむ。そういえば、偉人伝に感動して「ノーベル賞を3つ取るぞ！」と宣言していた友は、いまはどこで何をしているだろうか。科学志向だった時代の一時の雰囲気を思い出す。
　考えれば、稚拙でたあいないキャリアデザインであった。自己理解も職業理解もなく、まして人生とは何かがまるでわかっていないままに、幼い時代の興味や関心から一時的に抱いた夢や願望だったのだから、挫折し、転換を余儀なくされたのも当然であった。
　このように、キャリアデザインとは、人生設計のことである。これをキャリアプランニングと呼ぶこともある。多くの人が職業生活に従事し、それを基軸に人生の大半を送るので、人生設計の相当部分は職業生活の設計で占められる。自分はどんな生き方、どんな職業を選択するのか。この疑問に向きあい、自分なりに探求するのが、まさしくキャリアデザインの核となる部分を構成する。
　キャリア（career）という流行語は、中世ラテン語に起因する「わだちの跡」とか「決められた道筋」とかを示す言葉で、伝統的には職業の世界におけるその種のもの、つまり職業上の履歴や経歴（work career）を意味してきた。だが

最近では、人生全体の履歴や経歴、さらには生き方全般（life career）までを指し示すように使われだした。こうなると、履歴や経歴という訳語では、体験した過去形のキャリアを示すことはできても、現在進行形のそれや、これから辿るかもしれない未来形のキャリアを指し示すには、少しそぐわない。その結果、カタカナ語のままで通用している。相当にあいまいで多義的な使われ方をされ、イメージ先行になりがちなのが困った点である。

いずれにせよ、子ども時代の夢や願望も、キャリアデザインの萌芽だ。これを大事に育て、未来の政治家、経営者、科学者などになっていけたら、素晴らしい。作家や画家や音楽家になるのもよい。何ごとも夢がなければはじまらないからだ。

II　夢の実現可能性

とはいえ、いつまでもスポーツ選手やタレントを夢みるばかりで、なれる蓋然性や成功の可能性が極度に限られている現実に目覚めようとしないのでは、困る。夢と現実を結ぶ架け橋がないまま、事実と願望を混同していると、大変である。向こう岸に渡る橋のない川岸をただうろうろしているうちに、時間だけがどんどん経過していく。その間にほかの職業を目指したら身についたであろうものが得られず、機会費用ばかりが肥大化する。これでは本人も、周囲も、社会も残念である。

そこで、成長していくにつれ、自分と社会をより深く理解し、夢の実現可能性を等身大で測る方策が求められる。社会には万を超える職業があり、時代遅れの業務が消える一方で、つねに新しい仕事も生まれている。そのなかから、自分らしさをもっとも活かすことができ、社会からも評価され、経済的にもしかるべき報酬が期待できる職業をリストアップする作業が必要となる。

リスト内容は、通常、自分の価値意識と関心分野と得意領域の三方から検討し、徐々に絞り込む。リストに載せた職業の関係者から話を聞いたり、その分野でアルバイトをしたり、インターンシップを経験したりすると、職業イメージが深まり、理解が進む。こうして絞り込まれた職業分野について、それに必要な条件、つまり知識、技術技能、経験、思考・行動特性などを、具体的に身

につけていく。

　その際、一時期の自分の関心や好き嫌いだけにとらわれないほうが、妥当な職業選択につながりやすい。長い期間にわたって継続される職業活動であるだけに、自分のより基本的な価値観、根本にある関心分野、潜在的な可能性を含めた得意能力などを考えてみることが望ましい。より深い自己理解である。

　キャリア教育では、無数といってよい職業活動で維持される社会において展開する職業生活が、各人の人生のなかに占める位置と意義を理解させる。また、自己理解の水準を高めるため、その具体的な方法を教示する。職業生活と自分とを適合させることの大事さを説く。ある職業選択が自分にとってベストとなるかどうかには多分に運の要素が絡まるけれども、キャリア学習により、運だけに左右されない、よりよい職業選択の可能性が広がることを目指す。

　二度とない自分の人生を真剣に考える。そして、自分なりにキャリアデザイン、つまり人生と職業生活の設計をする。自分の人生を運任せ、出たとこ勝負にしてしまい、あとでほぞをかまないように務める。進学や就職などの転換点では、避けて通れない作業だ。

Ⅲ　キャリア専門職の出番

　ところが、大学で「職業キャリア論」の授業をしていると、受講生の学生から「いまさらいわれても遅すぎる」との不満や苦情に出くわす。自己や職業の理解を通じて自分がなりたい仕事がみえてくると、しばしば在学する学部ではそうした職業に就けそうもない冷酷な現実に気づくからである。そして、後悔と反省を込め、キャリア教育は大学進学前に、それも「高校1・2年生の段階でやらないと意味がない」と抗議する。とりわけ安易に文系コースを選ぶと、受験間近に自分がなりたい職業が焦点を結びはじめ、それに向く学部に進学したくても、必要な理系科目を勉強していないので進学が困難になることもあるからである。

　そこで高校では、最初に職業キャリアをめぐるオリエンテーションをしてから、コース選択や受講科目の決定をさせるべきであるし、学問内容への関心だけでなく、将来の職業を考えて学部選びをさせるべきだ、と指摘される。もち

ろん大学でも同様で、3年生の秋になって、あわてて自己理解や業界研究をはじめても遅いところがある。確かに、どんな授業科目がどんな職業に関係しており、どんな学部がどんな職業に向いているかを考えないまま、目先の勉強負担の軽さや好き嫌いから受講科目や学部の選択をすると、そのつけは当人にとってひどく重くなる。将来の選択肢をみずから狭めてしまうからである。

しかし、個別の科目担当教員に、その科目がどんな職業のどんなところに役立つかを、まるで自分のたなごころを指すかのように説明させることは、ほとんど望めない。科目担当者はキャリア問題の専門家ではない。たとえば数学教員だと、理系職業に就く場合に数学が必要なことくらいはすぐ言えるが、もしファイナンスやマーケティングの仕事に従事したら微積分や統計学が必要なこととか、法律家にとっても「法と経済学」や「法社会学」の理解は基礎数学がわからないと苦労するなどといったことは、およそ理解の外ではないだろうか。まして国語教員が、ワープロソフト、データベースのシソーラス、人口知能の設計などで国語学専攻者がひっぱりだこになることなどは、かつて予想もしなかったことである。職業の世界をいつも追いかけ、次の時代を予測することを業務としていないかぎり、こうした事情にうとくても当然なのである。

したがって、キャリア教育は、一定の専門的訓練を受け、キャリアや職業について継続的にかかわっている者によって担われる必要がある。キャリア教育担当者と個別科目担当者との間の協働によってはじめて、上述のような学生の要望に適切に応えていくことができるようになる。

IV　キャリアデザインは何度でも

ところで、中学新卒者の7割、高校新卒者の5割、大学新卒者の3割が、せっかくの就職先を3年以内に離職するという7・5・3現象は、キャリアデザインとの関係でどうみるべきなのだろうか。

一方に、何度でもやり直しのできる社会は望ましく、とりわけ若いうちの転職行動は適職選択のプロセスとして評価できるという意見がある。まだ社会のことも自分のこともよくわからないうちに就職して、それで一生を送ることが多くの人にとって幸せなキャリアを保障するものかどうか、というのだ。処遇、

職場環境、能力開発機会などで何か問題がある企業や業界で離職が多いのではないか、との指摘もある。しかし他方では、転職の頻発が企業にとって採用費用を高め、教育訓練投資を無駄にするので、結局、若者の就業と能力開発の機会を狭めないかとか、キャリア断絶により必要な職業能力が身につかない人材が増えないか、といった懸念も表明されている。

この点、少子高齢化社会では、人手不足基調を反映し、若者の就業行動において30代半ばころまでの転職を織り込んだ傾向は盛んになると予測される。産業構造と就業構造の転換、とりわけサービス経済化、情報化や専門職化などの動きも、同様の傾向を示唆する。グローバル化も、これに拍車をかけよう。

そうだとすると、キャリアデザインは若いころに行ったら、それっきりで足りるというものではなくなる。おり節に何度でも過去のキャリアの棚卸しをし、現在から将来へかけてのキャリアを考え直すことが大切になる。米国のように転職が盛んで、変化も激しい社会では、学校への入り直し、学び直しを介在させつつ、大きく職業転換する例も多い。キャリアチェンジである。生涯学習と就業の機会が開かれていることが前提条件であるが、能力と意欲に応じて何度もやり直しのきく社会は活力に富み、人びとのその時どきのキャリア選択の結果を過度に重くしない点では望ましい。

ただし、そうした社会での職業能力形成は、企業任せでは済まない。働く個々人もキャリア意識を高め、キャリアデザインにもとづきみずからの職業能力形成を進めることが求められる。もちろん個人任せだけでは、うまくいかない。企業や教育機関による支援、国や自治体による条件整備、さらにはキャリア専門家の相談・支援体制の用意なども不可欠である。

何度でもやり直せる社会のキャリアデザインとは、このように、大きな広がりをもった課題である。

V　キャリアの基盤整備

ともかく、二度とない自分の人生をより主体的にとらえ、自分なりに納得のいくように送ろうとすると、国や企業にすべてをお任せして、よろしくお願いしますといって済ますわけにはいかなくなる。自分なりにデザインしたら、自

分なりに実現できるよう、主体的な工夫と努力が必要となる。しかも、若いときだけでなく、生涯にわたってそれを持続させる姿勢も求められる。

　だが、精神論だけでこれが実現できるとは、思えない。たとえば、キャリアデザインをして自分なりに努力しても、勤務先が取得した資格や勉強の成果をまるで評価してくれず、それどころか個人の希望に反するようなキャリアコースに無理矢理、配置転換したり、画一的な処遇しかしてくれなかったりすれば、個人の意欲は大きく削がれる。その結果が転職や独立開業につながれば、企業にとって貴重な人材の流出となる。逆に、周囲の無理解にキャリア開発努力を放棄するようになれば、挫折経験が当人の将来に暗い影を投げかけることもありうる。

　少なくとも個人の努力と企業の対応との間に良好な関係がないと、前向きの姿勢も長くは続かない。最近、個人のキャリアを意識した教育訓練、処遇コース選択への希望反映、コース転換や社内公募の機会付与など、企業の人事管理が変化を示しはじめたのは、個人と組織との間のキャリアデザインの調整（対話）を避けて通れなくなってきたからだろう。

　国や自治体の側としても、知識社会化や情報化やグローバル化などから国際的に人材開発競争に関心が高まっている流れに後れをとってはいけない。能力開発の機会を増やし、現実にそれを活用できるような経費や時間面での配慮をし、また、外部労働市場を整備して能力開発の成果がさらなるキャリア展開の機会と出会えるようにすることは、必須の条件整備である。

　このような社会的な基盤整備の課題を考えた場合、そもそも個人のキャリアデザインやキャリア追究がなぜ尊重されなければならないのかという、根本的な疑問に出くわす。

　個人がどのようなキャリアデザインをするかは個人の自由勝手にすぎない。企業がそれをどれほど尊重するかも企業の自由裁量にすぎない。国や自治体が個人のキャリア意識やキャリア開発に配慮するかどうかも、政策判断の問題にすぎない。それぞれ勝手にさせておけばよいのであって、端から余分な手出しをする必要はないとの声だってある。

　とはいえ、これに対しては、2つの方向からのキャリア支援論が展開されている。

1つは、学力低下や社会人基礎力低下論のような、減少しつつある人的資源の質的低下への懸念である。持続可能な経済社会のためには、労働力が減ったとしても全要素生産性を高めれば一定の対処ができ、これには能力開発が重要な役割をはたす。技術革新などの環境変化も激しく、学び続ける個人と組織でなければ、生き残れない。そこで個人のモチベーションの維持、そのためのキャリアデザインは不可欠であるといった議論である。

　もう1つは、そもそも国は個人のキャリア支援のために存在するところがあるという、より原理的な見解である。憲法は、個人としての尊重、とりわけ個人の幸福追求の自由（幸福追求権）を基本的人権中の基本として宣明する。諸々の基本的人権規定はすべて、個々人の幸福追求の自由の保障という1点に向け、その条件整備のためにあるという側面をもつ。個人がキャリアを追究する自由の法的根拠もここにある。さらに職業生活としてのキャリアについては、職業選択の自由のほか、社会権としての労働権も設けられ、国としての就業機会の確保努力が規定されている。つまり、人生という意味でのキャリアは幸福追求権で、職業生活としてのキャリアは労働権でそれぞれ担保されている。これらを統合的にとらえると、個人がキャリアを準備し、開始し、展開することを法的にも保障した「キャリア権」がある、と再構成することができる。それにより、キャリアの社会基盤整備は、まさしく国の責務となる。社会を構成する企業・組織などによるキャリアの尊重も法が配慮を求めるところとなる。

　要するに、キャリアをめぐる社会経済的な環境の変化により、キャリアデザインを重視する職業能力形成の方向が脚光を浴びるようになったけれども、よくよく考えてみると、近代憲法のなかにもこれを支える理念は伏在していたのであり、キャリア教育やキャリア支援の動きなどは、社会経済的な脈絡における、その現代的な発現にほかならない、といえるようである。

〔初出：世界の労働56巻4号（2006年）〕

第14章

中高年のキャリア展開
―― キャリアを「資産」として活かすために

I キャリアとは

　職業キャリアは、働く人びとの誰もが展開する職業生活そのものである。
　これまでは経歴や履歴と訳されることの多かったキャリア。だが実は、従前の職業経歴を意味する「過去形のキャリア」と、過去に蓄積したもののうえに今、日々展開している「現在形のキャリア」と、さらには将来へ向けて夢を描いたり、期待をしたり、現実性のある予想をしたりする「未来形のキャリア」といった、時空上に三層の構造をなし、あるいは連続性を示し、あるいは断絶性を内包している。単純に経歴や履歴と訳しては済まされない性質がある。
　また、職業キャリアには、客観的なものと主観的なものがある。
　パターン化され、コースやトラックとして用意されたキャリアの路線とその社会的な評価などが外面的で客観的なキャリアである。ここでは、企業組織の設計次第、世間の価値観次第などで、より上級のキャリアとそうではないものといった区別や序列づけがなされやすい。これに対して、内面的で主観的なキャリアの場合は、個々人の主観によって過去と現在が意識され、評価され、主観的な希望や選好によって未来が予期され、構想される。主観的キャリアは個人の考え方次第であるだけに、客観的キャリアのような時代や世間による社会経済的な序列づけとは無縁であることも少なくない。
　人びとはそれぞれに、まるで自分独自の糸を紡ぐかのように、こうした過去・現在・未来をもつキャリアを、客観と主観を縒り合わせつつ、展開していく。職業生活を送るとは、キャリアを現在形として日々、積み上げていく作業であり、振り返ると過去形のキャリアが自分なりに蓄積しており、先を見渡せば不透明な霧のかかった未来形のキャリアがそれなりに展望される。

厄介なことにキャリアは、必ずしも主観的に予想したとおりに進まない。ある日とつぜん転機に差しかかって、急転換することが多々ある。希望した会社に入社できなかったり、入社しても会社が倒産したり、リストラの憂き目にあったり、業界全体が消えてしまったり、身につけた経験、知識、技術技能などが陳腐化してしまったりと、長い職業人生にはキャリア転換を迫られる機会が多い。キャリアは直線的に進むことはまれであり、ジグザグに行きつ戻りつ、上下左右に揺れ動きながら展開していくのが、通例である。

II キャリア意識の変化

日本では、終身雇用、年功序列などの慣行が社会的に根強かった時代には、キャリアの議論は、進路選択を迫られる段階にある若者と高年齢者にしか及ばなかった。どの業界のどの会社に入ることが将来キャリアを安泰にするかと、就職活動するうえでの必須知識としてキャリア問題が教えられた。定年後のセカンド・キャリアを選択するうえで前提となる知識として、高年齢者にもその種の講座が開かれてきた。

だが、企業組織にがっちりと組み込まれ、会社の辞令1本で異動しつつキャリアが形成されていく中堅層（ミッド・キャリア世代）については、これまでほとんどキャリア論議がなされてこなかった。個人として進路選択する余地に乏しかったからである。組織のニーズに沿って人事異動がなされ、必ずしも本人の意図しない形でキャリア展開していくことが多かったのである。それでも、雇用が安定し、年功序列などで一定の地位や報酬も確保されるならば、それなりに納得して職業生活を送った人が大部分であったろう。

ところが、終身雇用や年功序列が揺れ動き、成果主義が広まり、所属部門の成績次第で評価や報酬が大きく変わってくるとなると、個人の選択の余地を無視して得意でも好きでもない職種に一方的に配属しておきながら、成果が出ないと一刀両断にされたのでは、たまらない。どんなに頑張って個人的な達成度を上げても、望んで配属されたわけではない所属部門の業績が悪いから報酬も低いなどということになると、個人的に納得がいかない結果となる。もっと自分なりに選択させてくれ、個人の希望にも配慮してほしいという要望となる。

場合によっては、転職も辞さないほどの思いを秘めながらにである。

そうなると、個々人が自分のキャリアに意識的になってこざるをえない。用意されたキャリア・ルートの天井が低く、幅も狭かった女性がまずキャリア意識を高める。待っていても何も来ないから、自分なりに打って出たい。そのためには、資格やスキルを磨かなくてはと思い、行動もしたのであった。

いずれにせよ、若者も高年齢者も女性も、どれも「進路選択」が目前に迫ってキャリアを自覚する機会が与えられると、キャリア意識が高まる。より適切な進路選択、後悔しない適職選択のための、世間相場に関する情報提供と自己理解の推進が二大テーマとなる。進路選択が現実的なだけに、情報を聞くほうもかなり真剣である。教育効果という点では効率がよい。

Ⅲ　キャリア教育の大切さ

北欧の中学課程「公民（社会科）」の教科書を読むと、「あなた自身の社会」などといったタイトルで、中学生たちとかけ離れたよそよそしい存在としては社会を描いていない。知識へとつながる議論をしているが、それへの入口はいつも自分たちの周辺から出発するように書かれている。職業社会についても同様であり、自分自身のキャリアがどう展開していくかを考えさせようとする。自分たちの問題として、10代の少年少女の周囲に広がる、身近なものとして感じさせようと工夫していて感心させられる。

このように先進諸国では、職業キャリアを含む広義のキャリアを意識させ、自分たちはどう社会とかかわり、どう生きていくかを考えさせることを重視する傾向にある。

変化の激しい社会においては、とりわけキャリア意識が重要となる。20歳前後から60歳以上まで、さらに将来的には70歳くらいまで、半世紀以上にわたって働き続けるであろう若者世代にとっては、生涯にわたって拠りどころとなる基盤を学校教育で身につけ、若き日の職業経験でさらにそれを発展させ、その後も生涯学習で時代の変化に追いついていけるようにする必要がある。何しろエクセレント・カンパニーは平均してたかだか30年ほどの期間しか優越的地位を誇ることができず、世界有数の大企業でも環境変化のなかでは驚くほど短期

間に崩壊してしまう時代だからである。

　従業員の高齢化が著しい衰退産業・企業は、しばしば一昔前に花形産業・企業だった時期をもつ。それら産業や企業の中高年世代は、かつての花形産業・企業の時代に、華ばなしさに惹かれて就職し、上昇気流に乗って仕事をし、ふと気づくと産業も企業も花の盛りをすぎ、下降気流に翻弄されていたりする。古めかしい産業や企業の現状に、いつしか若手はほとんど入ってこなくなり、そのことがまた衰退を加速する。海外諸国の追い上げでビジネス展開は苦しくなり、グローバル化の波に乗って自らも海外展開をすれば、国内の雇用はさらに縮小しかねない。

　そうした産業構造・職業構造の変化を何度も目の当たりにし、みんな保護主義では産業も雇用も守れない現実を否応なく学習した。ヒト、モノ、カネの経営資源のうち、カネが何よりも敏速に市場動向に反応する。次いでモノが市場に感応し、ヒトはもっとも対応に後れることを実感した。突然に変化する世界経済のなかで、これから長い職業人生を送っていく若者たちには、そうした実態を踏まえたキャリア教育が欠かせないことを、先進諸国はどこも、認識している。

　日本も例外ではない。1990年代後半からキャリア教育の必要性が認識されはじめ、大学教育にキャリア講座やインターンシップが導入され、やがて高校以下の教育にも広がっていく。不況の影響による若者採用数の抑制がフリーター、ニート問題を生み、関係者の危機感を強めた。7・5・3といわれる、新卒後3年内に初職を離れる若者が中卒で7割、高卒で5割、大卒で3割という状況も、若者たちに職業意識をつけさせないといけないとする主張につながった。学校から社会への橋渡しが従来のようにはうまくいかなくなってきたのである。

　若者へのキャリア教育は、マラソンレースの比喩でいえば、レース前の練習や競技場における準備体操のありかたに一石を投じる。だが、しばしば就職向けの教育だと軽視されてしまい、生涯を通じた職業生活の基礎を考える教育だとは、なかなか意識されない。就職後にはじまる、50年間すなわち半世紀にもわたる、山あり谷ありの職業人生を自分はどう送っていくべきか。そのために、いま何を、どうすべきか。就職後は、何を、どう身につけていくべきか。変化していく外部環境を織り込みながら、人生設計をどう立て、どう修正していく

べきなのか。

　こうした長期にわたるキャリア展望、未来形のキャリアを意識させ、社会はどのような仕組みで職業を生み、展開するかを理解させ、それと自己理解とのすり合わせ作業を実習させるのが、キャリア教育の核となるはずであるのに、目先の就職対策に終始する傾向がないではない。

Ⅳ　ミッド・キャリアの教育

　それでも、キャリア準備としてのキャリア教育には大きな意味がある。大学に入ってキャリア教育をはじめて受け、自分が進みたい職業人生には向かない学部に入ってしまったと知る学生がいる。高校１年で将来のキャリアを深く考えることもなしに目先の苦楽から、文系か理系かのコース選択を行い、進学後に文系学部生では希望する職業のキャリア開始の機会さえも閉ざされることを知り、愕然とする学生もいる。就職時に近時流行の産業の、名前がよく知られた企業ばかりを受け、幸運にもそのどれかに入っておきながら、数年も経ずして転職する学生がいる。産業や企業が就職後ほどなく盛りをすぎた状態になってしまう場合もあるし、忙しいばかりで思ったほど力がつかないでいる自分に不安を感じてしまうこともある。それだけに進路選択にキャリア教育は重要な役割をはたす。

　また、進路選択という意味では、日本型雇用慣行にどっぷりと浸かって働いてきた人がキャリアの後半、それも最終コーナー近くになった50歳代や60歳ころに受けるキャリア講習がある。一時期より相当に広がってきている。セカンド・キャリアや退職後の年金生活をどうするかなどの講習を配偶者とともに受けさせる例もある。この場合、職業生活の途中（ミッド・キャリア）というよりは、最終段階近く（エンド・キャリア）の教育となることが多い。

　だが、ほんとうの中堅世代向け教育は、30歳代と40歳代の働き盛りにこそ必要だろう。いさんで職業人生マラソンの競技場をスタートしたが、だんだん自分の意に沿わないレース展開となってしまい、うまく実力が発揮できていないと焦ったり、能力開発が遅れ気味だと不安な思いでいる後期青年期や前期中年期の世代に対しても、適切な対応が望まれる。やみくもに長時間労働に明け暮

れて体調を崩したり、メンタルヘルスに変調をきたしたり、モチベーションの低下に苦しんだりしている人たちは、実に多い。子育てと就業とのはざ間に揺れ、悩む世代でもある。女性のM字型カーブ（育児期に就業率が低下する現象）を是正し、主要な工業国と同様に台形型にするうえでは、この世代へのキャリア支援こそ欠かせない社会的な課題だと思われる。

　若き日の一線に並んで走り出した春がすぎ、はや中堅世代の夏となり、同期などとの間に差がみえてくると、人びとは心穏やかでなくなる。さらに、職業人生の折り返し点をすぎ、季節も秋口になってくると、何を目標に働き続けるのかで、とりわけ40歳代の一部にモチベーション低下がはじまる。目安にしていた管理職昇進に洩れたり、遅れたりし、希望とは異なる専門職、専担職などを提示されたりして、急速に意欲の低下をきたす人たちがいる。それだけに、こうした世代へのキャリア教育やキャリア支援策は重要である。

　実際、中堅世代の中だるみ現象、モチベーション低下に悩む企業は、多い。組織人として個性を殺し、辞令1枚で滅私奉公する姿勢を課すことは、組織行動のとれない若者や一部社員にはそれなりに有効である。だが、中堅世代になると、行きすぎて組織体質にどっぷりとはまってしまい、組織の考え（指示）がないと判断できない社員が増えてしまう。そうなると、経営トップが間違えると、組織として補正できないリスクが高まる。組織構成員の平均年齢が上がっていくなかで、中高年社員がもっと活き活きとした、活気のある企業組織になれないものか。これでは、とても知識創造企業になれそうにない。

V　キャリア自律の模索

　そこで、「キャリア自律」すなわち個人が自分のキャリアにもっと意識的になり、自主的なキャリア展開をはかって成長していく方向に向け、人事労務管理のありかたを変えようとする企業が出てくる。それも経営側が一方的にそのような方向に舵を切り替えるのではなく、労働組合や従業員集団などと協議し、全社的にキャリアを意識した人事体制に移行していくことを試みている。

　従業員のキャリア問題に対処する企業内キャリア・センターや部署をつくり、個人への相談体制を整え、キャリアの視点から社内の諸問題を洗い出す。その

結果、未来形のキャリアに不安を感じ、キャリア展望がたたないといって若者が辞めていったり、中堅層がメンタルヘルスに不調をきたしたりしていた現象のかなりの部分が改善されたという報告も聞く。相談担当者に守秘義務のあるキャリア相談で思いのたけを話すだけでも、ずいぶんと明るい表情になって帰っていく社員が少なくない。いわゆるカウンセリング効果である。

　また、配置の個人希望を漫然と聞き置くのではなく、社員のキャリアデザインと企業のキャリア管理とをできるだけすり合わせ、配置転換にも反映する姿勢に転換した企業では、将来のキャリア展開に向け、自分の過去形のキャリアを棚卸しし、未来形のキャリアで必要となる知識、技術、経験、人脈、コンピテンシー（仕事をするうえでの思考や行動の特性）などに事前の準備をする社員群が生まれる。これまでの配置転換では、個人からみて従来のキャリアとの連続性が疑わしい形で、ある日突然、異動が命じられるので、事前に次のキャリアへ向けた学習もできないし、異動後も大慌てで新しいことを勉強しなければならなくなり、慣れない日常業務とも重なって労働時間が長くなりがちとなったが、こうした側面が緩和される傾向も生まれた。

　だが、何よりも大きな効果は、仕事のやらされ感、受身の姿勢が減ったことのようだ。自分のキャリア形成を意識することで、日々の仕事蓄積が将来のキャリアに反映することを自覚し、コンピテンシーに配慮する必要を実感していく。職場の構成員が仕事をみずからつくりあげていく姿勢に変わっていくと、組織は活性化するし、作業効率も上がる。何よりも、業務の質が高まり、成果につながっていく。日本の職場のあちこちにじわじわと広がる、働く人びとの消極性が改まっていくのである。

VI　キャリアの展開

　キャリア展開は事後的に回顧すれば、まるで小説のストーリー展開のようになる。キャリア展開が、波瀾万丈の人もいれば、淡々とした人もいる。

　短編小説の場合は、著者が1つか2つの気の利いたプロット、切り口のよいストーリー展開を思いつけば、一気呵成に書ける。意表を突く登場人物を描くことでもよい。キャリアでいえば、特定の短期目標へ向けてエネルギーを集中

して勉強をしたり、特定の業務上の課題をこなすために全力をあげて取り組んだりすることが、これにあたる。比較的短い期間なので、目標、仕事課題、仕事意識などにおいて、一貫性、統一性が保たれやすい。

それに対して、長編小説の場合、一定の主題のもと、ストーリーが展開していく。主人公のほかに脇役の人物が多数登場し、話の展開も紆余曲折のあるものであることが多い。よくみると、個々のエピソードはまるで短編小説のようなものであり、その積み重ね、展開が長編を織りなしていく。個々の場面が緊密で、よく練られたものであり、全体としても破綻のない物語になっていると、読後感は充実したものとなる。

キャリアでいえば、比較的限られた期間において、その時どきの学習上、仕事上、生活上の課題に対処するだけでなく、職業人生という長い期間を通して、一定のキャリア目標のもと、経時的に、学習、仕事、生活における諸課題をあるいは連続的に、あるいは断続的に、展開していく。そこにはみずから望んで行う課題もあれば、受け身的に仕方なく対応することもある。一時点における言動が原因となり結果となり、連鎖的に続くのである。大きな屈折点・転換点だけでなく、無数の小さな屈折点・転換点がある。当然、運・偶然という要素も見落とせない。しかもしばしば、この要素が大きいのが困ったことでもあれば、また面白いところでもある。

このように小説とキャリアとの間には、類似点が多い。他人のキャリアを聞いたり、伝記を読んだりするときは、とくにそうだ。とはいえ、小説を書くのと、キャリアを形成するのとの間には、大きな相違がある。それは、小説はほとんどが著者なりに、自分の一存で決められるのに対して、キャリアは必ずしもそうならない点である。

個々人のキャリア展開に対しては、関与してくる人びとが実に多い。
幼少期から高齢期までみても、両親・兄弟姉妹、祖父母、近隣の人びと、学校の友人・先生、入試や資格試験の作成者と同時期の受験者、入社試験の作成者・面接担当者と同時期の受験者、上司・同僚・後輩、取引先、業界関係者、友人、配偶者・子供、親戚、そして同時代人などである。関係者が多ければ多いほど、その間に複雑な力学関係、影響関係が生まれる。運の要素、偶然の要素が生まれる確率も高まる。

こうして、大筋ではキャリアの方向を決めていても、必ずしも思い通りには進まない。キャリアは当人が思いもかけない方向に展開していってしまうことが多い。それだからこそ、面白いと感じるか、辛いと感じるかは、個々人の気のもちようである。だが、当事者である以上、そしてキャリア展開による利害得失も大きいだけに、達成感や挫折感は大きい。

一言で表現すれば、結果としてのキャリアは小説を読むにも似たものであるが、将来予想・展開としてのキャリアは小説を作るのとは相当に異なる。およそ運や偶然の要素が大きく、確たる見通しがつかないのである。そうしたなかで、運をどのように自分に引き寄せ、達観しつつも意図的、意欲的に前向きに、その時どきの課題に取り組んでいけるかが問われる。当然、人脈と社会関係をつくっていける能力は、キャリア展開への影響が大きい。

Ⅶ　キャリアの統合

中高年にとっては、マラソンレースの折り返し点をすぎてからのキャリア展開をどうするかが、問われる。多くの人はキャリアをさほど意識しないままに折り返し点を周るので、その時点で急に聞かれてもドギマギしてしまう。客観的なキャリア転換の可能性は狭まっているので、今さら困るとも思ってしまう。

だからこそ、中高年になってから突然、キャリア意識をもつように迫るのではなく、若手、中堅世代のときから、自分のキャリア形成を意識しながら働くように仕向けることが望ましい。そうすれば、折節にキャリアの棚卸しをしながら、未来形のキャリアを展開するのに欠けているものを補おうとするであろうし、日常生活のなかに生涯学習を組み込んで、柔軟性と最先端知識や技術技能を身につけていく姿勢も高めることだろう。

しかしながら、これまでキャリア意識に乏しかった中高年であるが、キャリアの棚卸しをしてみると、意外や意外、多くのキャリア資産に恵まれていることに驚くのではないだろうか。キャリアシートを書いてみれば、どこでどんな仕事を仕上げ、それを通じてどのような知識、技術技能、経験、コンピテンシーを身につけ、人脈を築いたかなどが、次つぎと走馬灯のように眼前に広がるかもしれない。数々の失敗経験だって、その後の成功につながったことが少な

くないであろうし、それを通じて職業人としての成長となったことは多いだろう。

　眼前に展開し、未来に到来するであろう変化は、中高年にとって、たしかに辛いものがある。老いを感じる機会も増える。だが、新たな社会経済的な脈絡のなかに自分のキャリア資産を組み込んでみると、新たな輝きを示すものがたくさんあるはずだ。いつの時代も人間は目は2つ、鼻は1つであり、基本に忠実に、時代に合った応用を心がければ、中高年のキャリアには再生し、優良資産化するものが多く詰まっている。

　個人として、企業組織として、それを活かさない手はない。まして少子高齢の社会としては、その本格活用をはかるべきだ。そしてその際に忘れてはならないのが、キャリア資産は点としてバラバラにみたのでは価値を発揮できないのであり、時代変化に応じた意味づけ、相互の関連づけという「統合」をしてこそ、大きな価値を生むという事実である。

〔初出：かけはし23巻1号（2009年）〕

第15章
内職と在宅就労

I 概　　念

「内職」とは、主として自宅住居の内部または近辺において、主婦や高齢者らによって営まれる職業活動であり、手内職といわれるような物の製造加工の作業（家内労働）が代表的であるが、これ以外にも、習いごとの教授、託児の世話、雑件の請負処理といった役務提供（サービス労働）などを含む概念である。

内職の属性は、一般に、次のような点である（ただし、「内職」とは名ばかりなほどに高度な業務も例外的に存在する）。

①本格的な物の製造加工には工場が、また、本格的な教育活動には学校が、それぞれ対応するように、基幹となる仕事（家事・育児などを除く）の大部分は家の外で社会的に処理される仕組みのなかで、内職はそれ以外の部分を周辺的、補助的に担当する作業である。

②内職は、特別の作業場や機械装置は必要とせず、ごく普通の住居内で簡易な道具の利用で可能な作業である。

③内職は、特別に高度な職業能力（教育訓練、経験、知識、技術技能）は必要とせず、簡単な導入訓練などをすれば従事できる程度の作業である。

④内職は、外部での企画や処理に付随する、下請け的、縁辺的で、付加価値の高くない作業である。

⑤内職の生産性や報酬の水準は、高くない。

⑥内職は、下請け構造の最末端を担う作業として、景気や生産の変動の際のバッファー的な役割をはたすなど、作業量が安定的でない。

⑦内職の作業時間は、従事者や従事場所などの制約条件により、相対的にみ

て、断続的であったり、短いことが多いが、内職が副業的ではなく、本業化している場合には、長くなる傾向にある。
⑧内職は、何らかの理由（家事・育児・介護などの家庭責任、高齢・年少、病弱、失業など）により家を離れて働くことが困難な者が、自宅住居内またはその近辺において従事する仕事である。

「内」職という呼び方には、②の場所的な特性が強く反映する。また、主婦（家内）がする手内職が典型であるように、⑧の人的な特徴も関係している。さらに、本格的な仕事の陰に隠れた2次的な職業といった特性（①～⑥）、あるいは、短時間性（⑦）も、「内」職というイメージに影響を与える。家の外で本業として主たる家計収入を稼ぐ者が副収入を得るために従事する副業（家でする場合も、そうでない場合もある）もしばしば「内職」と呼ばれるのは、このためであろう。また、④～⑥の要素は、とりわけ、各種の社会政策的な配慮を要請してきた。

II 沿　革

人類は、いつの時代でも、生存や社会形成のため、家の内外での仕事を組み合わせて、必要な物やサービスの確保をしてきた。狩猟、採集、農耕、牧畜などは、住居外の典型的生産活動であったし、道具整備、衣料製作、食事準備、育児介護などは住居内の典型的生産、サービス活動であった。自給自足の経済においては、両者に属する多種の活動が同一の家族共同体の内部で営まれてきた。

もちろん、身体機能の特性などからする役割分担はあったろう。屈強な成人男性らが狩猟や戦闘などの仕事を受け持ち、女性、高齢者、年少者、虚弱者らがそれを背後で支える仕事を担うなどである。男性も狩猟具や農機具の製造や手入れは家内でしたろうが、それの多くは外部での仕事向けの付随的、補助的な作業であった。社会的分業と結びついた「内」職概念の遠い起源である。

江戸時代には、桶樽職人や髪結のように住居内で作業をする居職と、大工や畳職人のような作業現場に出向く出職とが区別されていた。住居を作業の拠点とするかどうかによる、いわば「内」職と「外」職の差異である。下級武

士や浪人とその家族が傘張りや寺子屋をするという内職もあった。社会的分業が進み、問屋制家内工業などが発展してくる後期には、農村にも居職型の作業（女性の機織りなど）が広がり、現代の家内労働にもつながった。

どの国でも、産業がまだ十分に発達せず、失業が多く、貧民層が下層社会を形成していた時代には、都市にインフォーマル・セクターが広がり、安い手間賃での内職も盛んであった。とりわけ、女性にとって、家事労働が手間暇のかかるものである一方、これを支援する技術が発展せず、社会システムが整備されていなかった時代には、労働の機会も内職に限られることが多かった。

日本では、明治、大正、昭和と時代が移っても、こうした状況が長く続く。そうした内職の主流は、賃加工であった（たとえば、昭和10年の「東京市内職調査」によると、サービス業系の内職はほとんどなく、調査対象5,777人のうち4.7％にすぎない273人だけが「雑業」に分類されていた。内職者のうち本業ありの副業タイプは1.4％、94.7％が女性、作業場所の97.9％が自宅、平均労働時間が1日7時間9分などであった）。

戦後も内職者は多数に上った。家内労働法制定（1970（昭和45）年）の少し前の調査（内閣総理大臣官房「内職に関する世論調査」(1967年)）では、人口10万人以上都市で小学校以下の子供をもつ主婦のいる世帯を調べ、9％に内職者があったとする（1日6時間以下の就労が79％、必要な技能程度は「ある程度」以下が84％、内職の理由で生計費を主にまかなうためは10％で、生計補助のため38％、子供の教育費のため29％など。内職者の不満の34％は「工賃が安い」だが、内職をできるだけ長く続けようとする者が43％、当分続けるが41％で、やめたいは12％のみであった）。

また、同じころの労働省調査（婦人少年局「内職就業基本調査」(1968年)）では、内職就業世帯はもっと多く、12.3％となり、内職希望も11.8％であり、合わせると24.1％が内職をしているか、したいと思っている者のいる世帯であった。推計すると、全国で約325万世帯もの内職世帯があった勘定になる。内職者は、1日6時間以下の就労が73.9％、年齢的に30代が43.0％、また、機械を使用しないが63.1％などであった。

III 現　状

　現在では、内職という言葉はあっても、その反対の概念としての「外職（出職）」はない。仕事とは、ほんらい家の外で行うもの、あるいは、行わざるをえないものであって、自宅の片隅などで済ませられる代物ではない、といったニュアンスが強い。また、専業で行うもの、あるいは、行わざるをえないものであって、何かの仕事の片手間にやれるものでない、との発想も強固である。

　こうして現在も、家事の合間に、家計補助的に行う仕事である内職をめぐっては、社会の主流を形成する基幹的な職業活動ではない、補助的、縁辺的、付随的な作業という社会的観念がつきまとっている。内職の否定的イメージである。会議中の内職、受験生の授業中の内職などという比喩的な使い方も、同様である。

　この種の評価はいずれも、内職をして、正面切って本格的に重視すべきほどでない仕事という社会的な扱いを生む。本物の、一人前の職業の遂行だとは、世間がなかなか認めない。今日でも内職の主流をなす家内労働でみると、女性だと40～50代が54.6％、1日に平均5.6時間、月に19.4日働き、その平均月収額は4万5,455円と工賃は安く、時間当たりで452円でしかない（労働省による1994年の「家内労働実態調査」。男性の場合、50代以上が7割で、1日8.5時間、月21.9日就労し、月収17万2,095円、時給865円である）。

　社会的評価が低く、報酬も良くない仕事に従事しようとする人は、経済が発展し、他の就業機会が生まれるならば、減っていかざるをえない。事実、家内労働法が成立した1970年に201万人ほどいた家内労働従事者数は、1995年には58万人ほどへと低下し、内職型の家内労働者も同じく160万人から51万人までに減少した（労働省「家内労働概況調査」）。この間に、パートタイム労働者数は増加し、非農林業で1960年には133万人（うち女性は57万人）、1970年で216万人（同130万人）だった週35時間未満の短時間雇用者数は、1995年に967万人（同647万人）にまで達した（総務庁統計局「労働力調査」（各年）。1996年には少し減って896万人）。

　パートに出る女性の属性と内職女性の属性が、基本的に類似していることを

考えると、内職をする代わりに、パートタイム労働などの「外職」をする傾向が強くなってきているといってよいだろう。内職はパートに代置され、パートに内職の延長線上の傾向（家事との両立のための短時間労働、低い報酬、熟練度の高くない仕事などの要素）が移行している。ILOがパートタイム労働条約（175号・1994年）に引き続き、在宅形態の労働条約（177号・1996年。一般には家内労働条約と訳される）を採択したのは、理由のあることだと思われる。

Ⅳ　将来展望

　共働きがごく普通となってきている工業諸国では、従来型の内職は歴史的な存在となりつつある。だが、将来を展望するとき、自宅で働くという側面は、むしろ広がっていくと予想される。情報化の進展による在宅勤務（telework）の増加である（日本労働研究機構「在宅勤務調査」(1995年)は5人以上事業所の2.9％に何らかの在宅勤務者がいると推計し、日本サテライトオフィス協会「日本のテレワーク人口調査報告書」(1997年)は週1回以上の在宅勤務をする者が約40万人だと推計する）。実際、サービス経済化の中では、製造業的な在宅就労は減ってきているが、翻訳、著作・編集、事務処理などのサービス業型の在宅就労は増加している。

　上記のILO在宅就労条約は、物の製造・加工という家内労働だけでなく、サービス業型の在宅就労をも対象とし、在宅勤務を将来の重要な就労形態だとみている。欧米での在宅就労の普及状況からして、この予測は当たるのではないだろうか（ただし、完全な在宅勤務ではなく、部分的な在宅勤務が主流となると思われる）。

　そうなると、内職という語は就労形態としては死語となりつつあるが、これに代わり、かつての「居職」（在宅形態での就業）が新たに復活してくるのかもしれない。

〔初出：「内職」日本労働研究雑誌443号（1997年）〕

■参考文献

G. ルフラン（小野崎晶裕訳）『労働と労働者の歴史』（芸立出版・1981年）
大竹秀男『近世雇傭関係史論』（有斐閣・1983年）
森下徹『日本近世雇用労働史の研究』（東京大学出版会・1995年）
乾宏巳『江戸の職人―都市民衆史への志向』（吉川弘文館・1996年）
東京市役所「東京市内職調査」（1935年）
内閣総理大臣官房広報室「内職に関する世論調査」（1968年）
労働省婦人少年局「内職就業基本調査報告」（1969年）
日本労働研究機構「通信情報機器の活用等による在宅勤務の展開」日本労働研究機構・調査研究報告75号（1995年）
テレワーク推進会議「テレワーク推進会議最終報告書」（1996年）
ILO, Conditions of work digest : Telework, Vol. 9, No. 1, Geneva, 1990.

第16章
テレワークの導入をめぐる政策課題

はじめに

　新しい労働の方式としてテレワーク（telework）が登場してから、はや4半世紀以上が経過した。日本で注目されるようになった1980年代初頭からでも20年以上が過ぎた。
　ところが、その普及はまことに遅々たる歩みである。なるほど、なんらかの方式で情報機器を用いて働くことは通例化した。仕事場以外の自宅や通勤途上でeメールを読んだり、打ったりする程度のことは、かなり広く行われるようになった。だが、これが働き方として正面から位置づけられている様子はほとんどないし、通常の職場に出向かないまま、通常のオフィスワークを、通常のオフィス時間に、自宅などで定期的に行っている人はごく少ない。
　なぜなのだろうか。テレワークとはそれほど人間性や仕事処理に反した、不自然な働き方なのであろうか。それとも、旧来の仕事の仕組みが強固すぎて、テレワークのような新しい働き方の登場や発展を阻害しているのだろうか。
　テレワーク導入を政策的に考えようとする場合、一方でテレワークの可能性を検討する必要があるとともに、他方でその普及を妨げている要因を追究しなければならない。とりわけ自営業の請負仕事ではない雇用関係においてテレワークが可能か、もし可能だとしてもどのような点に配慮すべきか、また、公共政策的な対応をする際の課題は何か、などの疑問に答えないといけない。
　本章は、こうした問題を論じる。最初に、そもそもテレワークとはどのようなものなのかをめぐって検討する。次いで、そのメリットとデメリットなどを考察する。最後に、政策課題とそれへの対応の方向を示唆する。

I テレワークの概況

1 テレワークの意義

　テレワークとは、文字どおり、距離をおく隔地において（tele）、職場へ通勤して行うのと同様に仕事をする（work）、といった働き方を意味する。この場合、自宅または自宅周辺で仕事をすることが多いことから、日本語ではしばしば「在宅勤務」という訳語が当てられてきた。また、とりわけアメリカでは、毎日通勤をする（commute）代わりに隔地において（tele）働く方式であることから、テレコミューティング（telecommuting）と呼ぶことがある。さらに、広義のテレワークには属するが、やや異なった働き方として、情報通信機器（とりわけコンピュータ）を使って、決まった職場や自宅周辺ばかりでなくあちこちを移動しながら（mobile）働く（work）ということで、モバイルワーク（mobile work）と呼ぶものもある。

　ここでは以下、こうした新しい働き方の呼び名として、国際的にもっとも通用している「テレワーク」を使う。在宅勤務では、「在宅」という点から自宅以外でする隔地労働が排除されかねないし、「勤務」という点から雇用労働者以外の自営業的な隔地就業、つまり在宅ワーク（在宅就労）とかSOHO（small office home office）とかと呼ばれるものがはずれてしまう。また、テレコミューティングは日本人にとってなじみの薄い用語である。さらに、モバイルワークは、外勤の営業員や各種サービス員が情報機器を備えて働きだすと、たちまち呼び名がモバイルワークになるという性質にあり、まるで「新しい」働き方とまでは定義しがたい。たしかにテレワークの一変種ではあるが、当面、テレワークの代表例とすべきとまではいえないだろう。

　いずれにせよ、テレワークに共通する要素は、
　①在来型のように職場にいつも通勤して仕事をするわけではないこと
　②自宅または自宅近辺などの就業場所を利用して分散的に仕事をすること
　③情報通信機器（とりわけコンピュータ）を用いて仕事をすること
の3点である。

このうち、①の職場通勤をしないこと、および、②の自宅または自宅周辺で仕事をすることの２点は、古くから存在する「家内労働」(home work) とも共通する要素である。異なるのは、③の情報技術 (IT) を利用する点であり、さらに指摘すれば、家内労働では労働の対象が「物の製造加工」という点に特色があったのとは異なり、サービス業務が中心であり、いわば「情報の製造加工」を行うことが多い点でも相違している。そこから、多くのテレワークの定義にあたっては、③の情報通信技術 (ICT) の利用が必須の要素とされている。

当然、新しい働き方であるテレワークの導入にはメリットとデメリットが併存する。だが、社会に情報化、多様化、柔軟化などが進行していることを考えると、いまやデメリットよりもメリットのほうが評価されるようになってきているだろう。既存の働き方が不変かつ代替不能のものだとかたくなに考えないならば、テレワークの普及を図る余地は大きい。

2　テレワークの普及状況

テレワークの可能性が語られ、多くの先行例こそ出現しているけれども、日本での本格的な普及は一般的に足踏み状態にあるとみられる。

たとえば、日本労務研究会によると、1999年10月に同会が実施した調査における約１万社に問い合わせて750社から有効回答を得た結果では、83社、11.6％に広義のテレワークが存在することを確認したが、これは回答率の低さからしても、また、他の先行調査結果からしても、むしろやや高めに出た比率だと思われる。[1]同様に、「日経産業新聞」(2000年12月4日、22面) に掲載された、日経リサーチが2000年10月に各種ランキング上位の410社を対象に働きがいやゆとりを調査し、255社から有効回答を得た結果では、サテライトオフィス導入が5.1％、在宅勤務導入が3.5％となっているが、これも全企業との関係では高めの数字だと思われる。

実際、神谷隆之ほか[2]の調査では、1994年に6,000業所へ問い合わせて1,114事

---

[1]　日本労務研究会の1999年調査「在宅勤務等の新たな働き方に対応した労働条件確保のための調査研究報告書」(2000年) 3頁。
[2]　神谷隆之ほか「通信情報機器の活用等による在宅勤務の展開」日本労働研究機構調査研究書75号 (1995年) 14頁。

業所から有効回答を得た結果などから、テレワーク形態の働き方が存在する事業所の比率を、従業員5人以上の事業所の1.7%と推計する。また、「週刊労働ニュース」(1673号、1996年5月、4面)によると、1995年にさくら総合研究所が会員企業に対して行った調査では、特定の職種に在宅勤務制度を導入している企業が1.2%に対して、実施していないし、実施の予定もない企業が85.5%であった。しかしこれでも「日経産業新聞」(1994年9月9日、28面)によると、労務行政研究所が全国主要2,840社を対象に調査し375社から有効回答を得た際の、在宅勤務の導入企業0.5%という比率よりは、高い。

他方、従業員内における比率では、「生産性新聞」(1879号、1997年4月、5面)によると、1996年に東京、大阪ほかの6都市に本社のある、4,232社中の463社とそのホワイトカラー正社員1,134人から有効回答を得た日本サテライトオフィス協会調査では、ホワイトカラー正社員の2.3%が在宅勤務を、同3.1%がサテライトオフィス勤務をしていると報告する。

ただし、最近の国土交通省の委託でニッセイ基礎研究所が行った2002年の「テレワーク実態調査」によると、週に8時間以上テレワークをする者は雇用労働者中の約311万人（約5.7%）にも達すると推計されており、自宅などにおけるeメール処理などが急速に広がっていることを示唆する。[3] すなわち、なるほど就業時間中に、通常の業務を、通常の職場外で処理するという本格的なテレワークの普及こそ後れているが、制度化されていない、就業時間外に、周辺業務を、自宅などで処理する仕事のスタイルはかなり進展している。

したがって、これをより制度化された、社会的にも認知されるかたちの、良質の新しい働き方に変えていくにはどうしたらよいか、を考えるべき時点にきているようである。

---

3) 「生産性新聞」2064号（2003年4月）3面。

II テレワーク導入の利点とコスト

1 テレワークの利点

テレワークには、つぎのようなメリットがある。列挙してみよう。
①自分の作業に集中できるので効率が上がり、仕事の質が高まる。
②通勤に必要な時間とエネルギーが省略できる。
③自分なりのスタイルで仕事ができる。
④個人生活、家庭生活との折り合いがつけやすい。
⑤事務所経費、通勤経費などが節約できる。
⑥分散オフィス体制により災害時などのリスクヘッジとなる。

これらのうち、本格的にテレワークを経験した者は、なによりも①作業効率、②通勤効率、③自由な仕事スタイルなどを高く評価する。とりわけ、オフィスにいる場合では周囲の人の動き、会話の声、各種の騒音、電話などによって気が散り、仕事に集中しづらいことが往々にしてあるのに対して、自宅に作業環境が整っている場合には、事務所勤務の半分かそれ以下の時間で、より高いレベルの仕事処理ができることを指摘する。通勤による時間と精力の喪失がない分、仕事に集中できるとされる。また、周囲の目にさらされないのでマイペースの仕事の進め方が可能であり、好きな音楽を流し、ラフな恰好で机に向かったりして、心理的な拘束感がないことにより、自由な発想、創造的なアイディアなども出てきやすい。

とはいえ、一般にテレワークの長所としてよくあげられるのは、通勤しないですむ点、自由時間が増える点、個人・家庭生活との折り合いがつけやすい点など、もっぱら労働者個人にとってのメリットであることが多い。その結果、肝心の仕事効率に関する評価が背景に退きがちとなり、企業にとってはテレワークが「労働者のわがままに迎合する贅沢な働かせ方」というイメージも生まれがちで、バブル経済時代の人手不足時にはテレワークに向かっていた主要企業の関心が、不況により薄れたりもした。

しながら、①の作業効率の向上、仕事の質の確保という長所の理解がテレワ

ークの普及にとって重要であることは、モバイルワークとしての直行直帰が増加傾向にある事実からも指摘できる。朝夕にわざわざ営業拠点へ顔を出すことが営業効率を損なっているとみた企業は、1980年代より直行直帰スタイルを導入しはじめ、最近では高い普及率を示している[4]。

すなわち、コストパフォーマンスに敏感な企業にとっては、労働者の選好や便宜のみをいくら強調したところでテレワークの導入に直結するものではなく、業務上・仕事上の利点をはっきりさせることが重要なのである。

その意味では、これからの時代変化のなかで、「個人・家庭生活と職業生活の両立」に配慮する労働者が増えると思われ、また、知識社会化で人材の質が企業経営を左右する度合いも高まると考えると、優秀な人材を確保するためにテレワークを導入する必要が企業に生まれることも予想される[5]。

さらに、これまで等閑視されてきた気味があるが、通勤負荷を減らすことによる環境対策、地域社会の活性化対策、オランダの仕事柔軟化のような雇用対策・家庭政策の一環、災害時のリスクヘッジ策といった、社会全体からする観点からしても、より真剣に意識される必要があると思われる。

2 テレワーク導入のコスト

テレワークに多くのメリットがあるとしても、デメリット（各種のコストやリスク）が存在することもまた確かである。その主なものを列挙してみる。
① 従来型の管理、処遇、評価などの方式を一定程度改める必要があり、新規コストを要する。
② 私生活、家庭生活との混同が起こると、作業効率は低下し、仕事の質も落ちる。
③ 通勤による仕事への心の切り替え効果が働かず、メリハリがつきにくい。
④ 他人の視線がなく、周囲の圧力が減る結果、気乗りしないと怠惰になる。

---

4) 前掲注1）の日本労務研究会の1999年調査でも、モバイルワーク導入企業は8.8％（モバイル勤務のみ導入が7.2％、在宅勤務とモバイル勤務の双方導入が1.6％）で、在宅勤務のみ導入企業の2.3％を大きく上回っていた。
5) 現に、日本労務研究会の海外調査「在宅勤務等の新たな働き方に対応した労働条件確保のための調査研究報告書―海外調査編」（2000年）では、テレワークにより「優秀な人材の確保」に努める必要性がしばしば指摘されていた。

⑤分散した自己流の仕事ぶりばかりになると、協働作業がしづらくなる。
⑥コミュニケーションが悪くなると、孤立感が高まる。
⑦長期に完全テレワークをしていると、能力開発面で問題が生じる可能性が高い。
⑧部分的な在宅勤務などの場合、事務所経費、通勤経費などの節約はあまり期待できない。
⑨情報通信費用が増大する。

　これらのうちで、テレワーク導入の初期、過渡期に問題になるのが、①制度変更による導入コスト、移行コストである。初期費用といってもよい。1980年代には、まだホワイトカラーの裁量労働制やフレックスタイム制がほとんど知られておらず、一律の働き方を前提に、仕事の成果ではなくその過程をみて評価し、成果による格差をつけない処遇方式が一般的であったから、この時代にテレワークを導入しようとした企業は、労働時間、評価、報酬の方式をテレワークに合わせて全面的に改める意思などなかった。そこでテレワークにも通勤勤務を前提とする対応措置を適用した結果、実態との落差に労使ともに困惑した。コミュニケーションのとり方も同様だった。そこから、⑥の指摘もしきりになされた。部下の管理や指示にとまどう管理職が変化に抵抗したり、消極的な対応を示したりすることも忘れてはならない。[6] つまり、旧来の日本型の働き方を金科玉条とし、これからも維持されるべきだと関係者が了解していたかぎりでは、テレワークはごく例外的な現象にとどまらざるをえなかった。

　また、新方式に慣れていないという点では、定時に1箇所に集合して共同作業を行うのではなく、各人に都合のよい時間に都合のよい場所に分散して個別作業をしたり、バーチャル形態の協働作業を行ったりという方式も、転換期の作業者の戸惑いを招いた。各人と企業が通勤に代わる気分の切り替えに必要な「儀式」を実行し（たとえば、始業時の電話連絡）、各人に適った時間管理を慣習化し、他人からの働きかけがなくとも作業を開始し、これに集中できるようにする工夫をしないと、②から④までの不都合が起きたり、⑤の作業間、関係者間の連携の不手際も生まれたりする。⑥により孤立感も高まる。

---

6) 前掲注5）の日本労務研究会の海外調査によると、日本だけでなく他の先進国でも、旧来の手法に慣れた管理職のテレワークへの敵対的対応が指摘されている。

さらに、社内の集合労働の場合には、同僚間でインフォーマルな情報交換がさまざまな水準でなされ、変化への刺激が多いけれども、完全在宅勤務が長期に続くような例では、個人に割り振られた作業内容ばかりをこなしているうちに視野が狭まり、いつしか業界や社内の仕事の組織状況、技術革新の動向、同僚の能力伸長などに疎くなり、仕事効率や成果水準に差がつくなど能力開発に問題が生じる。1980年代のコンピュータ関係テレワーカーの多くが急速な変化についていけなくて苦労した例は、その典型である。したがって、⑦の能力開発は、他の諸国でも深刻な課題だと意識されている。ただし日本の現実では、まだその段階に達していないのが大部分の実情だろう。

なお、部分在宅勤務の場合、週に1日か2日程度、あるいは月に数日の在宅作業を経験するくらいなので、上記の問題点の多く（とりわけ⑥や⑦）は回避できるか、さほど深刻ではない。その代わり、固定机のオフィス・コストや定期券という通勤費の削減にはほとんど効果がない。この点、モバイル勤務では、共用オフィス、共用机、自家用車の借り上げなど、あれこれのコスト削減策が図られつつあるようである。

最後に社会的コストにもふれておくと、自宅作業に対応する家族の気兼ねや仕事への巻き込まれ、自宅オフィスの冷暖房によるエネルギー・コスト、通信費用の増大なども指摘できる。

3　テレワーク導入の障壁

ベネフィットを過小評価し、コストを過大評価するとき、新しい方式の導入が遅延するのに不思議はない。

実際、この間に日本でテレワークとして広がった動きは、ベネフィット面の理解が容易であり、かつ、コスト計算でもペイすると思われた領域においてであった。すなわち、在宅就業では、雇用形態以外の請負や委託による在宅ワーク（就労）が主流となり、雇用形態による在宅勤務は傍流にとどまったし、雇用形態によるものではモバイル勤務が主流となった。前者の在宅ワークの場合、アウトソーシングに共通する、必要なときに、必要なだけ、外部資源を活用する方式で、雇用形態をとった各種勤務より安いコストで運用されていることが少なくない。他方、後者のモバイル勤務の場合は、顧客対応時間の確保が容易

になるメリットは明確で、コストの計算もしやすい。

　その結果、テレワークが拡大したという場合に、内実として、この種のモバイルワークが急速に広がっただけであり、自宅などで働くという狭義のテレワークである在宅勤務はさほど拡大していないことが多い。しかも、この現象は、決して日本だけのものではない。海外でも、企業に数千人規模のテレワーカーがいるとされても、よく聞いてみると圧倒的大部分がモバイルワーカーであり、本来の在宅勤務型テレワーカーは20人かそこらにすぎないといった例は、枚挙にいとまがない。

　ただし、モバイル勤務者が急激に広がっている原因は、コスト・ベネフィット比較による分かりやすさだけではない。モバイル勤務者は、情報通信機器が広がったことやインターネットの普及によって初めて、顧客先を訪ねて回る外勤になったわけではない。もともと外勤の営業員や外勤の保守サービス要員などとして働いていたのであり、それらの人が必要に応じて情報端末や携帯電話を備えだしただけである。これまで営業所などに立ち寄らなければ営業やサービスの業務が円滑に進まないのでやむをえず立ち寄っていたわけだから、情報通信システムの進展で立ち寄らなくとも作業ができるようになれば、直行直帰により無駄を省こうという動きが出てくるのはごく自然なことである。[8]

　すなわち、モバイル勤務に移行するにあたっては、基本的に従来の延長線上に情報通信技術の利用を付加的に据えるだけでよいため、関係者の心理的抵抗が相対的に少なかったのであった。このように、もともとの働き方において個人の守備範囲がはっきりしており、他の人たちとの集団作業が少なく個別の作業が主であり、他者の作業結果との突き合わせを同時的に進める必要性がそれほど多くない業務（研究開発、特許申請、企画立案などの一定部分）では、テレワークの導入が進みつつある。また、請負などの形態でのテレワークでも、印刷業界の入力編集作業、反訳・文書処理、CAD作業、プログラミング作業、ホームページの作成、翻訳、マニュアルの作成などが盛んである。

　7）　入力業務などでは、時間単価では家内労働並みか、それ以下にしかならないことも少なくない。
　8）　付言するならば、商品サンプルやサービス部品なども、宅配便システムが整ったことで、自宅または顧客先に工場や事務所から直送すれば済むようになった。これも直行直帰を支えるシステムとなる。

これに対して、雇用形態でこなされてきた通常の事務作業、管理作業、製造作業などは、どれもテレワーク化が遅々としている。

まず、個々人の守備範囲をいちおう区分されていても、基本的に同時・集団的な働き方を崩せないでいる事務作業の場合は、せいぜい緊急の仕事を持ち帰り残業で土曜日曜にこなすことはあっても、完全な在宅勤務を予想することが容易ではない。したがって、育児や介護のために在宅勤務を望む者があっても、よほど仕事内容に独立性が高いか、人材としての当人の評価が高いかなどでないかぎりは、会社も同僚も在宅勤務の出現を嫌う。円滑な仕事の遂行が容易でないからであり、それは当の本人も意識するので、中長期的にまで在宅勤務を継続しようとはせず、通勤を困難とする事情の存在する一時期だけに在宅勤務をとどめようとする。[9]

つぎに、管理業務の場合も、同時・集団的な働き方により進められている事務や販売の作業をわざわざ遠隔地から管理するというのはいかにも不自然であり、部下の管理や教育という任務を在宅で有効に行う新しい手法が開発されないかぎりは、テレワークから遠い存在だと思われている。ここでも、企画立案や個別業務の集中的な処理といった場合、部分在宅勤務を行う程度にある。

最後に、製造業の場合も、製造ラインのコンピュータ制御が進むと、バーチャル工場体制による、監視業務などのネットワークを介してのテレワークが不可能ではなくなる。しかし、現状では、周辺的な企画立案作業、設計作業、マニュアルの作成などは在宅勤務が可能でも、核となるモノづくりが在宅勤務で可能だとは、ほとんど考えられていない。

すなわち、テレワークの本格的な導入には、仕事の配分・割当の仕方、仕事の組み立て方、人事労務管理の仕方などが深く関わっており、そこに手をつけないかぎり、労働の中心的な領域でテレワークが大幅に進むとは思われないのである。

その結果、先進諸国でも広がっている雇用労働者のテレワークの多くは、モバイル勤務を別とすると、出社・通勤を困難にする事情があるかぎりでの一時

---

9) たとえば実際、1991年度から在宅勤務をかなり自由に認めてきている調査会社のドゥ・ハウスでも、これまでのところ、そう多くの人が希望していないし、主流はせいぜい月に数日程度の部分在宅勤務である。

的な在宅勤務であるか、一定の恒常性をもつが全面的ではなく部分的な形態での在宅勤務である。継続的であり、かつ、全面的なテレワークは、非雇用型のSOHOの場合が主であり、雇用労働者では障害者について例外的に選択されることがあるなどである。完全在宅勤務（つまり非出社型雇用形態）が、本格的、戦略的に導入される例は、いまだ一般的ではない。

Ⅲ　テレワーク普及の障壁と政策的対応の方向

1　テレワーク導入への制度面の障害

　制度面の最初にあげるべきものは、法制度であろう。
　20世紀半ばの終戦直後に基礎固めがなされた日本の労働法は、テレワークのような働き方をほとんど念頭においていない。家内労働法はあるが、「物の製造加工」という製造業に特化した法であって、いわば「情報やサービスの製造加工」に該当するテレワークには一部（ワープロ入力作業でフロッピーなどの記憶媒体授受があるような例）を除き適用されない。
　すなわち、工場の現場作業に典型的にみられるような、同じ勤務場所へ多人数が同時に集合し、共同して働く場合に必要だと思われる規定を中心に法が整えられている半面、あちこちに分散した自宅などにいるまま、ばらばらの曜日や時間に、バーチャルに協働する場合などに対応した規定は、ほとんどない。
　そこで、一律性・共時性を念頭に設けられた労働時間の規定や、主として事業場での勤務を念頭においた安全衛生、労働災害の規定は、そのまま杓子定規に在宅勤務やモバイル勤務に当てはめると、実態に合わないことが生じかねない。法解釈で補えるものは、労働者にとってテレワークのメリットを殺さず、デメリットを減少させる方向で、実情に応じた対応をすべきであろう。また、法解釈で補えきれない労働時間制度などでは、テレワークの実情に応じた適切な対応を立法政策として考案する必要もあろう。[10]
　制度面の第2は、社会面でのインフラストラクチャーである。たとえば、育

---

10)　詳しくは、諏訪康雄「テレワークの実現と労働法の課題」ジュリスト1117号（1997年）81頁以下など参照。

児や介護のためにテレワークをするといっても、いつも育児や介護ばかりをしていたのでは仕事の効率がおよそ上がらない。在宅勤務でも子供を預かる託児所、老人のデイケアをする施設などを充実させる必要がある。一定範囲で人びとがテレワークをすることを前提にした社会制度の再設計が求められる。また、テレワークの推進のためには、民間企業ばかりでなく、公共部門のなかでもテレワークを行う人が多数出るように、国が自ら積極的に対応することも喫緊の課題である。日本では、公共部門での後れがとくに著しい。

　制度面の第3は、人事管理制度である。何であれ会社に出勤することを前提に制度が整えられてきている点では、法制度と大同小異である。もっとも、従来は朝礼、回覧板、届出制度、給与支払いなどのどれもが出社を前提とし、関係部局に顔を出さないと話にならない場合が多かったが、インターネット・イントラネット整備、電子化、振り込みなどにより、テレワークを行っても不利益や不都合が生まれることが少なくなってきている。問題はむしろ、成果主義とプロセス主義との相克であり、成果主義に合わせた裁量労働制、フレックスタイム制、事業場外のみなし制度の活用により自由度の高い時間管理を可能とし、また、テレワークで成果を上げている場合に評価や処遇面で不利益とならないようにすることなどが必要である。

　とはいえ、テレワーク推進のためにわざわざこうした人事管理制度の見直しを進めるという事態は期待しがたい。ｅワークのような働き方のもとで、実態に適合し、関係者の満足と納得が高まる制度を再設計するなかで、徐々にテレワークへ向かうのが本筋であろう。後れがちだとはいえ、1990年代後半になってモバイル勤務などの新形態が少しずつ広がってきたのは、人事管理制度全体の成果主義化、個別的管理の方向などが背景にあるだろう。

2　テレワーク導入に向けた配慮

(1) 集合労働の意味の再確認

　テレワークやバーチャルな働き方が従来の働き方に完全にとって代わるとは、当面、考えられない。なぜならば、これまでの働き方にいたった歴史的経緯と、それを維持する社会経済的な脈絡を軽視してはならないからであり、モザイク状に過去と現在と未来が混在しながらゆっくりと変化するのが常である社会で

は、全体が別のものへと一挙に移行するはずもないからである。

実際、人は群れて生活する存在である。人類は、そうした性質を基礎に、さまざまな形態の集合労働を工夫することにより、単独の個人労働では達成が困難な高い成果をこれまで上げてきた。集合労働により人びとが分散的に働くよりも効率が高まるからこそ、近代社会では分散的な個人労働ではなく、集合的な組織労働のほうが主流となったのであった。

とりわけ産業革命以後に一般化した「伝統的」な働き方は、工場、店舗、事務所などに多数の人びとが集合し、大規模な分業と協業によって生産とサービス提供の活動を効率的に進めるという、高度な組織化を志向するものとなった。仕事の内容と性質は集合労働の規模と程度を決め、集合労働における分業と協業の規模と程度が組織の階層化と職務の専門化の程度に影響を与えた。

人びとの連携を円滑化するために、さまざまなインフラストラクチャーの構築もなされた。学校教育、道路・鉄道・港湾・通信網、法制・ルール、社会慣行などである。集合労働に不可欠な時間厳守からはじまって、各人の分担部分を確実にこなすための職業能力の教育訓練、分担部分の責任処理体制、分業と協業の組織管理機構、通勤のための公共交通機関などが整備されてきた。

その結果、職住分離の仕事形態が普及していき、それにともなって自宅と職場の間の通勤が常態化した。工場、店舗、事務所などが大規模化すればするほど、働く人びとがより広い通勤圏から集合するようになり、通勤距離も所要時間も長くなった。

自宅や自宅周辺で働く分散的な労働形態は、雇用労働者をめぐる数と比率の増大によって、むしろ例外的な存在になった。戦後の混乱が収まり、高度成長が開始しようとしていた1955（昭和30）年には、1,817万人、就業人口の44％にすぎなかった雇用労働者は、経済成長と足並みをそろえて増大していき、2000（平成12）年には5,372万人、就業人口の83％にまでいたった（総務省統計局・労働力調査、各年）。農村や都市の独立自営業、家族的事業による働き方が主流である「自営社会」から、都市を中心に雇用されて働く労働者が主流となる「雇用社会」へと、大きく転換したのであった。

これにより、自宅またはその周辺で自営的な仕事をする分散的な働き方でなく、通勤して工場、店舗、事務所などで雇われて働く現象が一般化する。数が

多く、比率の高い存在は、経済社会の主導役（パターン・セッター）となる。集合労働と平仄の合うようなかたちで諸制度が整備されていった。それがまた分散的な働き方を減少させる方向に働く。たとえば家内労働者の総数は、製造業離れの動き、パートタイマー化などにより、激減している。[11]

(2) 分散労働による補完の必要性

しかしながら、そもそも人類の歴史を振り返るならば、家またはその近辺で働くことはごく自然なことであった。大規模な製造業などの出現により職住分離が一般化し、長距離の通勤形態が広がったのである。分業と協業の大規模化が進み、経済社会の発展をみただろう。だが、自営業や農家などの場合には、無理が少ないかたちで対応しうる家庭責任と職業責任、地域活動などとの調和が、職住の分離により容易ではなくなった。

また、そうした働き方では、障害者、高齢者、家庭責任を負う者、過疎地在住者などといった通勤を困難とする者にとっては、集合労働に対応することが難しく、雇用機会も閉ざされがちとなった。社会全体が集合労働に特化していく状態では、自営業などによる就労機会も開かれづらくなった。

そのように考えると、情報通信技術の進展などによりテレワークという分散型の働き方が可能となり、生産性などにおいて大きな問題を起こさないどころか、種々の利点があるということであるならば、その可能性を追求する意義は大きい。通勤困難者に雇用機会、就業機会を開き、ネットワーク型を利用したSOHO開業の余地も生むからである。つまり、多くのテレワークは、完全な分散労働ではない。なるほど、仕事を受注した職人が自宅で作業をする居職の形式などに類似した点は多々あるが、通常のテレワークは分業と協業の体系のなかで一定の仕事をこなすことと、作業の場所や時間こそ分散的であるけれども、インターネットなどを通じてバーチャルには協働形態を維持することにおいて、大きく異なる。つまり、バーチャルな形態において集合労働性を継承しているのである。

テレワークは、作業の場所、時間、方法などにおいて働く側の事情に応じた要素が目につくけれども、かつてのような独立性の高い、完全に個人単位で完

---

11) 家内労働法が成立した1970（昭和45）年には201万人ほどだったのが、いまや50万人をも大きく割り込む。

結する作業であることは少なく、バーチャルに連携した、分業と協業のシステムの一部をなす、集合労働としての性格を色濃くもつ点で、単なる分散労働への回帰ではない。とりわけ雇用形態でのテレワークの場合、この側面が強い。

そして、夢物語のようであるが、柔軟な働き方として裁量労働制、フレックスタイム制などと組み合わされて、勤務場所の自由が確保されたとしたならば、夫婦共働きでも育児や介護がテレワークによりそれほどの無理なく進められる可能性が広がる。それは業界、企業、職務の事情に応じて、一時的な在宅勤務でもよいだろうし、部分的な在宅勤務でもよい。たとえば、月水金と夫が在宅勤務をし、火木土と妻が在宅勤務をするならば、託児所やデイケア・センターなどの利用を最少にしつつも、家庭責任と職業責任の両立を容易化する。育児や介護の期間中だけ夫婦双方またはいずれか一方が作業分量を減らせば、さらに両立が促進される。また、オランダにおけるように夫婦で総労働量を1.5人分にする方式を採用してもよい。[12]

(3) テレワークと労働条件の確保のポイント

多様で柔軟な働き方をそれほど無理なく実現するうえでテレワークが一定の役割を果たすとしても、留意すべき点がある。

第1に、新しい働き方を無理に押しつけるべきではない。業界、企業、職種などの実情に応じて、また、労働者の実情に応じてテレワークは導入すべきであり、新しい働き方のインフラストラクチャーを整備しつつ進められるべきであって、強制かつ一律といった導入方法は、この種の働き方を容れようとする趣旨にまったく反する。強制一律導入は、従来の働き方の利点を喪失させる一方、テレワークの利点を発揮させないだろう。もし心構えのないまま、その意に反して在宅勤務を命じられれば、労働者はまるで「自宅謹慎」処分にあったような心境になり、十分な自己規律能力の開発もないまま、生産性を大きく落とすことであろう。

第2に、無理に導入するのではなく、可能なかぎりで導入するとしたとして

---

12) オランダ方式については、前田信彦『仕事と家庭生活の調和―日本・オランダ・アメリカの国際比較』(日本労働研究機構・2000年)、長坂寿久『オランダモデル―制度疲労なき成熟社会』(日本経済新聞社・2000年)、下平好博「オランダにおける労働市場の規制緩和策」大原社会問題研究所雑誌446号 (1996年) 1頁以下など参照。

も、障害者が希望する場合などを除いては、永続的かつ完全な在宅勤務は避けたい。コミュニケーションや能力開発の機会を確保するためにも、一定の出社日や集合労働の機会を設けることが望ましい。

　第3に、無理なくテレワークの導入を進めるためには、人事管理制度の見直しが必要である。個人の職務領域を明確にし、目標管理、成果主義、実績主義、裁量労働制、フレックスタイム制などの個別管理の方向を進めることは、最近の流れであるが、テレワーク導入の前提条件ともなる。とりわけ、分散的に在宅で行った仕事は、皆と集合して行った仕事より当然に低く評価するような傾向とか、在宅勤務は適当に行っている勤務と誤解するような管理職や同僚の態度を是正する必要性は、高い。集合勤務するか、分散勤務するかにかかわらず、さまざまな制度を中立的となるように改めることが求められる。

　第4に、公共政策としては、既存の法規制などでテレワークとの関係が中立的でないものは、解釈運用の見直し、立法そのものの見直しをすることにより、中立的なものへと変えていくことが望まれる。手法としては、テレワークが例外的な状況にある現在、労使協定と組み合わされた個人の合意を介在させるなどして、法規制からはずすコントラクト・アウト方式なども考えられる。さらに、テレワークに特有の保護措置、支援措置が不可欠であることが明らかになった場合には、遅滞なく、新たな規制の導入を図ることも必要であろう。

　第5に、労働市場政策としては、市場の安全網に配慮した外部労働市場の整備を進める必要がある。専門職化、職種の明確化は、テレワークを進めるうえで相互補完的な関係に立つところがある。そして、専門職化、職種の明確化は、個別の内部労働市場だけでは完結しえない性質にあり、外部労働市場の活性化、整備が不可避となる。外部労働市場の機能整備は、旧来の働き方と新しい働き方による処遇の差異などを経済合理的に解消していくためにも、要請される。それとともに、外部労働市場を視野に入れた、個人のキャリア追究を可能とする能力開発の機会を提供することもまた、公共政策に求められる。

3　テレワーカー側の課題

　テレワークの普及には、公共政策の課題や企業側の課題のみばかりでなく、当然、労働者（テレワーカー）側でも配慮すべき事項が少なくない。

なによりも成果を上げつつテレワークを継続するには、一定の姿勢が労働者側にも問われる。それは、「自己規律」ができるかどうか、である。裁量の余地が高まる働き方は、自己責任をも高めるのである。

　事実、テレワークには多くのメリットがあるが、それを円滑に実現するためには、会社の労働システムがこれに適合化するだけでなく、労働者も「好きなように働きたい」と主張するだけの成果と責任を示さないといけない。

　まず成果面では、気が乗らなくとも気分転換を試み、個人や家庭の領域とは切り離した職業の世界を在宅勤務日に確保しないと、効率が上がらない。昼間をだらだらと過ごした後、徹夜作業でつじつまを合わせる仕事ぶりでは、長くは続かない。個人生活や家庭生活との折り合いがつけやすい労働形態ではあるが、仕事をするうえでの公私混同はやはりまずいのである[13]。

　また責任面では、高い水準の企画提案をすることなどの以前に、なによりも課された業務を的確に処理し、締切りを守るということ、書類、情報、企業秘密の保持に気をつけることなどの基本的な「職業倫理」が問われる。

　したがって、会社に漫然と出かけ、上司がうるさかったり、皆が仕事したりしているので、何とか仕事に向かっていられるというタイプの人には、テレワークは難しい。せいぜい、集中してこなすべき仕事を処理するために、月に何日か程度の部分在宅勤務をするくらいが、無理のないところであろう。

おわりに

　これほど情報通信機器を用いての仕事の処理が一般化した現在、多くの人にとってテレワーク形態で働くことは、異常な働き方であるどころか、身近なものとなりつつある。だが、働き方の転換は、組織にとっての発想の転換と、さらに困難な運用システムの転換を要請する。1980年代初頭からこの働き方の動向を観察してきた著者は、社会運用におけるイナーシャ（慣性の法則）の強さ

---

13) この点を、在宅就業のプロたちは一様に指摘する。たとえば、作家の城山三郎は『湘南　光る窓』（文春文庫・1997年）244-247頁で規則正しい執筆生活の重要性を指摘し、朝日新聞（1993年10月2日、朝刊、「ひと欄」）によると、女性漫画家の石坂啓の作業ぶりは「締め切りが重なると、近所の妹に子供を預ける。仕事場にこもり、1週間も陸ちゃん（子供）の顔を見ない」ものだという。

をつくづく痛感している。

　だがテレワークは、すべて一律に導入するなどといった方式では弊害が多いが、向いている領域から徐々に導入していった場合、その適切な活用にはデメリットよりもメリットがはるかに多いことは明らかである。

　それゆえ、どのようにして導入、普及させていくかをめぐり、公共政策的な工夫の余地も大きい。本章は、就業形態の圧倒的な主流を占める雇用労働を中心に、現状、課題、そして対策を概観してみたものである。

〔初出：岡本義行編『政策づくりの基本と実践』（法政大学出版局・2003年）〕

第17章
テレワークという働き方がもたらすもの

はじめに

　テレワークが日本に入ってきてすでに4半世紀を超える。だが、相対(あいたい)による集団主義的な働き方が強固な日本では、その普及は実に遅々たるものであった。
　本章は、テレワーク事情を概観し、普及の後れの原因を探り、最近における変化を確認し、将来の可能性を考えてみる。テレワークには多くの可能性がある。しかし、潜在的な可能性が十分に活きる形にはなかなかならない日本。どうしたらよいのか。また、テレワークの光と影にも言及したい。

I　テレワークの意味

　テレワーク（telework）とは、読んで字のごとく、離れたところにいながら（tele）仕事（work）をすることである。
　その意義としては、事務所（office）に出勤してこなすのが通例である仕事を、自宅、自宅に近いサテライトオフィス、顧客などの出先の場所、街なか、リゾート地などにいながら、事務所に出勤しているのと同様、または、ほぼ同様の水準でこなすような働き方を指す。
　出勤に代替するという意味で、米国などではテレコミューティング（telecommuting）などとも呼ばれる。また、営業の人などが出先を移動しながら仕事をする場合、その種の形態はモバイルワーク（mobile work）とも称される。日本では、自宅で仕事をする形を在宅勤務（雇用されて働く人の場合）と呼び、同じく自宅で働くにしても雇用されない形であれば在宅就労または在宅ワーク（請負などの形態で業務に従事する場合）と呼んで区別する。さらに、自宅また

は小さな事務所で自ら事業を行うSOHO（small office home office）もテレワークと重なる側面をもつ。

　このようにテレワークは、種々のヴァリエーションをもつ。だが、どれにも共通する要素として、情報通信機器を仕事に活用することが認められる。コンピュータ、インターネット、ファックス、携帯電話などといった電子ツールの利用である。そこで、情報通信機器の活用が進めば進むほど、自宅どころか、世界のどの場所においても、どんな時間帯にも働けるという意味で、画期的なことだと考えられる。また、情報通信機器を活用する人が増えれば増えるほど、テレワークの基盤もまた整備され、その普及が広がる傾向にあるといえる。

II　テレワークの遅々たる進展

　現在のようなテレワークの原型が世界に出現したのは、1970年代だとされる。そして、1980年代初頭には、アルビン・トフラーのベストセラー『第三の波』で紹介され、世間にも広く知られるようになる。それ以来、熱烈なテレワーク希求者や推進者が出現し、多くの実験が各国で繰り返されてきた。

　まだ情報機器が高価であり、通信回線の利用も限られていた時期には、自宅にそれらを備え付けるというよりは、居住場所に近い共同事務所としてのサテライトオフィスが注目され、地域に拠点となる共同作業場所を設ける構想が語られて、何度も実験された。

　都会やその周辺の郊外地にサテライトオフィスを展開する構想ばかりでなく、雇用機会の少なさや過疎に悩む地域にこれを設けて、地域の情報通信リテラシーを高めようとする試みも、多くの国でなされた。

　どの国でも先進的な企業や官庁は、4半世紀ほども前から熱心に、テレワーク導入に取り組んできた。

　だが、その進展速度は、想像以上に遅々たるものであった。ワーク・ライフ・バランス、すなわち仕事と生活を調和するのに優れた手法であることはすぐに気づかれたが、一部の働く側が望むほどには取り入れられなかった。なぜなのだろうか。

　第1に、1980年代までは、情報通信環境が整っていなかったことがあった。

性能の良いコンピュータ（オフィス・コンピュータなど）とそのソフトウエアは高価であったし、通信回線は遅く、しかも利用料金が高かった。携帯電話も普及していなかった。オフィスの書類はデジタル化されておらず、自宅やその周辺で会社にいるのと同様に業務情報を活用することは、ほとんど期待できなかった。営業員の直行直帰、すなわち自宅を拠点として、自宅から顧客先などに直行し、そこから自宅に直帰し、伝票、書類などは自宅で処理するなどの働き方は、それほど情報通信機器を必要としなかった（せいぜい電話とファックス程度で何とか仕事ができた）ので、早くから普及しはじめたが、通常のオフィスワークにまでテレワークが広がることはなかった。

　第2に、当時の仕事の進め方がテレワーク向きでなかった。皆が一堂に会し、何でも相対で顔や膝を突き合わせながら、状況に応じて臨機応変に働くことがよいことだと考えられていた。欧米のような個室主義や社内メール方式は取り入れられず、すぐに出向いたり集まって会議をしたりして仕事を進めるやり方は、およそ個人の分散型就労形態であるテレワークには向かない。だが、ジャパン・アズ・ナンバーワンに酔いしれ、集団主義が華やかなりしころには、オフィスに出かけないで仕事をできるようにする工夫は、およそ一般に理解されなかった。

　第3に、旧来の働き方を前提にした法令、制度、慣行などもテレワーク普及の足かせとなった。たとえば、テレワークにオフィス同様の厳格な時間管理をすることは容易でもないし、そぐわないにもかかわらず、当初は労働基準法に「事業場外のみなし労働時間制度」は位置づけられておらず、同制度の導入後もテレワークにそれを適用するに至るまでには紆余曲折を経なければならなかった。社内の制度では、時間でなく成果で報酬を支払う発想も体制もほとんど発達しておらず、オフィス勤務同様のプロセス管理ができないテレワークは上司からも部下からも敬遠された。

　第4に、少子高齢化がまだ現在ほど進んでおらず、テレワークのような働き方を工夫してでも、出産育児で退職していく優秀な女性、出勤勤務が困難な人材、ワーク・ライフ・バランスに配慮が必要な人材などを社内につなぎ止め、活躍してもらおうとする姿勢に乏しかった。欧米では優秀な人材のつなぎ止め政策としてテレワークが重視されていると指摘したところで、実感が湧かなか

ったようであった。

　こうして、華々しく紹介され、実験が重ねられた初期のテレワークも、バブル経済崩壊後の不況と雇用過剰のなかで、一時期はどこかに置き忘れ去られた感がする状況となった。

Ⅲ　テレワークへの着実な歩み

　テレワークの進展は遅々たる歩みであったが、けっして止まってしまったわけではなかった。1990年代に入って、前述の４つの障害要素（高価で使い勝手がいまひとつだったパソコンや通信回線などの情報通信インフラ、集団主義・おみこし主義の働き方、硬直的な法令・制度・慣行、人手過剰で多様な人材の活用・つなぎ止めへの無理解）は変化をみせた。

　第１に、パソコンは機能が高度になり、機器もソフトも安価となり、ウィンドウズの普及で使い勝手もよくなった。インターネットの普及も目を見張るほどになった。ICT（情報通信技術）を使いこなせる人材も層が厚くなり、自宅で電子メールを送受信したり、書類を作成したりする経験は、多くの人が共有するところとなった。社内の書類電子化なども進んだ。携帯電話の普及は、社員がどこにいても連絡がつくことを可能にした。技術的な面では、テレワークを阻害する要素は格段に少なくなってきた。

　第２に、集団主義的な働き方も見直しが進んできた。職場全体の効率を上げるために、個人の守備範囲を以前より明確にし、分業と協業の新たなあり方を模索しはじめた。目標管理と成果主義の導入も大きな変化である。時間で仕事を管理するのではなく、行った仕事の内容・水準と結果で評価する方式になると、勤務時間だけでなく、勤務場所の柔軟性を取り入れる余地も広がった。

　第３に、法令、制度、慣行も少しずつ変化してきた。労働基準法に事業場外のみなし労働時間制度が入り、在宅勤務への適用も可能となり、裁量労働制やフレックスタイム制が活用されるようになった。こうして、多くの人にとって非現実的な全面テレワーク（ほとんどすべての日時を在宅勤務などで過ごす働き方）でなく、より柔軟に使える部分テレワーク（月や週の何日かだけを在宅勤務などに充てる働き方）やパートタイム・テレワーク（午前や午後の半日とか数時

間だけを在宅勤務などに充て、残り時間などは出社する勤務形態）などの工夫も広がりつつある。

第4に、急速な少子化が景気回復時の労働力不足を実感させ、さまざまな生活上のニーズをもつ多様な人材の最適活用に向けた工夫の必要性への理解が広まってきた。テレワークは、次世代育成支援の一環となり、優秀な人材の引き止め策であり、ワーク・ライフ・バランスを可能とする柔軟な働き方である点で、適切な評価がなされるようになってきた。

このように、かつてテレワークを阻害する要因とされたものの多くは解決されたか、解決されつつあるといってもよいようである。バブル崩壊は、テレワークの無数の実験を頓挫させ、その後もテレワークの劇的な進展にはつながらなかったけれども、その前提条件の整備には確実に寄与したといえる。現在では、外資系企業だけでなく、日本の情報通信系企業や電機メーカーさらに一部の役所などにおいて、制度を整え、テレワークを認める方向に踏み切るところが出てきた。

Ⅳ　テレワーク普及を加速するために(1)

ハード面でのテレワーク普及の障害は少なくなってきた。だが、企業現場のソフト面では、まだまだ工夫の余地が大きい。

とりわけ日本社会での働き方、働かせ方では、定時に人びとが顔を合わせて共同作業する「出勤型」勤務がもつ意義を金科玉条にしすぎる傾向がある。臨機応変な働き方だといえばそうなのだが、大部屋で、個人の業務の守備範囲をさほど限定しないまま、上司が随時、打ち合わせ会議を開いたり、作業目標や手順を見直したり、個々人の作業内容を指図し変更したりすることを当然視する職場では、テレワークの導入はむずかしい。

こうした働き方に慣れきった上司は、職場全体における集団作業が眼前に展開されていないかぎり、仕事管理ができなくなってしまっている。事前に適切な作業計画を策定し、作業配分を行い、進捗管理を的確に進める力が上司にないと、部下はつねに上司と同僚の顔色をみつつ、周囲の仕事の進み具合を確かめながら、情況依存型で自分の作業を進めることを余儀なくされる。

このような上司のいる職場は、アウトソーシングが得意でない。なぜならば、仕様（スペック）をあらかじめきちんと確定できず、出たとこ勝負で絶えず変えていくような仕方で仕事を進めようとするからである。納品直前になって仕様を大きく変えて平気でいる、在宅就労者泣かせの発注者は、こうしたタイプである。

　振り返ってみると、テレワーク普及を阻んできた最大のネックは、こうした働き方、働かせ方にあったと思われる。ワーク・ライフ・バランスの普及を阻み、女性の活躍の余地を狭めてきたのも、同根だろう。テレワークをたんに働き方の一手法として導入しようとしても、なかなかうまくいかなかった根本原因は、ここら辺にありそうだ。

　ICTを活用して効率的に仕事をするeワークの一環としてのテレワークがうまく制度化され、円滑に運営されるうえでは、この種の働き方・働かせ方の革命と歩調を合わせていく必要がある。テレワーク普及の諸条件がほぼ整いつつある現在、いわば外堀や出城での攻防戦は終わり、いよいよ本丸をめぐる攻防段階に進んできているといえるだろう。

　ここにおいては、職場レベルの管理職と社員の意識と行動の変容が求められる。上司に新しい時代の部下管理の教育訓練と経験蓄積が必要であるし、テレワークを希望する社員には仕事の自己管理、効率的な作業進行能力などの教育訓練（学習）と経験蓄積が不可欠となる。ただ漫然と、旧来の意識と行動を残したままでテレワークを推進しても、実際には活用されないか、活用されても一部の人だけにとどまるおそれがある。

V　テレワーク普及を加速するために(2)

　各種調査による推計では、公式、非公式にテレワークに従事する人口は、働く人たちの１割以上になっているようである。

　実際、多くの人が自宅で仕事上のメールを送受信したり、書類を読んだり、作成したりしている。顧客や同僚からの電話に自宅で返答することも少なくないだろう。したがって、そうした時間を累計して、週に８時間（１日分の所定労働時間相当）以上を在宅勤務に充てている人（テレワーカー）を拾い出せば、

相当な数になることが推測できよう。もちろん、週8時間未満の人を加えれば、さらにテレワーク人口は増える。

とはいえ、その多くは、非公式のテレワーク従事者である。いわばサービス残業として公式の労働時間数にカウントされないか、かりにカウントされても、上司のさじ加減などの非公式な承認でテレワークをしているにすぎなくて、制度化されていないのが一般である。

ようやく普及しつつある実態としてのテレワークを公式化、制度化するには、欧米におけるテレワーク承認の考え方が参考になる。すなわち、個々人の作業のうち他の人に依存せずに個人で処理できる業務の時間数を計測し、その一定部分を在宅勤務可能なものとみなす方式である。たとえば、週の労働時間のうち2割が純粋な個人作業で処理され、この仕事はどこで行っても効率などに関係ないとされたならば、週5日のうち1日（勤務日の2割）を在宅勤務に充ててもよいとするものである。

このように、実態を踏まえて無理なくテレワークを進めることが大事である。そうすれば、より効率的にメリハリをもって働き、時間意識や自己管理能力も高まった人材が増えていき、オフィス出勤時を含めて、全体的な業務処理の生産性も高くなることが期待できる。

Ⅵ　テレワークが普及していくと

テレワーク人口を就業人口の2割にまでする考え方を政府はとっている。上述したような工夫をしていくと、それくらいの人口に普及することも夢ではない。

では、テレワークが社会に普及していった場合、どのような変化が生まれるのだろうか。

第1に、家庭や地域の機能が回復していくことが予想される。仕事と生活の調和に向いた働き方だからである。共働き夫婦が週に1日ずつテレワークをすると、土日を含め、子どもは週に4日は夫婦の双方またはいずれかとの接触を増やすことができるようになる。テレワークで往復の通勤時間とその準備にとられていた時間分が浮く。その分を休養や自分のための時間だけでなく、家庭

や地域での役割分担にも充てるならば、家庭や地域の機能が高まる。テレワークは個人だけでなく社会にとっても朗報となる。

　第2に、恒常的に自宅や自宅近くで仕事をするとなると、その条件整備の動きが広がろう。臨時的な作業であれば台所や居間のテーブルで処理することもできる。だが、定期的にテレワークをするとなると、作業スペースと最低限の備品の整備（とりわけ椅子や照明は大事）が必要になる。さもないと、効率的に作業をすることが困難だからである。自宅のリフォームなど新たな需要を生む可能性がある。また、電力需要の動向などに変化が生まれる可能性もある。

　第3に、家庭での作業スペースが必要となる反面で、オフィススペースでは、フリーアドレス制などの座席を固定しないレイアウトが進んだり、設計にゆとりが生まれたりすることが予想される。在宅勤務時だけでなく出社時にも、より余裕をもって仕事ができるようになることが期待される。もちろん、出社者が減れば、オフィスコストを下げるために、オフィスを小さくすることも考えられる。全体としてオフィス需要を緩和させることだろう。

　第4に、通勤人口が減るので、公共輸送事情や道路事情の改善が期待できる。電鉄会社などにとっては需要減となりかねないが、環境対策として炭酸ガスの排出抑制には意義があろう。代わりに家庭のエネルギー消費はふえると思われるが、それでも全体としての削減効果は期待できよう。

　第5に、危機管理上の意義がある。中国でサーズが流行したとき、外資系企業などは在宅勤務で緊急事態に対処した。地震の際のロスアンジェルスでも、9.11のテロの際のニューヨークでも、在宅勤務による対応がみられたという。オフィスが各所に分散するため、このような危険分散の効果を生み出せる。

　第6に、テレワークに対応して情報通信技術上の工夫が進むであろう。情報流出対策などからテレワークに向いたパソコンやソフトが開発されると予想される。簡単なウェブ会議システム、フリーアドレス状態での関係社員の座席位置確認システムなど、新たな需要はほとんど無限といってよいほど広がろう。

　第7に、教育システムも変化すると思われる。教室内完結型でなく、自宅での作業（予習復習、宿題など）を重視した教育訓練により、自己管理能力が高くなるよう、学校教育や社員教育が変わることだろう。またそうでないと、人材準備の面でテレワークが進まないことだって考えられなくはない。より効率

的な働き方を可能にするために不可欠な前提である。

　第8に、テレワークが広く普及していくと、雇用不足地域や過疎地に住みながらも働ける余地が生まれるだけでなく、この方式で国境を越えて働くこともみられるようになるだろう。たとえば、深夜の見守り業務は介護業務のやっかいでコストのかかるところであるが、日本が夜の時間帯に昼である南米などにウェブを通じて監視業務の委託を展開できれば、サービス労働の国境を越えた提供が生まれる。すでに米国などでは監視業務をケニアなどのセンターで展開し、異常があったら米国の警備センターに伝えるような働き方が実践されている。テレフォンセンターが外国に設けられたり、インドの数学教師がウェブを通じて他国の生徒の家庭教師をしている例などもある。

　このように、テレワークの普及は、働き方の柔軟化、社会の諸側面の活性化などに資するだけでなく、経済社会の多くの面で影響を与えないではおかないと予想される。

Ⅶ　テレワークは人びとを幸せにするか

　テレワークは打ち出の小槌ではない。しょせん働き方の1つにすぎない。したがって、世の中に存在する雇用問題がこれですべて解決するといったことは期待できない。

　しかし、働く能力と意欲があっても通勤を求められたことから、これまで思うように働けなかった人びと（たとえば、重度の身体障害者）にも、テレワークにより雇用の可能性が開ける。共働きが一般化するなかで配偶者の転勤により退職を余儀なくされる事態にも一定程度、対応することができるようになる。働き方を柔軟化する措置であり、仕事と生活（個人的事情）を調和させる効用が大きいからである。

　では、テレワークで人びとは幸せになるか。部分テレワークをする人びとについては、それがない状態よりもあったほうが、仕事の満足度を高めることだろう。完全テレワークについても、それを必要とする人びとには効用のほうが大きい。だから、一般論として、この問には肯定的に答えられそうである。

　とはいえ、テレワークにはいろいろなマイナス面もある。

第1に、通勤がもつ効用がない。私生活から仕事へ、あるいは、仕事から私生活への切り替えの機会であったものがなくなるので、部分テレワークならばともかく、全面的なテレワークになった場合、気分転換を図る工夫をしないと、仕事の効率が上がらなくなることもある。
　第2に、他人との社会的な接触の機会が減り、孤立感が高まる危険性を秘める。これも、部分テレワークならばともかく、全面的なテレワークになった場合、真剣に対応策を考えなければならない。地域での人的接触を増やしたり、社会とのかかわりを高める工夫をしたりする必要がある。
　第3に、能力開発において後れが出る危険性もある。これまた、部分テレワークならばともかく、全面的なテレワークになった場合、特別の工夫が要る。職場における公式、非公式の会話から多くの情報を得ていたのに、この種の情報交換の機会から遮断されやすくなり、自分の従事する目先の仕事だけに没頭しがちとなるので、次の時代に必要とされる能力を事前に察知し、開発することに停滞が出やすくなる。とりわけ在宅就労の場合、この種の問題が発生しやすい。
　第4に、個人へのプレッシャーが高まることも予想される。個人の守備範囲が決まり、成果に対する期待が大きくなると、集団主義的な働き方に比して、成功も失敗も個人に帰し、個人が仕事圧力から逃れがたくなる。私生活との間でメリハリをつけないと、際限なく仕事にのめり込み、健康面や生活面で問題を起こす危険性もないではない。
　第5に、チームワークの精神や作業能力が低くなる危険性も秘める。テレワークが通勤しての集団的な働き方の補完的なものにとどまるかぎり、この危険性は小さい。しかし、部分テレワークも週2日、3日といった水準になっていくと、危険性が頭をもたげてくることだろう。相対で働かなくとも一体感をもって協働するシステムとその運用や新たな習慣を工夫することなどが重要となってくることだろう。
　第6に、テレワークが職業キャリアを伸ばすのにどこまで有力かは慎重に見極める必要がある。通勤形態での仕事の仕方を補完する程度の部分テレワークやパートタイム・テレワークの場合には、問題が少ない。しかし、かなり長期にわたる完全テレワークや相当程度の部分テレワークの場合には、配慮が必要

となる。広く世間と交わり、他者との接触を維持することで得られたもの、すなわち人的ネットワーク、社会的コミュニケーション、人間関係処理能力、リーダーシップなどの要素が次第、次第に貧弱となっていけば、たとえ専門的能力は深まったとしても、それだけで職業キャリア形成が保障されるわけではない。テレワークをすることで社会人基礎力、すなわち前に踏み出し、考え抜き、チームで働くという要素が磨かれなくなるような場合、キャリア上の危険が足元に忍び寄ってくる。

　総じてテレワークが進んでいる欧米諸国でも、「どうすれば事務所で働く同僚たちから認められ、会社の歩みをフォローし、昇進を達成できるか」とか、「会社から離れてしまうことにより疎外感」、「上司と直接接触がないため、与えられた責任の完全な遂行を不安に思い、欲求不満」などが広がりやすいことが指摘されてきた（ILOジャーナル448号（1995年）2頁）。

　これらへの対策は、まだ緒についたばかりである。人びとがより幸せになるためのテレワークでなければならない。日本の場合も、一方でテレワークを推進するとともに、そのマイナス面の軽減に向けての配慮を忘れてはならない。それにより、テレワークのもつ可能性が広がり、問題点は解決されていくことだろう。

おわりに

　テレワークは発展途上の働き方である。その潜在的な可能性は大きい。これに個人、企業、そして社会がどう対応していくか。すでに行われた実験例では、おおむね肯定的な回答が得られている。これからは、条件整備と課題対応が広く深く論じられ、実践されていくことと期待している。

〔初出：新都市61巻7号（2007年）〕

第18章

日本企業とテレワーク

I　4半世紀を超える歴史――日本ではいまだに未来の就業形態

　アルビン・トフラーの著書『第三の波』により、「情報通信技術（ICT）を用いた在宅での就業形態」というテレワーク概念が日本に広く紹介されてから、すでに4半世紀を超えた。
　テレワークとは、読んで字のごとく、テレ（遠隔の地）とワーク（仕事・就業）とを組み合わせた合成語である。会社に通勤せず、自宅またはその周辺におりながら、事務所に出勤するのと同様に就業をするといった就労方式を意味する（図1参照）。
　これを可能としたのは、情報通信技術が進み、高度な情報処理能力をもつコンピュータ（パソコン）とソフトウェアが手頃な価格となったばかりでなく、インターネットや携帯電話のような情報の送受信もまた容易かつ安価となったことである。パソコン、ファックス、携帯電話、コピー機、そしてインターネットへの接続があれば、自宅はすぐにオフィス同様の作業環境を提供してくれる。
　一時期、多くの研究者がテレワークに着目し、その普及可能性を論じた。事実、日本でも就業者のほぼ1割が本来の就業場所以外で、情報通信機器を用いて、週8時間以上、テレワークをしているとの推計もある。政府はこの数字を倍増しようともしている。
　ところが、現実は厳しい。テレワークを制度的に取り入れようとする例は、外資系企業や情報通信関連会社などでは進みつつあるものの、一般の日本企業では非制度的になされる例が圧倒的である。つまり、朝夕と土曜日曜に自宅や出先で仕事上のメールをチェックしたり、会社の資料準備をしたりしていても、

図1　テレワーク（telework）とは？

```
●離れた場所で(tele)、通常の通勤勤務と同様に仕事する(work)
●情報通信環境の発展で基盤整備が進み、仕事の組織方法（分業と
　協業の仕方）が変化し導入が現実的となる
●テレワークの分類
　　①　勤務(雇用)型と就業(請負)型
　　②　在宅型とサテライトオフィス型
　　③　完全型と部分型
　　④　継続型と一時型　　　　　　　　など
```

合計すればたちまち週8時間くらいにはなってしまう。これが上記推計に反映する部分として少なくなさそうだ。

　導入から4半世紀もの時が経過してもなお、日本ではいまだにテレワークが「未来の就業形態」の域を出ない。なぜなのだろうか。

II　テレワーク普及の障害——80年代初頭はハード等が未発達

　テレワークが紹介された1980年代初頭に戻ると、そこには普及を妨げる要素が山のようにあった。

①当時は情報機器が家庭には縁遠いものだった（今や姿を消した日本語ワープロ機でさえ普及する以前であり、ファックスもコピー機も自宅に備える例は珍しかったし、携帯電話も登場前であった）。

②当時のコンピュータは性能が今ひとつであったうえに価格が高かった（現在のパソコン以下の性能のオフィス・コンピュータが数千万円もした）。

③当時のソフトウェアはごく限られた種類しかなく、機能も使い勝手も悪く、しかも高価であった（多くのマニアは仕方なく、自分でプログラムを作っていたが、機能はプリミティブなものであった）。

④当時の固定電話中心の通信環境はすこぶる不便であった（インターネットどころか、モデムを用いた情報通信でさえも普及する以前で、音響カプラーを

用いた不安定かつ遅い送受信をしていた。しかも、市外通話料はひどく高かった)。
⑤当時は宅配便やバイク便などの現物を迅速に運ぶシステムも発展途上だった（著者の郊外新興住宅地は速達の配達区域外で都内からの郵便物がしばしば2日がかりで届いていた）。
⑥当時の企業の働き方は相対(あいたい)で顔を突き合わせて皆で対処する集団主義が花盛りであり、個人が独自に仕事領域を処理するような働き方は広まっていなかった（インフォーマルな風呂敷残業という持ち帰り作業があったが、制度化できるような代物ではなかった）。
⑦当時は事業場外のみなし労働制などの立法化がなされる以前で、企業の就業管理は厳格な時間管理方式がもっぱらであった（社員の自宅での就業時間をどう管理できるかと考えると、テレワークの制度化はすこぶる困難だと思われていた）。
⑧当時は業務資料のデータベース化やデジタル化はほとんど進んでいなかった（会社資料がないか、ごく限られた量しか持ち帰れない自宅やその周辺では、本格的な業務処理は困難だった）。
⑨「ウサギ小屋」と欧米から揶揄された当時の狭い住宅事情も自宅内の仕事場確保を困難にした（著者自身も食卓を片付けてそこで原稿を手書きしていたことを思い出す）。

こうした実情を前にすると、電子機器と通信環境が整った自宅などは、多くの人にとって夢物語にすぎなかった。そのころ、新し物がり屋の経営者から「1年間出社に及ばず」としてテレワークを命じられた社員が終了後に「2度としたくない」と言ったという例が話題を呼んだ。

Ⅲ 克服された多くの障害——多くの技術的・法的な障害は解決

4半世紀後の現在、これらの障害の大部分は、過去のものとなった。
①家庭には情報通信機器があふれるように入り込み、ごく身近なものとなった。
②パソコンは安価で使いやすくなった。
③ソフトウェアは豊富になり、しかも使いやすくて安価となった。

④インターネットの普及と携帯電話が家庭の情報通信環境を一変させた。
⑤デジタル情報以外の現物の送受も宅配便やバイク便で迅速かつ手頃となった。
⑥企業の働き方も集団主義の一本槍ではなくなり、個人に委ねられた作業領域が増えた。
⑦労働時間法制は柔軟化し、裁量労働制が導入されただけでなく、テレワークに事業場外のみなし労働制の適用が認められるに至っている（企業も成果主義などで時間ばかりにとらわれない評価の方向に向かっている）。
⑧業務資料のデータベース化やデジタル化も進んできている（それどころか、フリーアドレスといって、個人の固定机がないオフィスも広まっている）。
⑨住宅事情もかなり改善され、2畳分もあれば足りる作業スペースが見出せないことはまずなくなった。
⑩以上のほか、事務所や自宅を離れて、街中で業務を行う情報通信環境も整ってきて、情報通信機器を用いて移動しながら働くモバイルワークもごく当たり前にみられるようになった。

Ⅳ　なお残る強固な障害——従来型に慣れた層による反発等

　テレワークが日本に紹介されて4半世紀。すでに多くの障害は解決された。ところが、公式にテレワークを導入する企業は多くない。欧米では官公庁が率先してテレワーク導入に尽力している（たとえば米国は連邦公務員だけで2006年に11万人もがテレワークで働いている）というのに、日本ではようやく公共部門にテレワークの実験例がごくわずかお目見えした程度である。
　技術的・法的には、多くの障害が解決されたか、ほぼ解決されかかっているにもかかわらず、なぜ日本ではテレワークが進展しないのか。
　前述したテレワーク実施上の課題のほかに、最近しきりに指摘されるのが、機密保持・情報管理上の懸念である。事業場を離れて上司や同僚の目の届かないところで働くので、機密や顧客情報の流出が心配されるというのである。欧米のように機密保持や情報管理にうるさい国でも、とくにテレワーク推進を妨げる事情だとはされていない点が、なぜこうも神経質に指摘されるのか。モバ

イルワークでも当然に起こりうることであるのに、自宅などでのテレワークについてまことしやかに論じられるのは、なぜなのか。

　これには、パスワードを職場に貼っておいたり、業務処理に直接必要でない機密情報でも多くの人が触れられるようにしてきたりして、情報管理を長らく曖昧に処理してきたので、急に情報保護といわれるようになって過度に神経質になっている事情のほか、伝統的な働き方に慣れた層による、テレワークという新しい働き方そのものへの反発や不信があるように思えてならない。

　すなわち、どこの国でもテレワーク導入上の人的障害と指摘される「中高年管理職」の及び腰な態度、あるいは、慣性的な反発の問題である。日本ではとりわけこれら「上司」の問題が大きいようである。一昔前の例であるが、仕事を家庭に持ち帰りたくないとか、家では仕事の質が落ちるとする意見などが述べられたこともある（図２参照）。

　ところが実際は、仕事の生産性は落ちるどころか、むしろ上がり気味であるし、女性の就業機会としても有益であるとする実証実験結果が出ている（図３・図４参照）。また、仕事と生活の調和（ワーク・ライフ・バランス）という観点からは、子育て世代だけでなく、若手、中堅世代の待望論も強い。しかし、上司でテレワークを大歓迎する人は、ごく少数だと思われる。

　上司は、なぜテレワークをこれほど嫌がるのだろうか。

図２　在宅勤務に反発する課長たちの例

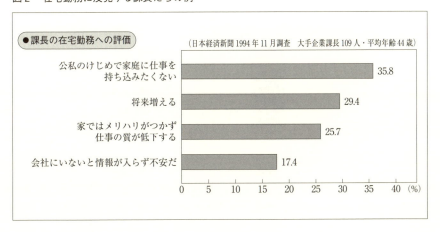

図3 生産性は上がるか、少なくとも出勤日と同等という結果の例

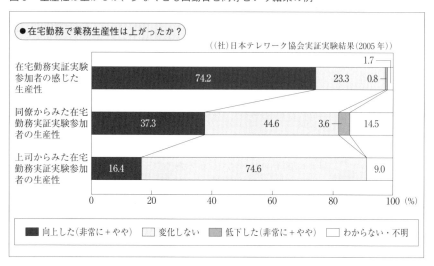

図4 在宅勤務では男女の労働時間差が縮小

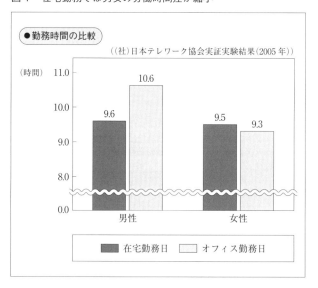

V　日本型の業務遂行体制——相対方式にそぐわないテレワーク

　日本企業の働き方は、相対で顔を突き合わせては職場の皆で集団的に対処する志向が強い。かつてはこの種の集団主義一本槍であった。

　日本の事務所の業務処理では、仕事が専門性をもつ個々人に割り振られるというよりは、課などの職場単位に割り振られ、それを職場の長つまり上司が臨機応変に職場構成員に割り当てながら処理しようとする。上司は業務の流れや構成員の状況を見ながら柔軟に対処することを求められ、また、その種の作業編成、作業処理の仕方に習熟してもいる。

　上司は、始業時に職場の皆と顔を合わせ、その日の作業段取りを確認し、絶えず変化する業務量や作業進行の状況を見ながら、ケースバイケース、是々非々で、プラグマティックに対処することに努める。皆で同時に汗をかき、力を合わせ、職場単位の業務をこなしていく。

　上司は、職場の部下を一望のもとに置き、勤怠管理や進捗管理をし、思いつけばすぐ部下を呼び集めて相談したり、作業の段取りを変えたりする。

　この種の可変性、柔軟性、集団性は、日本の職場のお家芸である。それを円滑化するため、会社は長期雇用の正社員を定期的に異動させながら、業務処理能力とチームワーク力を育成する。個々人の専門性こそさして高いレベルにまで上がらなくとも、職場を単位とする集団作業力でそれをカバーするし、そもそも多くの日常業務は抜きん出た高度な専門性までを要求することはない。

　上司の多くは、こうした相対の、集団作業方式のなかで育成され、この種の業務処理方法に習熟しきった人たちである。だからこそ、会社は安心して職場単位の業務処理を委ねることができるし、長時間かつ長期間の作業遂行により、OJT（仕事をしながらの教育訓練）で多くの社員に力を付けることを期待する。

　人は誰でも、自分が慣れ親しみ習熟した仕事の方式を変えたくないものである。その種の保守性は職人についてよく指摘されるが、働く多くの人も同様である。ただ、職人ほどひとつの仕事に従事してばかりいられず、職場で割り振られるいろいろな業務を何とかこなし、異動に応じて新たな人間関係のもとで新たな業務に従事せざるをえないだけである。とはいえ救いは、異動で人間関

係や業務内容に違いは出ても、同じ社内ならば上述したような仕事の方式（仕事文化）はおよそ変わらないことである。

　ところが、テレワークはその種の相対主義、集団主義、状況主義、随時指示主義では、うまく回らない。何しろ、眼前に部下はいないし、ネットワークを通じたヴァーチャルな共同作業であるので、業務状況に対処して臨機応変に仕事を割り当てたり、作業を変えたりさせようとしても、意思疎通からしてそう容易ではないのである。相当程度にしっかりした業務計画をあらかじめ立て、部下の作業の個人別割り当てと仕様を特定し、しかも全体のプロジェクト管理を円滑に進めなければならない。もちろん、それが容易にできる上司ばかりでないし、そもそも職場外から舞い込む業務に予定外のことも少なくない。テレワークではやってられない、と多くの上司は思ってしまうのである。

Ⅵ　日本型の変化と慣性の法則——従来型を放棄したくない上司たち

　こうして「ジャパン・アズ・ナンバーワン」（エズラ・ヴォーゲル）と社会も会社もはしゃいでいた1980年代には、テレワークは珍しい新奇性こそ一部で注目されたが、世間には広まらなかった。少子高齢化による若年労働力不足は早くも懸念されていたが、当面、若年人口は増加気味でさえあった。日本型雇用慣行と働き方を大きく変えざるを得ない事態が目前に迫っているとは、多くの人は気づいていなかった。

　1990年代、バブル経済崩壊後、日本企業は日本型慣行の相当部分にメスを入れた。株式持合い、系列化、護送船団方式、集団主義などは内外からの手厳しい批判にさらされ、経済環境の大きな変化にも迫られた。年功序列制の手直しが始まり、成果主義が導入され、長期雇用の終身雇用慣行が揺らぎ、非正規雇用が拡大した。

　仕事の仕方でも、グローバル化、サービス経済化、知識社会化などの流れが顕著となり、情報通信技術に支えられた職場のIT化も進展した。何でもかんでも相対主義、集団主義的に進める方式は時流から外れるようになり、個人の責任範囲をより明確にし、作業情報はメールでやりとりする仕方も一般化していった。他人の業務処理のペースを邪魔しないように、隣の席の人にもメール

で連絡するといった極端な例さえ出てきた。携帯電話を社員に持たせる企業も多い。情報共有化のため書類のデジタル化も進んだ。いわゆるeワークの出現である。

そうなると、オフィスに出勤して働かなければ仕事にならないということは、少なくなってくる。どこに居ようとも構わないから、ともかく個人に与えられた職責の範囲をきちんと処理してくれればよいという仕事範囲が増えてきた。欧米でもよく、オフィスワーカーにとってまったく他の人と切り離して進めることができる個人作業の量は5分の1を下回らないといわれるが、日本でもそうした状況に近づきつつある。もしそうであるならば、週5日勤務のうち、5分の1に当たる1日は在宅勤務を認めても不都合はなさそうになってくる。欧米で週1日、8時間以上のテレワークをする人をテレワーカーと呼ぶことが一般的であるが、その背景には、こうした事情も影響していよう。

しかし、そのためには、日本の伝統的な業務処理方法では、困難である。企業が業務処理の基本枠組みを改革し、上司もまた新たな方向に向けてこれまでにない業務遂行手法と管理手法を身に付ける必要がある。だが、そのような変革には、慣れ親しんだ手法を無下に放棄したくない上司は、抵抗する。しかもコンプライアンスや成果主義で部下管理の責任が重くなったりしようものならば、できるだけテレワークなどは認めたくないということになる。こうして機密情報管理を理由とする在宅勤務への懸念をあからさまに表明したり、在宅勤務をする部下の査定を低くしたりすることとなる。

VII ワーク・ライフ・バランスとテレワーク
――仕事と生活の両立にテレワークを

そのような折に、仕事と生活の調和という観点から、テレワークに新たな追い風が吹き始めた。少子高齢化のなか、無理なく、持続的に経済社会を維持発展させていくためには、これまでの働き方では問題だとの意識が高まってきたのである。直接的には、子育て世代の女性の労働力率の落ち込み（いわゆるM字型カーブ）を是正し、他の先進諸国と同様に台形のカーブにするには、多様かつ柔軟な働き方を認めることが不可欠であり、テレワークはその方法の1つ

だと評価されてきている。

　実際、在宅勤務を取り入れた企業では、対象者から高い評価と感謝の念が表明され、しかも企業が調査してみると、生産性の落ち込みがほとんどないどころか、個人作業部分はむしろ向上することも広く確認されてきた。

　長時間労働、多い残業、休日出勤、完全消化されない有給休暇。日本型就業慣行につきまとう負の問題点は、社会全体における持続する働き方への配慮が足りないだけでなく、職場単位の業務割り当て体制に端を発するところが少なくない。より職務概念を明確にし、専門性のある個人のより高い生産性の発揮により、業務処理の効率を上げ、それによりワーク・ライフ・バランスを高める工夫をする時点にきている。

　発展途上国型の男性中心の業務処理編成方式は、減少しつつある労働力人口のなかで維持が困難であり、女性の活躍の機会を広げることは避けて通れない方向である。しかも知識社会化やサービス経済化で女性の活躍に期待できるところは、ますます広がりつつある。職場の臨機応変態勢には利点が多々あるとはいえ、家庭生活とのバランスを取ろうとするならば、個人としては業務に計画性や優先性を設けざるを得ない。さもないと、政府の計画する残業削減、休日確保、有給休暇確保などは、見果てぬ夢となる。

　テレワークは、通勤関連の時間を不要とし、そのエネルギーを仕事や生活に振り向けることを可能にする。これまでの実証実験結果によると、在宅勤務日のストレスは通勤日より目だって低くなり、その分、創造的な思考などに有益となる。仕事の効率も上がる。

　また、テレワークはたんに勤務場所の融通性を認めるだけでなく、仕事の段取りにおける自主性を強め、さらに仕事時間の柔軟性も高める。家族と過ごせる時間（図5参照）や自分の時間が増え、活力の回復にも有益である。

　さらに、上司との関係でいえば、自らテレワークを経験した上司は、その意義を体感し、部下のテレワークへの理解も進むようである。上司自身のワーク・ライフ・バランスの確保にも有効なはずである。

図5　在宅勤務では家族との接触が増加する傾向に

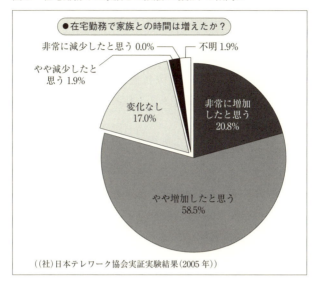

((社)日本テレワーク協会実証実験結果(2005年))

Ⅷ　テレワークのメリット・デメリット
　　——環境負荷軽減などのメリットも

　テレワークには向き不向きがある。
　事業場において接客業務や継続的な集団作業が不可欠となるような仕事には、導入が困難である。通勤がきわめて難しい重度の障害のある人や配偶者の転勤に伴い遠隔地からの勤務を余儀なくされる場合などを除き、完全在宅勤務（ほとんどいつも自宅か自宅周辺で働くような勤務形態）は、多くの人にとって不自然であるし、OJTやOff-JTの機会が制限され、中長期的に能力開発面で支障が出ることが少なくない。疎外感に悩まされる問題もある。
　実際、オフィス出勤には、企業にとってだけでなく、社員にとっても多くのメリットがある。通勤は心の切り替えの機会となり、職場での他者との接触や協働により、仕事のペースも確保されやすい。職場のインフォーマルな会話がもつ職務遂行上、能力開発上の意義も軽視できない。

したがって、一定の独立した個人作業を伴う職務につく社員に対して、当該作業を行ううえで場所的、時間的な制約がそれほどない場合、部分的なテレワークを認めても差し支えないし、それによるメリットは大きい。ワーク・ライフ・バランスが取れやすいことや効率が上がることなどは前述したが、よりマクロの視点からは次のようなメリットが指摘されている。

①人材の募集採用と維持に有益である（他国ではこの点を強調する向きが多い）。
②鳥インフルエンザ流行のような危機に対応できる（地震、サーズ流行、テロなどに際しても業務を滞らせなかった外国企業の例は多い）。
③通勤に伴う環境負荷を軽減する（環境の視点からテレワークを推進する国は多い）。
④昼間の住宅地に大人の目が増える可能性など地域活性化に資する（地域の消費活動も活性化させる）。

これらの観点から、テレワークが向いていない業務の場合にはオフィス出勤を要請し、向いているし可能な場合にはテレワークを部分的に認める、といった柔軟な姿勢が望まれる。

Ⅸ　テレワーク導入上の留意点——無理なく部分的な制度から導入を

テレワークの導入は、対象となる個人と導入企業にとって有益であるだけでなく、社会にとってもメリットが少なくない。

とはいえ、性急に導入しようとしても、失敗する危険が大きい。何よりも先述したような諸障害が解消されているか、または、解消の見通しがあるかどうかは、大事である。導入時には、しばしば技術的な障害に目が行きがちであるが、真の障害はソフト面における上司であり、同僚であり、顧客であったりする。とりわけ上司は、どの国でも最大の障害の1つであるだけに、しっかりした導入教育と管理手法の習得によく配慮する必要がある。上司がテレワークを自ら体験する機会もぜひ用意しておきたい。

したがって、一挙に導入するというよりは、機密情報管理に向けた対応策や書類のデジタル化などを含め、徐々に周辺条件を整えつつ、向いている業務分

野から少しずつ導入していき、知識と経験とノウハウを蓄積しながら、より広い範囲に適応していく方向が望まれる。新しい働き方を小さく生んで大きく育てる姿勢が重要である。

　もちろん、テレワークは業務をする本人に自律的な仕事管理能力がついていることが不可欠の条件となる。知識社会を担うべき自律的な能力であるが、逆に言うならば、テレワークを定期的に遂行するなかで、対象者の自律的な管理能力が高まることを期待できる。実際にも、この種の報告は多い。

　4半世紀以上も遅々たる歩みをたどったテレワークの歴史は、日本型の働き方のメリットとデメリットを反映する鏡でもあった。持続する企業活動と経済社会を支えるべきワーク・ライフ・バランスという枠組みを受け、テレワークが日本企業（さらには、もっとも後れている官公庁）に根づくことを望んで止まない。

〔初出：労働基準広報1614号（2008年）〕

第4部

キャリア権の展開(Ⅱ)
―― 若者のキャリア形成支援

第19章
グローバル化時代の若年雇用の方向

　日本の若年雇用を念頭に、現状を確認し、これからの課題を探ってみよう。

I　いま、なぜ若年雇用なのか

　社会は持続する存在である。それだけに、どの社会も、いつの時代も、次の社会を支える者へと順調な世代交代がなされるように、一方ならない意を払ってきた。若者の教育訓練、就業、職業能力向上は、そうした世代交代の核を育てるうえで、不可欠な重要課題である。

　若年雇用の問題は、社会の持続を支える世代交代、後継者育成の一環を構成する。これが円滑に進まない場合、社会の維持発展が危うくなる。たんに経済活動がそうなるだけでない。社会運営そのものが混乱してしまう。

　だが、いつの世にも、どの社会でも、首尾よく世代交代が進む場合ばかりとは限らない。そうだからこそ、人類の歴史には幾度となく、文明の衰退が繰り返されてきた。とりわけ社会経済の構造変化やパラダイム転換が大きい場合には、世代交代がきわめて困難な事態に陥ることも多かった。

　たとえば若者人口の急増があると、教育訓練と就業の機会が全員に行き渡らなくなりがちとなり、その結果、教育訓練を欠いた不十分な能力開発のまま、失業の憂き目にあったり、望ましくない職業に就く若者を増大させてしまうことがある。逆に、急激な少子化の場合には、次代を担う若者の絶対数が減ってしまうので、従来の社会経済活動のすべてをそのまま次世代に引き継がせることがまず不可能となる。

　また、教育訓練と就業の間にも、しばしば間隙が生じる。特に時代の変化が激しい状況では、旧来の世界を反映する技術技能と知識の伝授を行う教育訓練

と、現在から将来をにらんだ技術技能と知識を要求する就業との間に、大きなずれが発生しがちである。その結果、技術・知識の転換期においては、教育訓練がそれなりに行われたとしても時代遅れであり、それだけでは若者に就業機会が与えられない問題も浮上する。つまり、就業機会そのものは存在していても、旧来の教育訓練が変化についていけなくて、多大なお金と時間を費やしたにもかかわらず、若者の具体的な就職や有益な生産活動にはつながらない例が増えるのである。

　グローバル化時代には、社会経済の構造変化と、技術・知識・価値観・意識などのパラダイム転換との双方が、同時並行的に起きる。そして、あらためて若年雇用が問われる大きな原因となる。

II　若年の教育訓練は大丈夫か

　「鉄は熱いうちに鍛て」という。この格言にも示されるとおり、若年の教育と訓練は、昔から重要だとされてきた。

　だが、教育も訓練も、即時に効果を上げるようなものは、そう多くない。職業人や社会人の一生の基礎を築くための教育訓練の成果は、すぐには目にみえない。5年も10年も、あるいはそれ以上の時が経過してから初めて、過去の教育訓練の効果が評価をされたり、逆に深刻に反省されたりするのが通例である。それだけに、経済活動が停滞すると、すぐに目にみえる成果が出ない教育訓練は後回しにされがちとなる。

　実際、バブル崩壊後、OJT（仕事を通じての訓練）もOff-JT（仕事を離れての訓練）も、以前ほど企業が積極的でなくなったと指摘されている。個人の側が自覚して、企業訓練が不足した穴を埋めればよいが、不況により金銭的にも時間的にも余裕がなくなったせいか、あるいは、教育訓練をめぐる従来からの受身の姿勢が急には変わらないためなのか、必ずしもそうはなっていない。

　しかも、教育訓練は、それを授ける者がいて、受ける者がいるという、双方向関係にある。授ける側と受ける側との呼吸が合わなければ、思うような成果は出ない。

　これからは「サービス産業」の時代だと思って、そのプロになりたいと願う

若年に対して、これまで盛んだった「ものづくり」に従事して人生を送ってきた先輩たちが、いくら生産現場では有効だったノウハウを教育しようとしても、なかなか素直に聞いてもらえない。総合教育などの時間に学校の大先輩がわざわざ来校して、後輩に対して自己の経験談をとくとくと語ったとしても、茶髪や金髪にピアスの後輩たちはメールやゲームに没頭したり、私語にふけったり、居眠りしていたりして、なかなか話に乗ってこない。

とりわけ教育訓練をする側が、ITなどの将来を見通せないまま、パラダイム転換により陳腐化してしまった過去の成功談を、ただ無自覚的に授け続けるだけならば、これを受ける側はシラケるばかりとなる。

新しい時代が要請する量と質の教育訓練ができない姿は、職業構造の転換に対応しない専門高校、職業訓練機関、大学学部などの固定的な定員数やカリキュラム編成にも、見て取ることができる。もはや社会的に大きな就業機会が期待できず、若者の側も夢を紡げない分野に特化した、主として過去に目を向けた教育訓練の機会はいたずらに残存しても、改革には教職員やカリキュラムや施設をどうするかといった議論がなされるばかりで、次代を担う新分野の教育

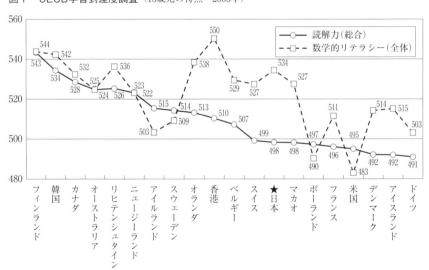

図1　OECD学習到達度調査（15歳児の得点・2003年）

機会はなかなか拡大しない。就業機会が広がっているにもかかわらず、教育機会が後れる現状も、若者の学習意欲と就業行動にマイナスに働く。

しかしながら、もっと危惧されるのは、若者の学力と学習意欲の低下である。高等教育はいまひとつでも、初等、中等教育は世界に冠たるものだと自負してきた日本も、読解力や数学力などの基礎学力において低下傾向を示しはじめ、アジアの新興諸国の後塵を拝しつつあるようになった（図1参照）。科学知識への国民の関心も低い。そもそも3人に1人以上の国民が読書をまるでしなくなってしまった（図2参照）。

よく見渡せば、米国はもちろんのこと、ドイツやフランスやイギリスなどの大国である先進諸国の多くは、どこも学力低下の問題に悩んでいる。豊かな社会化した先進諸国の若者たちは、過去の立身出世観とは無縁となりつつあり、広がった選択肢の多様性に戸惑いながら、はてしない自分探しに明け暮れたり、明日の100より今日の50といった刹那的な行動にとどまったりするようになったらしい。

日本でも、アルバイトが若者のサブカルチャーとなり、TV・ビデオ・DVD・CD・ゲーム・インターネットなどと娯楽や趣味の選択肢も広がった結果、若者はえらく忙しくなり、じっくりと勉強に取り組んだり、肩のこりそう

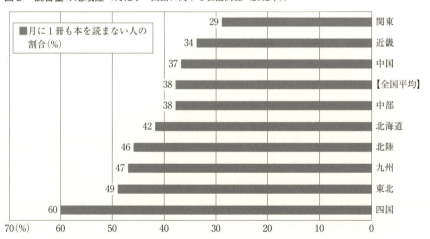

図2　読書量の地域差（文化庁・国語に関する世論調査（2002年））

図3　余暇の過ごし方

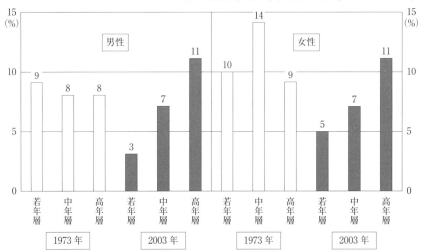

「知識を身につけたり、心を豊かにする」を第1位にあげた人の比率
（NHK放送文化研究所「日本人の意識」調査1973/2003年）

な本を読んだり、友と真剣に語らうことも少なくなった。知識欲も以前の世代より低い（図3参照）。

どうやら豊かな社会となっても、江戸時代の「売り家と唐様で書く三代目」たちとは違って、現代のパラサイトシングルらは、教養をさほど磨こうとはしなくなってしまったのだろうか。それとも、教養の中味が変遷してきたのだろうか。

Ⅲ　若年の雇用は大丈夫か

こうした現象をみていると、正規に就職をしても新卒3年以内に中卒の7割、高卒の5割、大卒の3割がやめてしまう7・5・3現象が目立ったり、正規の就職をしないでフリーターとして働く若者が多くなったり、就職も進学もしないニートと呼ばれる若者がじわじわと増えたりしているのは、若者たち、および、それを指導・教育訓練すべき親や教師たちが悪いからだと思えてくるかもしれない。

もちろん、その責任を問う必要はある。だが、それ以上に見失ってならないことは、バブル経済以前の円高ショックのころから、日本社会のグローバル化、産業構造と職業構造の転換が始まっており、また、情報化、経済のサービス化が進展してきた事実である。

グローバル化と職業構造の転換のなかで、労働市場にも変化が生じた（図4参照）。若者には、社会が求める人材を供給できない教育訓練の制度、変化していく雇用慣行に適切に対応できない労働力需給調整の制度、雇用をめぐるさまざまな制度と現実とのギャップによって、本人の責任としてでなく、本来なら可能だったかもしれない適切な教育訓練の機会と就業の機会を逃してきたところがある。たとえば、従来型の事務職がどんどん縮小していくなかで、女子高生に従来型の商業教育を施して、就職時には事務職を望ませたとしても、その希望がかなう可能性はいまや少なくなってしまっているのである。

さらにバブル崩壊後に起きた現実としては、バブル時に採用しすぎた反動で新卒採用の門戸を閉ざす産業・企業が相次いだことがある。また、厳しい不況期にも簡単に人員削減ができなかったことの代償として、新規採用は抑制された。社会の人口高齢化と軌を一にして社員の高齢化が進んだ産業・企業では、年功的な処遇制度により人件費が高まり、これも若者雇用にはマイナスの作用

図4　職種別の過不足感

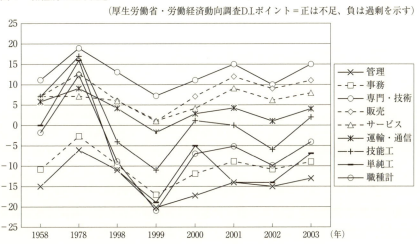
（厚生労働省・労働経済動向調査D.I.ポイント＝正は不足、負は過剰を示す）

をした。これらにより、社会に巣立とうとする若者に対する正規雇用の機会が縮小し、仕方なくフリーターを選んだ新卒者も多い。

　需給ギャップにより、就職戦線は買い手市場となり、抜きんでた人材だけを選抜することが可能となり、企業は従来の学校教育ではもちろんのこと、これからの学校教育でも望むことが困難なほどの「即戦力期待」を採用基準として掲げるようになったりもした。

　なるほど、人材のグローバル競争で外国の学校教育を受けた若者と同等以上の人材が要求される事情はある。経営者を含めて、最先端に立つ高度な専門職、総合職の質と量において、日本には問題があると指摘されてから久しい。また、四当五落（4時間睡眠で受験勉強をすれば合格、5時間寝るとなると不合格）の受験戦争を戦っていた時の受験生のような勉強態度を大学4年間も継続させている中国や韓国などの若者と伍して、否、人件費がはるかに高い以上は、それらの若者よりも日本の若者は水準が高くならなければ困ると思うのは、企業の思いとして理解できる。

　だが、何よりも大事なのは、ごく普通の若者が、それなりに頑張ったならば、人並みに就職ができて、人並みにまあまあの職業人生を送っていけるという夢と希望を与え、それを円滑に実現していけるように、どう産業・雇用システムを再編成するかである。情報化、知識社会化、サービス化、そしてグローバル化がさらに進むであろうなかで、どのような人材像を念頭に、どのように教育訓練、能力開発の体制を再編成し、どのように就業機会、雇用慣行を再編成していくか、である。

Ⅳ　いま、何をするべきか

　バブル崩壊後の15年間は、日本の高齢化が高まった時期であると同時に、少子化も進展した時期であった。長らく不活性な状態が続いた経済状況は、雇用に与える少子化のインパクトよりも、高まる高齢化の負担のほうを目立たせた。

　だが、ようやく苦しい転換期を抜け出しつつある日本社会は、2007年問題といわれる団塊世代の大量定年退職、引退の時期にさしかかる。組織の新陳代謝を弱め、人件費負担を重くしてきた世代が労働市場から姿を消していく時期に

入る。しかも、昭和24（1949）年生まれが270万人近くもいたのに対して、これから市場に参入してくる若年世代は、年に120万人以下しか生まれていない人たちである。量的にみて、若者の雇用機会不足は、いずれ姿を消すのではないかとも予測される。フリーター現象もあと間もなくで頭打ちになるかもしれない。

だが、質的にみた場合は、どうか。教育訓練、最初の就業チャンネル、さらには就職後の職業能力開発などの体制が時代に合わせて適切に再編成されないならば、量的に少なくなっただけでなく、質的にも見劣りする若者たちが続出して、日本の経済と社会の将来に暗雲をもたらすこともありうる。

大量にあるものは安くなり、少ししかないものは高くなるという経済法則に照らせば、高齢者の処遇はさらに下がり気味となり、若者の雇用コストは相対的に上昇していくに違いない。人材の価格が上がるということは、若者のバーゲニングパワーが高まり、ろくに能力開発の努力もしないで済まそうとする、わがままな動きも出てきそうだ。そんな、高くて品質も悪い人材に見切りをつけた企業が海外進出に拍車をかけることも、十分にありうる。

それゆえ、グローバル化し、産業・職業構造が転換していくなかでの日本は、若者の雇用をめぐって、次のような対応を迫られることであろう。

①教育訓練の見直し（長い職業人生を渡っていくのに必要な基礎力として、言語能力、数値能力、コミュニケーション能力、学習能力などをしっかりと訓練するとともに、変化に対応して学び続ける生涯学習を実現するシステムを作っていく必要がある）

②就業回路の見直し（インターンシップのような学校教育と社会教育との交流による動機づけ、適職選択の機会の確保、フリーターから正社員への転換、育児退職後などの再雇用システム、外部労働市場の整備などが必要である）

③職業能力の継続的開発の促進（職業キャリアの展開が円滑に進むような支援策、適切な職業情報の提供とカウンセリングなどの相談機能の充実、資格制度などの能力認定の仕組みの充実、能力開発に応じた処遇の確保などが要請される）

④以上を推進するためのこれまでの枠を超えた新たな協力体制（教育界、産業界、労働界、地域自治体、国などの間の協力なくしては、①〜③を適切な方

向に進めることは困難である)

　このように、グローバル化、産業・職業構造の転換、技術革新などの動きはいずれも、若者雇用について、基本に立ち返っての取り組みを要請している。なるほど、これらの指摘にはおよそ斬新さが欠けるといわれそうだが、まさしく「温故知新」の精神で、人間とその社会とは何であるのか、どうあるべきかを、あらためて考えてみる局面に、われわれは立たされているのだろう。

〔初出：世界の労働55巻1号（2005年）〕

第20章
キャリア考現学

I さまざまなキャリア

　バブル経済がはじけ、雇用情勢が厳しくなったころから、突如として「キャリア」という言葉が巷間にあふれ出した。もちろん、学校の進路指導や企業の人事労務の世界では、以前から知られていた言葉であった。キャリアウーマンなどの語もあった。だが、従来はこれほど多くの人びとに広く使われ出すとは想像できない、限られた関係者の間で使われる用語にすぎなかった。
　キャリアという語は、英語ではcareerと書き、発音は「カリア」（「リ」にアクセント）に近い。語源は中世ラテン語にある。轍の跡、走路といった意味から転じて、職業人生の軌跡、履歴、さらには職業経歴の展開といったことを指すようになった。
　公務員の「キャリア組」といった使い方は日本独自だとされる。だが、キャリアには出世や成功といった語義もあり、また、動詞では疾走するといった意味もあって、キャリア・ウーマンのような使い方に反映されてきた。
　このようにキャリアという語は、当初、職業や仕事の世界における履歴、経歴を指していた。しかし近年では、職業を核とする人の生き方そのもの（life career）に使われてきており（広義のキャリア）、仕事関係のキャリア（work career）はその一部にすぎない（狭義のキャリア）とする見方も有力である。
　キャリアは、カタカナ語の常として、実に多義的に使われる。訳語も一律には決めがたい。多くのニュアンスを含みながらカタカナ語として世間に通用している。それだけに、たとえば法律用語としては、職業能力開発促進法が「職業生活設計」という語でキャリアデザインを含意している（2条4項ほか）が、注釈なくしてそれを理解できる人は多くないことだろう。

授業でキャリアを教えているときも、この語の多義性には悩まされる。キャリア教育は必ずしも「職業教育」と同義ではない。

　実際、履歴、経歴の意味で先人のキャリアを説明するならば、「職業・仕事の経験」あるいは「その軌跡」といった意味となる。これは、過去形のキャリアの話だからである。日本経済新聞の人気コラム「私の履歴書」は、まさしく功なり名を遂げた人びとの過去形のキャリアの典型例である。しかし、有名ではない誰であっても、職業経験を振り返れば、そこに履歴、経歴が浮かび上がってくる。自分の体験を貫くものもみえてくる。

　他方、現在活躍している人びとのキャリアを例にあげるときは、現在形のキャリアを語ることになる。職業経験や職業生活と訳すこともできそうである。今、展開中の職業生活であり、積み重ね続けている経験だからである。

　さらに、若者などにとっての将来のキャリアを議論する場合には、まだ経験していない未来形のことなので、経験とは訳しづらく、まして履歴や経歴とはいえない。職業生活の未来とでもいちおう呼ぶことはできそうだが、学生たちにはピンとこないようだ。

　もっとも、キャリアという語が多義的であることは、必ずしも悪いことではない。話に時代変化を反映させようとするとき、手垢のついた言葉を使うよりも、カタカナ語（外来語）に想いを託すことはよくある現象である。現在のキャリアという語にも、これに通じるところがある。キャリアをめぐる考現学を試みてみたい。

Ⅱ　キャリアのアップ・ダウン

　キャリアは登山に似たところがある。どちらも、足元を一歩一歩踏みしめているうちに、いつしか頂点に至る。人びとは、遠く近くの山並みを眺め、はるか下からの登山路を振り返って、達成感を味わう。

　登山路が一本調子の上りばかりのことは少ない。山麓や尾根を、上がったり下がったり、迂回したりしながら、延々と歩き続ける。だが、山を語って、楽な下りが醍醐味という人は、あまりいない。むしろ急坂に苦しんだ経験や、岩肌にしがみつきながら山頂を目指す辛さにこそ、喜びを見出す。

キャリアの場合も、下降する話より、上昇過程の逸話が好まれる。だから太閤記のように、偉人伝の多くは、晩年の失政の数々などは売りにせず、下積み生活から頂点に立つまでの出世譚で勝負する。

キャリアも同様だ。多くの人は「ダウン」過程の話を好まず、「キャリア・アップ」という上昇過程をイメージしたがる。よりブランド力のある企業への転職、役職昇進、花形職場への配置転換などは、キャリア・アップとして、本人も周囲も祝う。逆に、有名企業から無名企業への転職、役付から役職なしへ、主流派職場から非主流派職場への異動には、キャリア・ダウンの印象を抱く。

しかしながら、キャリアを人にとっての外部的な意味と内部的な意味に分けて考えると、そう簡単にアップもダウンも語れないことに気づく。

外部的な意味でのキャリアには、ある人のキャリアをミクロに論じて外部的な評価をする場面と、人びとのキャリア展開をマクロ現象として論じる場面とがある。あの人のキャリアは低下傾向にあるとか、上昇気流に乗ったと論評する場合が前者の例であり、人びとのキャリアが安定しているとか、断絶気味であると論じる場合が後者の例である。

当然、社会や組織は時代の価値観を軸に動き、序列づけられる。それを評価尺度とすれば、アップもダウンも一目瞭然となる。キャリアのブランド化やレッテル貼りはそこから生まれる。それを内部化した個人は、キャリアの推移に一喜一憂することもある。

他方、内部的な意味でのキャリアは、当人が自分のキャリアをどう位置づけるか、どうとらえるかに関係する。キャリアを経験や体験の連鎖や蓄積だとみた場合、アップやダウンの評価はそぐわない。人間万事塞翁が馬というとおり、一時的な下降局面が後の上昇局面を用意し、順調な上昇局面が後の下降過程につながっていたりする。失敗は成功の母であり、成功は失敗の父ともなる。むしろ、辛く苦しい修羅の場数をどれほど踏み、どう克服し、学習していったかが、人生の糧となり、次のキャリア展開につながる。

自分なりの評価軸や価値体系がある場合も、世間的な意味でのアップやダウンと無縁になる。ただし、外部からの評価とは別の意味で、個人の価値観によるアップやダウンの感覚が生まれることは、避けられない。

つまり、キャリアには客観(間主観)的な評価と主観的な評価とがありうる。

そして、社会や組織の多様化は、キャリア評価軸の拡散をもたらす。ある人にとってのアップが別の人からはダウンだとの見方も生まれる。一元的な価値観を離れて個々人の内部的な評価が重要となる。それだけにキャリア形成支援では、社会や組織の側の価値観と個人の側のそれとの摺り合わせこそが不可欠だということになる。

Ⅲ　自分内外のキャリア探索

　バブル崩壊後、日本型雇用慣行の変化は、時代に敏感な若者に大きな影響を与えた。採用抑制の波をもろにかぶり、眼前で大企業も花形産業も永遠に安泰ではない現実をみせつけられ、親世代のリストラにおののいた若者たちは、自分のキャリアの開始過程で途方に暮れ、将来に漠とした不安を覚えている。これからの長い職業人生をどう乗り切っていったらよいのかと。

　一部の若者は安定した公務員を志望した。だが、財政難に揺れる公務員制度改革論に心安らかでなくなる。別の若者は外資系企業やベンチャー企業を志向した。しかし業績や方針の振幅の大きさに疲れはてる者も出る。さらに別の若者は資格取得に走った。結果、資格があっても、よほどの難関資格か、仕事経験と結びつかないかぎり、就職や転職の切り札とならない現実を思い知らされる。こうして、外部環境はどれも頼りにならないと見切りをつけた若者たちは、自分の内部に頼るべき核を探しはじめる。自分探しの旅である。

　ところが、よほど特別の経験をしたか、将来の目標が明確であるか、人に抜きん出た才能や特徴をもっているかなどでないと、自分内部をいくら探索したところで、さしたる特徴は発見できない。これこそはという自信も生まれない。ナンバーワンでなくてよい、オンリーワンを目指せ、皆と同じことをしていてはダメだと、周囲から活を入れられても、具体的に何をしたらよいのか見当がつかず、悩んでしまう。

　そこで、より正確な自己分析の一助として適性テストを受ける。検査結果から、知らなかったか、あるいは曖昧にしか気づいていなかった自分を見せつけられ、圧倒される。向く仕事の一覧表は、しばしば思いもよらなかったものとなり、不安を募らせる。凡人であるわれわれは他人の意見に動かされやすい。

結果に自縄自縛となる若者が出てくる。参考資料の1つにすぎないといわれたところで、ひどくこだわってしまう。

　とはいえ、いい加減で開放的な人びとは、そういつまでも自分探しをしない。どこかで見切りをつけて戻ってくる。大したものが見つからないことに飽きたり、嫌気がさしたりして、また外部世界とかかわり、時代に流される地点へと戻る。もちろん自己分析は、しないよりしたほうがよい。自己理解が進むことは、悪いことではないからである。

　だが、帰ってこれなくなる者もいる。何ごともほどほどが一番だとごまかせない、真面目で内向的な人だ。不安にかられ、書籍、雑誌を読みあさり、ネットを彷徨しまくる。「自分は誰か、何をしたら最適か？」と自問自答を繰り返す。これでは、片道切符で自分探しの旅に出たようなもの。過去の自分の内部だけにおいてキャリアが自己完結するわけがない。なのに、乏しい過去の経験に解を探し、見つかるわけがない答えを求めてやまなくなってしまう。

　キャリアの初期は、外部世界とのかかわりこそが大事である。何であれ仕事と取り組んでみれば、思わぬ自分が見つかり、その先も広がるというものである。人生経験を積むと、予想もしなかった職務経験が後の自分を作ってくれたり、嫌いだった仕事が好きでたまらなくなったりすることが掃いて捨てるほどある事実を、学ぶはずである。人間と人間の出会いがキャリアの先行きを決めてくれることの多さにも驚くことだろう。

Ⅳ　個人のキャリアと組織のキャリア

　キャリアを語っていちばん悩ましいのは、個人にとってのキャリア展開と組織にとってのキャリア開発との関係である。個人が自分なりにキャリアデザインを行い、自分なりにキャリア形成をしようとしても、その個人が属する組織には組織としてのキャリア開発の事情があり、両者のキャリア戦略の方向が必ずしもうまく重なり合う場合ばかりではない。両者が重なり合い、個人と組織にとって幸せな場合ならば問題ない。だが、両者がずれてしまったときは、どうしたらよいのか。

　図1は、縦軸は個人が望む方向に沿っているか沿っていないかを、横軸は組

図1

織が望む方向に沿っているか沿っていないかを示す。Aの象限は両者の目指す方向が重なり合う場合、Bは組織の望む方向にはあるが個人は望まない場合、逆にCは個人の望む方向にはあるが組織は望まない場合、そしてDは組織も個人も望まない場合に、それぞれ該当する。

　組織戦略の視点からは、図1では等分に示される各象限の大きさを変え、より多くの従業員がAに属し、Bにいる従業員にも納得してもらえるようにし、Cにいる者はAに移れるようにし、その結果、Dにいる従業員の数が少しでも減るように対処することが求められる。

　そこで、人材育成の方法、処遇の仕方などを工夫し、上司も部下を説得する。「悪いようにしない」とか「今は望まない配属も長い目で見ると成長の糧になる」と言って、了解を求める。

　ところが、従業員がみんな長期雇用を望み、気の進まない業務も勤務地も出世のためならば我慢するという時代にはこれでよかったが、多様な立場や考え方の人が組織を構成するようになり、組織の目指す方向も外部環境の変化で容易に変わる時代になると、この種の説得法には限界が出てくる。花形部門に配属されるかどうかで、本人の能力、努力、成果とは無関係に、部門業績を基礎とする報酬部分が変わってきたり、配属先の部門や業務が縮小閉鎖や売却の対象となったりするのでは、従業員も安閑としてはいられない。将来に不安を抱き、納得できなければ、自己防衛の態度に出る。Exit or voice（転職するか、残って自己主張するか）の動きの広がりである。

　実際、変化の激しい時代環境のなかで、組織は個々の従業員の将来キャリアについて、どこまで保障し、満足させることができるのか。「悪いようにしない」からと我慢に我慢を重ねさせ、望まぬ業務、長時間労働や休日出勤、単身赴任などと個人の仕事と生活に無理を強いておきながら、業績が悪化したからといって所属部門の縮小閉鎖や売却に至るのでは、従業員はたまらない。裏切られたと怒っても後の祭りだからである。

これから若手や中堅の人材不足基調で労働市場が推移すると、図１のAの象限の確保のために、組織は工夫を凝らす必要がますます高まることだろう。良い人材を採用するためだけでなく、その後も活き活きと働き、成長し、長期にわたって組織に貢献してもらうために、従業員に組織の都合に適応することだけを求めるのではなく、組織の側でも従業員のキャリアデザインに配慮し、その多様な姿にどう組織のキャリア戦略を適応させるかを考える必要がある。流行のワーク・ライフ・バランス論も、ダイバーシティ・マネジメント論も、煎じつめるところ、キャリアをめぐる個人と組織との間のコミュニケーションをどう円滑に取るかについての、大切な視座を示すものである。

V　キャリア教育は必要か

　2000年に「職業キャリア論」という学部講義を開始した。職業と向き合うための姿勢と知識と方法を教育し、二度とない人生を考えさせる意図からであった。勤務する大学に設置された最初のキャリア関連科目だった。だが、初年度の受講生はほんのわずか。意気込んで新設科目を担当した私は拍子抜けした。
　しかし、受講生は年を追って増えた。２、３年のうちに200人を超える人気科目となった。就職戦線の厳しさが遠のき、売り手市場へ転換しても、受講者数は減る傾向にない。その後は私の手を離れ、別の人が担当し、あるいは大学のキャリアセンター主催の授業として、さらに多くの受講生を集めている。
　キャリア教育を受けると、学生の勉学姿勢が変わる。何のために勉強をするかが、職業や自分の人生とのかかわりで意識され、科目の体系的な履修や大学院進学などに意欲的となる学生が増える。アルバイトやインターンシップ、サークルやボランティア活動などにも、より目的意識をもって取り組むようになる。さらに、業種や企業規模で就職先を決めるのではなく、人生をどう生きるかの観点から、就職とその先の仕事の世界を展望しはじめる。過去の狭い経験から仕事の好き嫌いを論じるのではなく、自分の得意不得意や基本的な価値観を確認し、将来につなげようと思い描きはじめる。わずか数カ月の講義と簡単な実習の継続で、砂地に水がしみこむように、大きな態度変容が起こる。
　小学校からキャリア教育を開始する国と違って、日本ではこれを長らく等閑

視してきた。職業世界の現実や社会の変化との関係で将来を具体的に考えさせることを怠り、目前の教科の勉強や運動などに取り組むことばかりを指導してきた。進学も将来の職業生活との脈絡を失い、偏差値一辺倒になってしまった。なるほど一部では、算数・数学や国語、英語などの授業内容が、将来の職業生活や社会生活とどうかかわるのかを示そうと工夫されてきた。産業社会と仕事の世界の変化を語って、「きみたちはどう生きるのか」と問いかけた。だが多くの生徒、学生は、真剣に職業生活を意識することのないまま進学し、就職偏差値があるかのように就職先選びに狂奔し、ひいては自分を見失って漂流する者も出た。

「社会には白紙の状態で卒業生を送り出してほしい、あとは自分たちが育成するから」と豪語し、長らくキャリア教育の不在に寄与してきた産業界は、不況対策として非正規社員やフリーターを増大させ、教育訓練力の弱点をさらけ出した。女性に活躍の機会と底力を付与することにも、いまだ成功していない。中高年の持続的活用でも課題が多い。

企業組織主導のキャリア開発モデルは、危殆に瀕している。退職の７・５・３現象（中卒７割、高卒５割、大卒３割が就職後３年以内に辞める）は、若者だけに問題があるのではない。

教育の場では、キャリア意識をもった児童、生徒、学生（さらには教職員）の育成に努める必要がある。産業界でも、キャリアに目覚めた若者を受け止め、時代の流れに沿ったキャリア開発モデルへ再編することが、組織の側の課題である。資源に乏しい日本の貴重な人的資源を枯渇させ、人材の森を衰退させてはいけない。キャリアに目覚めた個々の人材という樹木が活力を取り戻し、多様な人材が組み合わさると、人的資源の森も豊かで活力あるものとなる。学校や企業におけるキャリア形成支援は、こうした人材のエコシステム再生に資するに違いない。

〔初出：労務事情1112号～1116号連載（2007年）〕

第21章
社会人基礎力とは何か

はじめに

　学校秀才が必ずしも社会で活躍しない。このことは、誰でも知っている。社会で要求される能力が、学校教育で求められるものと、異なっているからである。

　社会に出てこそ真価を発揮する基礎的な能力は「社会人基礎力」とでも呼べるものだろう。学校教育では正面切って要求されず、なかなか育成されない類の能力である。だが、その種の能力の中身を特定し、必要性の根拠を考察し、効果的に高める方法を考えることは、人的資源開発の観点から実に重要である。

　そこで、まず社会人基礎力とは何かを定義し、次になぜそれが必要かを考え、最後にどう涵養すべきかの提言を試みてみよう。

I　社会人基礎力とは何か

1　概　　念

　社会人基礎力とは、社会すなわち職場や地域で活躍する際に、いわば前提として要求される社会的かつ基礎的な能力を意味する。読み書きそろばんのような基礎学力や、大学や専修学校などで学ぶ専門的な知識、技術技能は、除外する。また、挨拶や誠実さや愛嬌のような、人間行動のごく基本的な要素も、とりあえず除いておく。もちろん、それらの要素と重なりあう部分はあるが、概念としていちおう別個のものだと措定しておこう。

　さらに、社会人「基礎」力はあくまでも基礎的な能力である。だから、社会

で大きな成果を上げる人びとにみられる水準の高いコンピテンシーというよりは、社会でそれなりに活躍する一般の人に不可欠な、普通にみられるコンピテンシーとでもいうべきものである。

つまり、必要条件と十分条件とは区別しなければいけないように、普通にみられるコンピテンシーとして、十分条件でなく、必要条件のほうだけを問題とする。水準の高い上級コンピテンシーのように多くの十分条件が加わったものではない。成果につながる上級コンピテンシーは、いわば「基礎」を超えた第2段階、第3段階の社会人力である。社会人基礎力とは、社会で働いていくうえで、欠けていると困る、ごく基礎的な能力のことを意味する。

2　研究会報告

経済産業省の「社会人基礎力に関する研究会」は、こうした観点から議論を重ねたすえ、2006年のはじめに、さまざまな経歴と意見の委員の間で合意された内容を、まずは中間的見解として発表した（図1参照）。

それによると、社会人基礎力は主に3つの主要能力から成り立つとする。「前に踏み出す力」「考え抜く力」「チームで働く力」である。指示待ち人間は困るとよく指摘されるが、これは前に踏み出していこうとする力が足りない例である。また、マニュアル人間は困るともいわれるが、これは自分なりに考えて工夫する力が足りないことを意味する。そして、自分勝手な一匹狼が敬遠されるのは、チームで協力して働く力の欠如が問題になるからである。指示待ちの姿勢をやめ、マニュアル一辺倒にならず、職場や地域の仲間と協力できることが、社会人に求められる必要条件だとみるのである。

これら主要3能力は、それぞれいくつかの構成要素からなる。

まず「前に踏み出す力」は、物事に進んで取り組む力である「主体性」、他人に働きかけ巻き込む力である「働きかけ力」、そして目標を設定し確実に行動する力である「実行力」からなる。

次に「考え抜く力」は、現状を分析し目的や課題を明らかにする力である「課題発見力」、課題の解決に向けたプロセスを明らかにし準備する力である「計画力」、そして新しい価値を生み出す力である「創造力」からなる。

最後に「チームで働く力」は、自分の意見をわかりやすく伝える力である

図1　社会人基礎力を構成する12の構成要素と主要3能力への分類

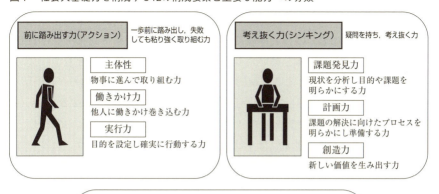

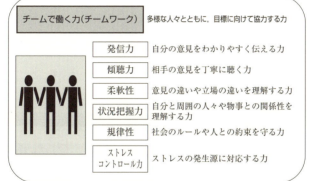

出所：経済産業省作成の説明図

「発信力」、相手の意見を丁寧に聴く力である「傾聴力」、意見の違いや立場の違いを理解する力である「柔軟性」、自分と周囲の人びとや物事の関係性を理解する力である「情況把握力」、社会のルールや人との約束を守る力である「規律性」、さらにストレスの発生源に対応する力である「ストレスコントロール力」からなる。

このように、前に踏み出す力が3つの構成要素、考え抜く力も3つの構成要素、そしてチームで働く力は6つの構成要素からなるので、合計12の構成要素を示し、それらを3群の主要な能力に集約し分類している。

3 戸惑い

以上のような意味での社会人基礎力は、当然、学校教育で成果を上げたり、教室の仲間と円滑な関係を築いたりするうえでも、一定の意味をもつ。だが、知育、体育、徳育を旨とする伝統的な学校教育では、社会人基礎力が正面切った教育目標とされ、正課授業で特別の配慮がなされることは、まずない。

なるほど、生徒会の委員をしたり、クラブ活動の役員をしたり、ボランティア活動に力を注げば、間違いなく社会人基礎力は高まるであろう。たとえば、ボランティア活動の効果として、まさに主要3能力に対応する効果が示されてもいる（図2参照）。しかし、そうした活動をしたからといって、ただちに学

図2　ボランティア活動で育成される能力

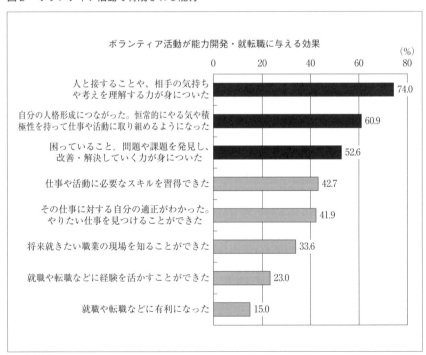

出所：仁部智子「ボランティア活動に関する調査」（法政大学大学院修士論文・2004年）〔ボランティア活動に参加した15-34歳男女253人へのアンケート調査〕より一部抽出

校での成績評価が上がったり、難関校への進学が容易になったりするものではない。それどころか、逆のケースさえ考えられる。

　だから、生徒も保護者も教員も、進学などの目先の成果のため、余分なことをしないで「勉強」に専念すべきだ、と考えてしまう傾向がある。社会人基礎力にあたる能力の育成は、社会に出ていくための準備行動としては大事であるにしても、学校生活の場で正面切っては評価されず、知力や体力の育成に比して、二の次、三の次にされがちなのである。

　こうした事態は、どう考えても、尋常でない。だが、少なからぬ学生や生徒は、学校時代に社会人基礎力を身につけないまま、就職といった場面を迎え、学業成績は決定的な問題でないとか、コンピテンシー面接だなどといわれて、すっかり戸惑ってしまう。多くの社会人が経験的に必要だと感じている要素を面接で急にきかれても、学生や生徒は、これまでそうしたことを意識してこなかったので、困惑するばかりなのである（図3参照）。

図3　就職活動に際しての大学生の「採用基準」などをめぐる戸惑いの例

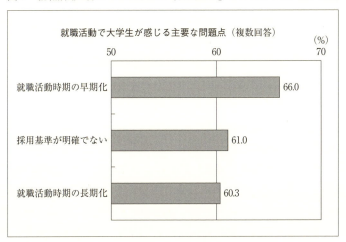

出所：経済産業省による社会人基礎力に関する研究会向けの2005年調査（大学生388人）より抽出作成

Ⅱ　なぜ必要か

1　社会環境の変化

　半世紀前の1955年ころ、日本で働く人びと（就業人口）に占めるサラリーマンなどの雇用者の比率は44％と、半分を切っていた。しかし、高度経済成長を通じてその比率は高まり、今や85％以上と圧倒的な多数となった。雇用社会の到来である。

　かつては自営業者やその家族従業員が大多数を占めており、地域コミュニティーのあちらでもこちらでも、人びとが仕事をしたり、交流したりする姿が日常的にみられた。これらの人びとが地域を支え、地域の子どもたちを見守ってもきた。だが、雇用者には通勤がある。雇用される通勤者を送り出した住宅地では、平日の昼間、働く人びとの姿が異様に少なくなる。地域の教育力が衰えてきた原因の１つは、このような就業人口の構造変化にあった。

　しかも、家庭は核家族化し、世代間交流も親戚づきあいも、疎遠になった。少子化で家庭内の兄弟姉妹の間の切磋琢磨が例外的になる。少なくなった家族の構成員が個室に閉じこもってしまう傾向も顕著である。さらに日本の住宅地などでは、地域において核家族同士で交流する慣行も一般的ではない。こうして子どもたちは、ますます狭い人間関係のなかに閉じこもりがちになって、社会から切り離されたまま成長する。

　そうした問題点への対処を学校がすべて担うことはむずかしい。それどころか、学業やスポーツの振興に過度に目が行きがちになると、当面の成果を出すことには熱心でも、その先にある社会で活躍できるような人材の育成という、学校教育のほんらいの課題に取り組む意識はかすみがちとなる。社会人基礎力の育成に寄与するところの少なくないクラブ活動についても、近年、どれにも参加しないという「帰宅部」所属者が増えてきた。大学でもクラブ・サークル活動への参加者の減少が指摘されている（図４は、進学も仕事も職業訓練もしていないニートなどには、クラブ活動をとくにしていなかった者が多い傾向を示す）。

図4 ニートらとクラブ・サークル活動への不参加率の関係

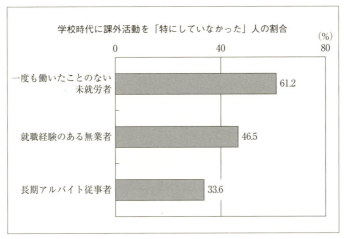

出所：読売新聞社「若者の生活と仕事に関する調査」2006年（全国ネットモニター20～50歳代男女1500人調査）より抽出作成

2 長期化する学校生活

　以上のように、学校を卒業して社会に出るまで、家庭、地域、学校において、社会人基礎力を育成する環境条件が弱まってきている。結局、社会人基礎力は社会に出てから本領を発揮する能力であるように、むしろ職場においてこそ鍛え上げられるべき性格のものかもしれない。

　そのように達観した場合、初職に就く年齢の上昇は、気になる。江戸時代から明治、大正時代までは、10歳ないし12歳ころまでに寺子屋や小学校などでの教育を終え、徒弟や丁稚の修業などを開始した。早々に社会に出ることにより、若くして上司、先輩に鍛えられ、おのずと社会人基礎力も育成された。戦後に中学校まで義務教育化されても、多くの若者が15歳で世に出て、同様に社会人基礎力を涵養できる機会に早くから接した。その後、大部分の若者が高等学校まで進学するようになっても、18歳という多感な10代で社会に出た。

　ところが最近では、中学や高校で学校生活を終える人はむしろ少数派となり、専修学校、短期大学、大学などへの進学が一般化してきた。そうなると、学校

を終えて社会に出るころには20代となる。理系の場合、さらに大学院修士課程への進学が多くみられるようになったので、20代半ばとなって初めて社会に乗り出す。博士課程まで進めば、社会に出るころには30歳近くにもなる。

こうして現代の若者は、家庭でも、地域でも、学校でも、社会人基礎力の育成が必ずしもなされないまま、年齢だけが上がっていく。一般に年齢が高まれば高まるほど、感受性は弱まり、可塑性も低くなるとされるから、こうした事態の含意は深刻である。環境条件の変化と学校生活の長期化によって、社会人としての基礎的な能力の育成が不十分なまま、一定年齢になって初めて社会に出る若者に対して、企業などの現場で不満が高まったとしても不思議でない。

3 高等教育の動き

ここまでに述べてきた事情は、先進国にほぼ共通する事態である。それだけにどの国でも、知識を基盤とするサービス経済社会化が進み、国際競争がますます激しくなる時代に対応する形で学校教育を見直し、若者たちが学校から社会へと円滑に移行し、その後も社会でそれぞれに活躍できるよう配慮しようとしている。

学力だけでなく、社会人基礎力に相当する社会的スキル（social skill）、ソフトスキル（soft skill）、共通スキル（generic skill）などの概念を認め、学校教育や若者の教育訓練において、これらを意識することを求めている。たとえば、米国の大学教育であれば、進学ガイド本も、大学 college のスペルをもじって、C＝communication skills すなわち意思疎通力、O＝organizational skills すなわち組織編成力、L＝leadership すなわち統率力、L＝logic すなわち論理力、E＝Effort すなわち努力・達成力、G＝group skills すなわち集団作業力、そして E＝Entrepreneurship すなわち起業家精神を、大学生活を通じて養うべき課題として挙げる。[1]

---

1) Kaplan Guide : How to Get Into American Universities/2001, p. 107. 同書はこの表現を元々はNewsweek誌の記事からだとするが、論理力 logic を除き、学力的なものがないことは注目される。ちなみに、統率力と起業家精神が前に踏み出す力、論理力と努力・達成力が考え抜く力、意思疎通力と組織編成力と集団作業力がチームで働く力に分類できよう。

Ⅲ　どう涵養すべきか

1　学校生活の見直し

　家庭でも、地域でも、学校でも、社会人基礎力が育たない傾向が目立ち、しかも学校生活は長期化し、社会に出る年齢が高くなった結果、社会人基礎力は放っておいてもいつか身につくものだ、と達観できなくなった。
　そこで近年、長期化する学校生活のなかに意図的に社会人基礎力を育成する仕掛けを導入しようとする動きが起きる。ビジネス・インターンシップの導入だとか、ボランティア活動の推奨などである。顧問教員に手当を支払ったり、学生・生徒に支援したりして、クラブ・サークル活動を活発化するための仕掛けも導入されてきている。どれも学園内外の活動を通じて、自分たちなりに前に踏み出し、考え抜き、チームで協力する体験を積ませようとする動きである。
　学生・生徒にとっての社会経験という意味では、アルバイト経験も重要である。高校入学とともにアルバイトを開始する生徒が増え、大学ではほとんど全員といっていいほど多くの学生がこれに従事する。クラブ・サークル活動が以前ほど活発でなくなった原因の1つは、学園外の「課外活動」であるアルバイトの隆盛にある。
　そうだとすると、アルバイト経験をたんに禁止したり、黙認・放任したりするだけでなく、より積極的に位置づけることも必要であろう。アルバイトを通じて社会人基礎力を体得させるために、学校がどこに目をつけて、どのような点を学び取ればよいかを気づかせるようにし、アルバイト職場も言葉遣い、規律遵守、人間関係の維持開発、基本スキルなどについてもう少し意識的に指導するようになれば、若者の教育訓練、次世代育成の観点から目覚ましい効果をあげることを期待できる。たんなる時間つぶしや金かせぎにとどまらせておくのでは、何とももったいない。
　しかしながら、社会人基礎力の育成を口実に学力の低下が起こるような事態は、避けなければならない。教育機関がもっとも得意とすることは、やはり正課授業である。もちろん、教師の説明をただ受身で聞くばかりの授業方式では、

ほとんどの社会人基礎力は育たない。その改善策として社会人基礎力の視点を入れるならば、授業を知識伝授型から、もっと知識探索型、解決策模索型、グループ学習、自習重視型などへと変えていくことが、必須の課題である。ただし、すべてを実習、演習スタイルに変えることは不可能である。そもそも基本となる知識を伝授する授業方式の効率性と重要性も軽視してはならない。

それだけでなく、学生や生徒がグループを作り、自分たちで調べ、議論し、発表・報告をするといった授業方式がもっと根づくならば、正課授業を通じての社会人基礎力の育成は改善され、モチベーションや問題意識の高い学生・生徒が育っていくことであろう。

2　採用基準の明確化

大学生は採用基準が明確でないと思うのに対して（図3参照）、企業はコミュニケーション能力をはじめとする社会的スキルや思考・行動の特性に注目して採用をしている（図5参照）。もし企業が自分たちの採用基準の意識化、言語的な明示化に努め、学生・生徒、教師、保護者などに対して的確に発信していくならば、これらの関係者は求められる社会人基礎力の育成の必要性を認識

図5　就職の際に企業から注目される主な要素の例

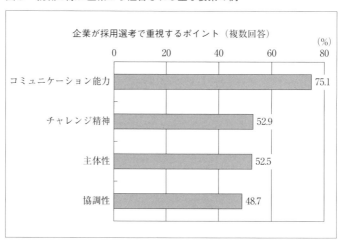

出所：日本経済団体連合会2005年新卒者採用アンケート調査結果（会員企業）から抽出作成

し、その涵養に意を払いはじめることだろう。

経済産業省のホームページ（http://www.meti.go.jp/policy/kisoryoku/index.htm）を閲覧すると、企業が自社の採用したい人材について、社会人基礎力の主要3能力のどれを優先するかなどが掲載されている。職種、経営戦略、時代などにより、優先順位は変わるだろうし、要求水準も異なってこよう。だが、前に踏み出し、考え抜き、チームで協力する基本の力が不要になる事態は考えにくいだけに、この種の明示化、情報公開も意義深い。

3　教育訓練の見直し

社員の採用の仕方が変わっても、教育訓練の考え方、手法の見直し、その後の人材育成の仕方などがともなわなければ、せっかく採用した人的資源を活かすことはできない。そもそも社会人基礎力などの要求はお飾りにすぎなかった、と思われかねない。

新人研修における信号発信としては、知識伝授型の座学は必要最小限にとどめ、グループを編成しての課題解決のための自主的な調査、作業、議論などの要素を取り入れる例が増加しているのは、評価できる。そうした過程で、教育訓練の担当者は、新入社員それぞれがもつ前に踏み出す力、考えて工夫する力、チームで協力する力などの程度をあらためて判定し、長所を伸ばし、欠けている力を補うようにする必要がある。

その際に誤解してはならないことは、社会人基礎力の多くが社会的なスキル（能力）であって、適切な教育、学習、訓練を通じて相当程度、伸ばすことができる事実だ。能力というと先天的かつ生得のものであるかのように誤解し、今さら仕方ないと決めつけてはならない。どれも教育訓練を通じて一定の伸びが期待できる。少なくとも、「基礎力」といった程度にまでは、到達できる可能性が高い。

教育訓練ということでは、パートタイマー、アルバイター、フリーターなどの非正規（非典型）社員にどう対処するかも、避けて通ることができない。採用の基準が異なり、処遇体系が異なり、企業の期待水準が異なる一方、非正規社員の側にも組織や仕事へのコミットメントの意識や行動に正社員との差異があることは、一般論として否定できない。正規、非正規間の処遇均衡という課

題はさておくとしても、社会人基礎力に着目した教育訓練では、その重要性への「気づき」を与えることだけでも業務遂行の姿勢に大きな違いが生まれうる。また、社会人基礎力がコンピテンシーとして成果につながるならば、これを適切に評価することが望まれる。

4　キャリア意識の育成

最近は、キャリア形成支援を重視する企業が増えてきている。個々人の目的意識や動機づけが成果業績に大きく影響する実態に気づいてきたからである。とりわけ、知的、感情的なサービスを提供する事業では、個人がプロ意識をもって学習する姿勢をもたないと、サービスの質は向上しようがない。専門的知識、技術技能の外形的な研修やマニュアルの整備だけでは、実を結ばない。

また一般論として、人材育成のために企業は多くのことを行っているけれども、本当に成果が出ている手法は、ほぼ3種類にとどまる。社員の知識、経験などからして高度と思われる仕事にチャレンジしたとき、同じくより高い水準の責任を負わせたとき、そして、行き当たりばったりの思いつきでこれらに頼るのではなく、能力開発に向けて体系的・計画的に行っていくとき、それぞれ効果が上がったと意識されている。座学に通わせても、上司や先輩が説教をしたとしても、その効果はほとんどない。

社会人基礎力は、座学によってではなく、実際の社会関係、人間関係のなかで仕事を進めることにより、より多く身につく。体得すべきスキルであって、覚えるべき知識ではないからである。それだけに、個々人がキャリア意識をもって日常的な仕事遂行のなかから多くを学ぶ姿勢、それを支える目的意識やモチベーションの涵養が重要となる。

おわりに

家庭、地域、学校、企業のいずれの場においても、前に踏み出し、考え抜き、チームで協力するという社会人基礎力の意義に気づき、意識的になることにより、教育効果は高まり、人間関係や社会関係の改善が進み、仕事の成果も向上すると予想される。

社会人基礎力といった基本となる社会的職業的なスキルは大切である。現に、転職が盛んな米国でも専門家は、「残念ながら専門知識は、採用にあたっての決定的な要因とはなりえないのである。……企業は、協調性のある人間、職場でのチームワークを作り出せる人間、組織を不安定な状態に陥れることのない人間をまず選択する」という[2]。

〔初出：OMNI-MANAGEMENT　16巻10号（2007年）〕

---

[2] ジェームズ・E・チャレンジャー（今道明訳）『ビジネスマンと企業のためのアウトプレースメント［再就職支援］』（TBSブリタニカ・1999年）41頁。

第22章

大学におけるキャリアカウンセリング

I 就職に悩む学生たち

　大学で「職業キャリア論」という講義を2000年から担当している。月曜日の朝1時限という不人気時間帯の科目である。そこで、受講生の特典として、予約をすればキャリア相談に応じている。当然、私のゼミナールに所属する学生たちにも、同様の対応をしている。

　これまで、多くの学生から相談を持ちかけられた。たとえば、授業で勧められた社会保険労務士の試験に受かり、これを足がかりに人材ビジネスの世界に入りたいとした学生（派遣会社のコーディネーターとして就職）、地方公務員上級職と国家公務員Ⅱ種の双方に合格した学生（出身地の県庁に就職）、地方銀行と外資系保険会社から内定をもらい、どちらにするか悩んでいた学生（出身地の地方銀行に就職）、上場企業から内定をもらったが、そのビジネスの社会倫理性に悩んでいた学生（内定を断り他社に就職）、内定式の日程を忘れてしまい、内定を取り消されてしまった学生（ワーキングホリデイで外国体験をしたのち、契約社員を経て、システム・エンジニアとして正社員就職）など、相談のうえでの決断は本人がしたのだが、いずれも印象に残る。

　ある女子学生は、営業が何となく嫌で、かといって一般事務には将来性が感じられず、システム・エンジニアを志望して何社か就職試験を受けた。だが、その多くに落ちてしまった、と泣きださんばかりであった。どれも適性テストではねられ、1社だけ内定をもらったソフトウェア会社には気が乗らなくて断った、という。どうみても当初の希望職種への適性が疑わしく、進路を根本的に考え直す必要があった。何度か話し合ううちに、営業は嫌だとの思い込みが揺らいでいった。長いあいだライフセービングのボランティア活動を続けてお

り、実は人と接し、人の役に立つようなことをするのがむしろ好きで、得意であったのだ。

　そこで次に、サービス経済化と少子高齢化の交差する分野で彼女の持ち味を活かせそうな業界を絞っていき、結局、葬祭業をターゲットにすることにした。遅れ気味の就職活動を一気に挽回するため、業界セミナーに頼ったり、たんなる業界研究に満足するのではなく、独自のヒアリング活動を工夫してみた。持ち前の行動力を活かし、伝統的な業者のみならず、葬祭業ベンチャー、葬儀プロデューサー、葬祭業専門誌、葬儀利用者の会などに幅広く意見を聞いて回り、自分でも地域の葬祭業者の分布図を作ったりした。病院のそばには少なく、むしろ寺院の近くに多く分布することを発見したとの報告には、感心した。

　作戦は功を奏した。最終的には葬祭業の上場企業に就職を決めたのだが、小渕元首相の葬儀を担当した会社からぜひ来ないかと誘われたり、専門誌に調査結果の執筆を依頼されたりと、すっかり葬祭業研究にやりがいを感じ、はまってしまう。ついには、これからの葬祭ビジネスのあり方をめぐって卒業論文を作成するまでに至る。少し誇らしげに報告と謝意を述べる彼女の笑顔に、キャリアカウンセリングの意義と役割を再認識させられた。

II　多様化するキャリア相談

　キャリア相談は、就職対策だけに終わらない。ときには卒業生が転職の相談をしてくるし、大学院進学や留学をめぐる相談もますます増えている。どの学問領域を専攻するか、どこの大学院に進むか、大学院終了後はどうするかなど、現役学生だけでなく、卒業生も相談を求める。社会人大学院の充実は、これまでと大きく異なる、新たなキャリア相談のパターンを作り上げつつある。

　たとえば、ある官庁のキャリア職の人から出向を契機に本格的に勉強しておきたいと相談されたときは、具体的な関心の所在、これまでの履歴、将来計画などを踏まえた結果として、経営系の社会人大学院への進学に落ち着いた。学部では心理学専攻だったが、起業の調査研究で修士論文を書いたようだ。そのほか、医学部への社会人入学をめぐる相談、海外留学先での専攻決定に関する相談、留学先国の選定の相談などもよくある。また、最近増えているものに、

漠然と大学院進学を志望するが、何を専攻するかで迷っている学生がいる。この場合は、就職先選びと同様に、当人の好きなこと、得意なこと、社会的な意義を感じることなどをあげてもらい、これらの交差する領域に関連した学問分野で将来性のあるものを徐々に絞り込んでいく共同作業がいる。

　転職相談では、入社して1～2年の時期に、上司から叱られたり、同僚とうまく協調できなかったりして、仕事を変わりたいと訴える例が多くなってきた。仕事にやりがいを感じないとこぼすので、よく聴くと、自分が期待するほどには周囲から大切にされないことに幻滅している例もある。キャリアの移行期には、誰でもどんな場合でも最初はとまどい、定常状態に入るまでに葛藤を経験するものであるが、かつてのように我慢をし、環境に合わせる努力をするよりは、すぐに見切りをつけてしまう。会社が長期雇用で人材を育成する慣行を弱めてきた流れに呼応した動きでもある。こうした場合には、じっくりと状況を聴くとともに、各人の職業キャリアの戦略計画を話し合う。似たような経験をした先輩の話を聞けるよう、紹介することもある。

　たとえば、最大手のデパートに就職したが、職場が面白くないと相談してきた卒業生は、自己理解と将来計画の作業をした結果、退職して専門学校に入り直し、海外留学も経て、現在は外国人に日本語を教える仕事に就いている。民間企業が性に合わないとして、国家公務員や地方公務員に転職した例もある。3回目の転職先でようやく落ち着き、プロパー社員との間にあった当初の遅れを取り返すや、異業種経験を踏まえた成果を上げていき、むしろ昇進が早くなった例もある。前向きの転職と後ろ向きの転職があるというけれども、キャリア相談にくるような例では圧倒的に前者が多い。

Ⅲ　キャリア意識の未熟な学生たち

　「職業キャリア論」を講義し、また、多くの学生たちからキャリア相談を持ちかけられた経験から痛感するのは、若者たちのキャリア意識の希薄さである。二度とない自分の人生だというのに、どこか他人事で、いずれ何とかなるとばかりに、漠然と意識するだけの学生がかなり多い。いつかは終わらざるをえないモラトリアム期を先延ばししつつ、時代をふわふわと漂流して今を楽しんで

いるようでも、くったくのない表情の下には曖昧な不安感を秘めている。

　学生がそうした思いを突き詰め、自己理解を深めると同時に、変化する職業社会の動向を体系的に学習するために行う講義では、学生各人の自己分析を何度か繰り返させ、周辺の社会人へのインタビューをまとめさせ、授業に招いた数人の社会人のキャリアの過去と現在を分析シートに書かせるなど、学生参加型がとられる。個別のキャリアカウンセリングでは追いつかないマスとしての学生たちに向け、講義という集団的な対応をする。年2回の試験では、キャリア論の知識を問うだけでなく、学生自身がキャリアカウンセラーになったつもりで、高校生や中高年転職者の事例をめぐり、どう相談に応じるかを論じてもらったりする。

　職業キャリア論は、就職講座などではまったくない。職業キャリアさらにはライフ・キャリアを主体的にデザインするために、自分と社会にしっかりと向き合い、より深く自分の人生を考えてもらうためのものである。授業での課題をこなすなかから、自分の修羅場体験を思い起こしたり、両親や親戚の職業キャリアを掘り下げてみたり、あるいは、ゲストのキャリアを分析し、再構成することで、一筋縄ではいかないだけに面白いキャリアのだいご味を知ってもらう。家庭の事情から大学進学をあきらめ、高卒の美容部員となるが、本人と周囲の努力と工夫と協力で、ついには経営幹部となっていく女性社会人の話には、教室中が感動にむせんだ。民間企業に就職し転職もするが、どこか職業人生に納得がいかず、最後に社会福祉法人に行き着いた話、大学を中退してベンチャー企業を起こし、社会にさまざまな仕掛けをつくる活動をしている話、官庁でノンキャリアの専門職として勤め上げたのちは関連する社会的に重要な仕事を非常勤で継続している話など、外見からはごく普通のオジサンやオバサンにすぎない先輩社会人が秘めた、それぞれのキャリアの重みは、学生たちに「あなたはどう生きていくの？」と問う。

　各種の調査では、高校生になってもなお、公務員や医師といった従事者数に限りのある職業や、芸能人、アナウンサー、プロスポーツ選手などの例外的な職業に漠然とあこがれる人が驚くほど多い。将来の職業志望と具体的な進路選択がおよそ整合的でなく、進学でも就職でも、自己理解や現実理解をほとんど踏まえていない。本人も家族も、進学先や就職先でいつか誰かにどうにかして

もらえるのではないかと、受け身の甘い期待をするばかりで、自己や現実と向き合うことを先延ばししている。だから、いざ決断を迫られると、準備不足からうろたえてしまったり、今さら遅いとただただ反省にくれたり、すべてを投げ出して安易な解決手段に逃げ込んだりもする。二度とない人生で何をしたいのか、どう生きたいのか、そのために何を職業とするのか。できるだけ早期から、何度も何度も、自問自答する必要がある。こうした自己理解を踏まえ、経済社会の現在から未来を自分なりに見通して、職業キャリアの選択に進まないと、若者たちは時代を漂流してしまう。

Ⅳ 大学でのキャリアカウンセリングの重要性

　日本の学生は、授業時間外に自ら進んで勉強する者が少ない。多くの学生にとって、日ごろの勉強が将来のキャリア展開にどうつながるかが、まるで実感できないからだろう。就職時の選考では、専攻も学業達成度もさほど評価されず、大学名や熱意、協調性などのほかは一般常識や適性が試される程度である。また、就職時に希望した職種に配属してもらえる保証にも乏しい。理系などを除くと、専門職として働いていく先行きが見通せず、大学での勉強と就職後に必要とされるであろう知識や技能との間に大きな隔たりがある。これでは、大学院進学や資格試験といった特別の目的でもないかぎり、何かしなければと思いつつも、積極的な勉学行動につなげられないのは不思議でも何でもない。

　大学ブランドと偏差値を基準とする進学先選択に終始した揚句に、就職先まで同様の感覚で選ぼうとする学生が多い。そこには自分なりに人生キャリア、職業キャリアをどう設計していくかという視点が欠落している。確かに右肩上がりの経済成長と日本型雇用体系のもとでは、個人が独自のキャリア選択をしなくとも、就職時に入社先を選択しさえすれば、あとは組織主導のキャリア展開にそって、その時どきに与えられた課題をこなしていくだけで、つつがなく職業キャリアを送ることができたのかもしれない。だが、そうした時代は過ぎ去ろうとしている以上、基本に立ち返って自分のキャリアデザインと向かい合うことが必要なのである。しかもその作業は、大学進学時だけでなく、在学中も、就職時にも、さらには職業に就いたのちのおり節にも、繰り返し要請され

るようになった。

　したがって、大学教育においても、学生たちのキャリア意識を高め、キャリアデザインの基礎を固めるのに資する授業科目や、それを支援する個別的な相談体制への配慮が不可欠になってきた。現に、学生相談室での相談内容に、卒業後の進路と学業の関係といった、これまでにないものが増えてきた。キャリアカウンセリングやキャリアコンサルティングの系列の相談である。また、就職部への相談でも、伝統的な就職指導の枠を超えた質問が増加してきて、事情に通じていない教職員では表面的、形式的な回答しかできないため、学生の不満や就職部離れを生んでいるという。相当数の卒業生が大学院、専門学校への進学、海外への留学などをするようになった現在、今までのような「就職」部ではとても手に負えない。

　したがって、いくつかの大学で試みられるとおり、就職部や学生相談室を再編して「キャリア支援センター」といった総合的なサービス提供体制を整備すべき時点にきている。この種のセンターでは、従来の就職部や学生相談室が果たしてきた機能をさらに拡充し、学生たちの主体的なキャリアデザインを支援するために、集合的な形でのキャリア論の講義やセミナーを催し、インターンシップの機会を提供し、個別の学習相談やキャリアカウンセリングにも対応することが望まれる。たとえば、キャリアカウンセリングと連携した科目選択、エクステンション・コースへの参加、インターンシップの体験、キャリア志向のアルバイト選択などのメニューが用意されるならば、学生のキャリアデザインは促進され、ひるがえって勉学意欲も高まることであろう。つまり、これからの時代には、個別の教職員のアドホックな対応にとどまってきた、さまざまなキャリア支援の活動を統合し、体系化して提供する、ワンストップ・サービス機構が不可欠な存在となっていくのである。

〔初出：大学と学生460号（2003年）〕

第23章

アルバイトとキャリア教育
―― 「裏カリキュラム」再評価の視点

I ますます盛んな学生アルバイト

　学生のアルバイトが盛んである。実に盛んである。
　かつては、大学生や高校生にとって学問研究や教育学習の「敵」は、盛んすぎる課外活動であった。クラブ・サークル活動にのめり込みすぎて、授業への出席がままならなくなったり、成績が悲惨になったりする学生は、引きも切らなかった。
　だが、高校以下ではいつしか、塾や習い事やTVゲームなどが優先されはじめ、課外活動を回避する傾向が顕著となった。生徒の部活動でもっとも多いのは「帰宅部」だというヤユも生まれる。当然、その傾向は大学へも持ち越され、大学に入ったからといってそこでの課外活動に参加するわけではなくなり、今や大学生のクラブ・サークル活動率が5割を切ったキャンパスは少なくない。課外活動は、正課教育の敵の地位をすべり落ちつつある。
　代わって広がってきたもののひとつにアルバイトがある。新聞配達や家庭教師といった古典的アルバイトは、まさに氷山の一角にすぎなくなり、学生や生徒はまことに多種多様なアルバイトに従事するようになった。しかも、その日数と時間数は半端ではない。土日を含めて週3日15時間くらいといった許容できそうな範囲、程度をはるかに超えて、毎日のようにアルバイトを入れ、朝な夕なに働きはじめ、はては教室に姿を現さなくなることも珍しくなくなった。今や、アルバイトは正課教育だけでなく、伝統的な課外活動の「敵」ともなってきている。
　実際、大学生が履修科目を選ぶ際に留意する事項には、「興味のもてる科目」と「楽勝科目」（出席を採らなかったり、単位認定が甘かったりする科目）といっ

た科目性格のほか、アルバイトと両立可能な曜日、時間帯におかれた科目という要素が大きくなってきた。それでも、まじめな学生は、授業の合間にアルバイトを入れているわけだが、そうでない場合は逆に、アルバイトの合間に授業を入れている。

かくして、学生たちが友人らからの誘いを断る際の口実として、もっとも幅をきかすのは、学生らしい「授業があるから」ではなく、「バイトが入ってるから」というものになってしまった。「授業だとさぼれといわれちゃうけど、バイトだとみんな仕方ないと思うから」という次第である[1]。

II 中途半端なインターンシップ

アルバイトの繁栄ぶりに比べると、ビジネス・インターンシップの普及具合は見劣りする。

1990年代後半、就職協定が廃止されたころから、徐々に認知されはじめたインターンシップは、学生が社会を勉強し、就職への準備をする機会として、評価が高い。現在では、大学生はもちろんのこと、高校生や中学生に向けたインターンシップも、工夫されてきている。キャリア教育における王道的な手法の一角を形成するに至ったといえよう[2]。

問題は、その量と質である。

量的には、インターンシップを用意する学校・大学数は少しずつ増えてきたが、在学する学生の大部分が参加できるような例は、少ない。在学生数との比

---

1) 担当する「政策研究実習」の2005年度の課題としてアルバイトとキャリアの問題を扱い、男女計80人の大学生にインタビュー調査を行った結果、学生生活に占めるアルバイトの位置の高さをあらためて実感することができた(報告書は、諏訪康雄=依田素味編『大学生のキャリア意識—自分と仕事と学び』(法政大学社会学部・2006年)にまとめられた。本章は主として、そこでの所見に依拠する)。
2) 著者の学部演習の4年生が卒業論文作成のために、法政大学の学生を対象に2004年秋に行った自記式アンケート調査(文理の10学部の3-4年生を対象、有効回答数は828人)によると、インターンシップ授業の有益性については、大いに有益が41%、やや有益45%で、計86%の学生がこれを肯定していた。また、これら学生に出席率を聞いた項目とクロスさせると、大いに有益とした学生が74%、やや有益が77%、あまり有益でない72%、まったく有益でない59%といった出席率の状況だった。

率で、ごく少数の学生だけが参加の機会を与えられるところが、圧倒的に多い[3]。米国のように、6～7割の大学生がインターンシップを経験しつつ、社会に出ていく仕組みにはなっていない。

　また、インターンシップの期間が短い。欧米のような2ヶ月のサマージョブ（夏季休暇中に提供される学生向けの仕事であり、インターンシップの主流をなす）といった事例は、ほとんどない。まして、大学と産業界との協定で、一定の単位が認定されつつ、1年間にわたってインターンシップを体験するといった例は、ほぼ皆無である。通例は、2～3週間程度にすぎない。1週間程度といったものも少なくないし、2～3日ほどという超短期の例も相当にある。

　その結果、質的にも、2ヶ月分の内容をこれほどの短期に盛り込めるはずはないから、結局、企業生活や職業生活のごくさわりの部分を垣間見るか、そうでなければ、人工的に作られた擬似的体験プログラムをこなしただけということにもなってしまう。欧米のサマージョブの場合、2ヶ月という一定期間に及ぶだけに、当初の導入時期を過ぎるとそれなりに、新入社員と同様の水準の仕事を体験でき、また、業務への寄与も期待できる。相応の報酬を支払い、責任ある仕事ぶりを求める企業が多い。良し悪しは別として、採用選考の一環を兼ねていることが多く、企業も学生も真剣だという点を指摘できる。これに比べると、日本のインターンシップは、採用選考とはほとんど関わりがなく、真剣味がそれほどではない場合が大方であるし、いかにもカタログ的で内容に深みが乏しい点も否めない。

　とはいえ、この程度の日本型インターンシップでも、それを経験すると、しないとでは、学生の職業キャリアに向きあう姿勢に差異が生じることが通例である。実務の現場で一定の知識や技能が活用される姿をみて、授業科目の意義を見直す学生も少なくない。

　それだけに、各種の問題点にはしばらく目をつぶり、量的な拡大と質的な充実を模索していくことが有益であろう。

3）　著者の学部演習では、過去3回にわたってインターンシップをめぐるアンケート調査、インタビュー調査を行ったが、1990年代末の時点では経験者が数パーセントだったものが、2005年調査では1割ほどになっているくらいで、なお経験者は相対的に少数だとみられる。

Ⅲ　アルバイトとインターンシップ

　インターンシップが普及しない理由は、学生・生徒を送り出す大学・学校と企業などの受け入れ機関の双方にとって、かなり手間のかかる、面倒なものとなっているからである。これに対する見返りとして、学校教育側にはそれなりの手応えがあっても、採用に直結しない現状では、企業側にとって広報とボランティア意識の充足の程度を大きく超えるものはない。実益に乏しい以上、手間がかかって迷惑だとする現場の声もあって、一部の余裕がある企業やCSR（企業の社会的責任）の意識が高い企業などのほかは、二の足を踏むことが多いようである。こうして、大多数の学生・生徒へのインターンシップの一般化は、相当に先のことと予想せざるを得ない。

　キャリア教育に関わる者にとって、これは残念なことである。この種の教育が座学に終始するのでは、成果に限界があるからである。学生や生徒が現場に立ち、現場で職業人に接しつつ現実の課題に取り組む経験をし、あれこれ悩み苦しみ、工夫をすることから学び取るものは、多大である。

　現実経験に乏しい学生が教室で、見事に整理された体系や理論を教わっても、実感はわかない。心からわかった気にもならない。教員が各種の事例を交えて教える工夫をしたところで、所詮、時代や状況の異なる他人の話なので、どこまで学生の意識に影響を与えるかは、心もとないところがある。やはり個々の学生が自ら体験し、課題に取り組まないことには、生きた知識とはなりがたい。

　したがって大学には、どこでも教育実習担当の教職員がいるように、インターンシップ担当の教職員が必要である。教育実習を行う学生の数と、潜在的なインターンシップ希望学生の数との差異を考えたならば、後者のほうが比較できないほど多い実情にあるだけに、むしろインターンシップ担当教職員にこそより手厚い拡充が求められよう。

　とはいえ、インターンシップを受け入れる企業側の事情からして、大部分の学生にインターンシップを体験させることは、近い将来では絶望的である。それゆえ、この種の体験学習、社会経験をもっと簡単に広めることができないものだろうか。

このように論じてくるならば、誰でも念頭に浮かぶのは、アルバイトの隆盛ぶりである。授業の合間にアルバイトをするどころか、少なからぬ学生がアルバイトの合間に授業に出るようになっているところからして、これをキャリア教育に何とか活用できないものだろうか。アルバイトは、完全に大学などの「裏カリキュラム」と化しているのである。放課後の課外活動が、学園の枠を超え、社会に広がっているとみることも可能だろう。この現状をたんに否定的にとらえるだけでなく、より前向きに活用できないものだろうか[4]。

　そのためには、アルバイトをインターンシップと同様にとらえる視点と姿勢が大事である。

　まず学校側は、アルバイト関係の業務の少なくとも一部を、キャリア教育に関心の乏しい部署の教職員の担当から、キャリア教育に関わる部門の教職員の所管に変える。後者は、アルバイトをキャリア教育の観点から徹底的に見直す。たんなる好奇心、報酬額、通勤の利便性、仕事の内容の容易さなどからアルバイトを選択している現状に対して、専攻や授業の内容との関連性、将来のキャリアデザインとの関わりなどをとらえ返すように、助言や支援を行うのである。一定の視点からアルバイト先の業態や業務内容、仕事内容、職場状況などを分析し、報告書にまとめ、プレゼンテーション、ディスカッションをすれば、一定の単位を認定する仕組みも工夫されてよい。

　しかし、学校側だけがやっきになっても、雇用主側が旧態依然の意識と行動であるならば、多くのアルバイトは、報酬額への期待を大きく超える意義はもつことはできない。少子化により人手不足が加速するなかで、より望ましい若者活用法、若者育成法への関心を芽生えさせ、それを通じて人材確保につなげる意識や、ささやかな社会貢献といった意識などを抱いてもらう必要がある。これには、企業にとっても学生・生徒にとっても、より有益なアルバイトのあり方に関する研究と実践の蓄積を重ねる必要があるけれども、当面は担当教職員の働きかけこそが不可欠であろう。

4）　アルバイトだけでなく、参加する学生数はまだ少ないが、ボランティア活動が包含するキャリア教育上の効果もまた忘れてはならない。たとえば、仁部智子「若年者のボランティア活動とキャリア開発の関係」法政大学政策科学研究所ワーキングペーパー（2006年）、http://www.i.hosei.ac.jp/~hpsci/pdf/WP2006-01.pdf 参照。

行政側にも、理解と支援が求められよう。中心市街地活性化、まちづくり、産業再生などのどれをとっても、若者の関心と参加がなければ、目的を達するのが困難である。次代を担う人材づくりに失敗すれば、日本社会全般や地域社会にとって、未来はなくなる。インターンシップとしてのアルバイトをめぐる条件整備といった問題は、労働法教育といった視点も加味しつつ、行政も乗り出すべき重要な課題となりうるのである。

IV 忘れてはいけない視点

　知育・体育・徳育のうち、知育（いわゆる学業）に偏りがちな学校教育では、クラブ活動もアルバイトも、正課教育の脇に追いやられ、正面切って位置づけることがなされない傾向にある。

　しかし、社会に出て活動をしようとする場合、座学中心の知育で育成された基礎学力や専門知識だけでは、とても太刀打ちできない。一歩前に出て、考え抜き、多くの人とチームで働く力がないと、社会人として周囲から評価され、信頼されることはむずかしい[5]。学校秀才が必ずしも社会で活躍する人にはなれないゆえんである。

　そうだとすると、クラブ活動、アルバイト、ボランティアなどの課外活動をもう一度、学校教育プログラムのなかに位置づける努力と工夫が不可欠だと思われる。

　アルバイトに限って論じてみるならば、授業では期待できない多くの知識、技能、経験などを与える[6]。お金をもらって働くことの大変さ、時間や約束事などの規律を守る大切さ、仕事で要求される知識や技能の不可欠さ、職場の同僚や顧客との人間関係を円滑化するためのコミュニケーション能力の必要性、働く苦しさと歓びなど、意識するとしないとにかかわらず、学生や生徒はさまざ

---

[5] たとえば、『社会人基礎力に関する研究会・中間報告書』（経済産業省・2006年）参照。
[6] 注1）に言及した報告書の238-239頁では、漠然とした就職不安感をもたない者についてアルバイト経験との相関をみており、「アルバイトで具体的なスキルを学んだ」（-0.72）、「アルバイトは就きたい仕事と業種で関連する」（-0.68）などの事項で、はっきりと就職不安感との間に逆相関の関係が出ていた（いずれもp＜0.01）。つまり、アルバイトが有効になされると、就職をめぐる漠然とした不安感を軽減する効果があることが確認できた。

まなことを学んでいる。

　アルバイトをカリキュラムに位置づけることで、これらを意識的にとらえ直し、分析し、総合する教育を加味するならば、短期で中途半端なインターンシップをはるかに上回る効果をあげることも期待できる。何しろ、数ヶ月から何年間かまで、インターンシップをはるかに上回る期間にわたり、報酬をもらい、戦力の一端に組み込まれるだけに、お客様扱いをされずに、上司や同僚に叱られ、顧客から叱責をくらい、時には感謝されたりほめられて嬉しくなったり、自己効力感を高めたりもする、貴重な機会なのである。

　このように、学校も、社会も、また、学生・生徒本人も、社会に出て活躍するのに必要な教育機会、学習機会として、課外活動としてのクラブ活動やアルバイト活動をきちんと位置づけ直し、一定の理解と支援と評価をする仕組みを編成していく必要があると考えるものである。

〔初出：青森雇用・社会問題研究所ニューズレター15号（2006年）〕

◆初出一覧

（本書は、下記の既発表論文等を加筆・修正したものである）

第1章　雇用政策はどこに力を注ぐべきか――現在の雇用問題と国の制度、政策のあり方
〔原題同じ・月刊労委労協638号（2009年）〕

第2章　労働市場法の理念と体系
〔原題同じ・日本労働法学会編『講座21世紀の労働法第2巻 労働市場の機構とルール』（有斐閣・2000年）〕

第3章　能力開発法政策の課題――なぜ職業訓練・能力開発への関心が薄かったのか
〔原題同じ・日本労働研究雑誌514号（2003年）〕

第4章　雇用政策をめぐる断章
〔原題「よく分かる日本の雇用政策」月刊人材ビジネス213号～224号連載（2004-2005年）〕

第5章　労働市場と法――新しい流れ
〔原題同じ・季刊労働法211号（2005年）〕

第6章　雇用戦略と自助・共助・公助
〔原題同じ・労働政策研究・研修機構編『これからの雇用戦略』（労働政策研究・研修機構・2007）〕

第7章　労働をめぐる「法と経済学」――組織と市場の交錯
〔原題同じ・日本労働研究雑誌500号（2002年）〕

第8章　キャリア権の構想をめぐる一試論
〔原題同じ・日本労働研究雑誌468号（1999年）〕

第9章　キャリア権とは何か
〔原題同じ・中央職業能力開発協会編『能力開発最前線』（中央職業能力開発協会・2003年）〕

第10章　キャリア権をどう育てていくか
〔原題同じ・季刊労働法207号（2004年）〕

第11章　職業能力開発をめぐる法的課題――「職業生活」をどう位置づけるか
〔原題同じ・日本労働研究雑誌618号（2012年）〕

第12章　エンプロイアビリティは何を意味するのか
〔原題同じ・季刊労働法199号（2002年）〕

第13章 キャリアデザインとは何か――これからの職業能力形成の方向
  〔原題同じ・世界の労働56巻4号（2006年）〕

第14章 中高年のキャリア展開――キャリアを「資産」として活かすために
  〔原題同じ・かけはし23巻1号（2009年）〕

第15章 内職と在宅就労
  〔原題「内職」日本労働研究雑誌443号（1997年）〕

第16章 テレワークの導入をめぐる政策課題
  〔原題同じ・岡本義行編『政策づくりの基本と実践』（法政大学出版部・2003年）〕

第17章 テレワークという働き方がもたらすもの
  〔原題同じ・新都市61巻7号（2007年）〕

第18章 日本企業とテレワーク
  〔原題同じ・労働基準広報1614号（2008年）〕

第19章 グローバル化時代の若年雇用の方向
  〔原題同じ・世界の労働55巻1号（2005年）〕

第20章 キャリア考現学
  〔原題同じ・労務事情1112号～1116号連載（2007年）〕

第21章 社会人基礎力とは何か
  〔原題「採用の決定要因にならない専門知識。真価を発揮するのは『社会人基礎力』」OMNI-MANAGEMENT16巻10号（2007年）〕

第22章 大学におけるキャリアカウンセリング
  〔原題同じ・大学と学生460号（2003年）〕

第23章 アルバイトとキャリア教育――「裏カリキュラム」再評価の視点
  〔原題同じ・青森雇用・社会問題研究所ニューズレター15号（2006年）〕

事項索引

●あ行

ILO（国際労働機関） *18*
　──2号条約（失業に関する条約・1919年） *18*
　──34号条約（有料職業紹介所に関する条約・1933年） *18*
　──57号勧告（職業訓練に関する勧告・1939年） *46*
　──60号勧告（徒弟制度に関する勧告・1939年） *46*
　──96号条約（有料職業紹介所に関する条約・1949年改正） *18*
　──117号勧告（職業訓練に関する勧告・1962年） *46*
　──122号条約（雇用政策に関する条約・1964年） *18*
　──142号条約（人的資源の開発における職業指導及び職業訓練に関する条約・1975年） *46*
　──168号条約（雇用の促進及び失業に対する保護に関する条約・1988年） *18*
　──175号条約（パートタイム労働条約・1994年） *248*
　──177号条約（在宅形態の労働条約・1996年） *248*
　──181号（民間職業仲介事業所に関する条約・1997年） *18,69*
ICT（情報通信技術） *252,271,279*
アウトソーシング *273*
委託募集 *22*
引退年齢の自己決定 *76*
インターンシップ *72,331*
インフォーマル・セクター *246*
エイジフリー *76*
エンド・キャリア *238*

エンプロイアビリティ *104,208*
OJT *3,289,295*
Off-JT *3,289,295*
親方 *148*

●か

外国人労働者 *80*
外部労働市場 *20,146*
学習権 *30*
学生のアルバイト *330*
家事労働 *246*
学校教育 *41*
学校教育制度 *148*
家内労働 *244,252*
家内労働条約 *248*
完全雇用の達成 *27*
完全就業 *62*
監督者訓練課 *46*

●き

機会費用 *228*
企業別労働組合 *3*
技術技能 *74*
規制緩和論 *24*
基礎法学 *125*
帰宅部 *316*
気づき（社会人基礎力の重要性への） *322*
技能課 *46*
技能形成 *144*
キャリア
　──の転機 *108*
　──は財産 *148,150*
　過去形の── *76,234*
　現在形の── *76,234*
　未来形の── *76,234*

キャリア意識　322
キャリアカウンセラー　224
キャリアカウンセリング　14,72,328
キャリア学習　229
キャリア教育　73,309
キャリア形成　52
キャリア権　89,107,144,167,171
キャリアコンサルタント　14,103,106,224
キャリア自律　239
キャリア選択制　72
キャリア戦略　65,115
キャリア断絶　231
キャリアチェンジ　231
キャリアデザイン　190,227
キャリア展開　68
キャリアパス　156
キャリアプランニング　227
キャリア保障　156
キャリアリスク　107
旧職業訓練法　46
求人広告　69
教育訓練　39
教育訓練給付制度　42,103
教育訓練命令権　42
競業避止　156
共助　100,107,112,204
勤労動員署　22

●く
口入れ屋　69

●け
慶安（桂庵）　69
経済協力開発機構（OECD）　59
ケインズ経済学　127
憲法
　──13条（幸福追求の権利）　17
　──18条（奴隷的拘束・苦役からの自由）　17
　──22条1項（職業選択の自由）　17
　──25条1項（生存権）　16
　──27条1項（勤労権）　16

●こ
公共職業安定所　22
公共職業訓練施設　44
公助　100,107,113,204
工場法　148
高年齢者雇用安定法　17
後発効果　149
高齢者活用　75
高齢者雇用　74
国際基準　95
国際労働機関　→ ILO
国際労働機関の目的に関する宣言　18
個人情報保護　93
コーチング　106
国家総動員法　45
個別的労働関係　37
コミュニティ・カレッジ　20,205,224
雇用慣行の変容　145
雇用継続措置　99
雇用システム　16
雇用社会　262
雇用政策　2
　狭義の──　2
　広義の──　2
雇用戦略　112
雇用対策法　17,23
雇用調整給付金　63
雇用の安定　27,63,108
雇用の流動化論　146
雇用は財産　148
雇用保険法　17
雇用保障　149
雇用ポートフォリオ　72
コントラクト・アウト　265
コンピテンシー　312

●さ

再教育訓練　*107*
在宅勤務　*248, 251*
サテライトオフィス　*268*
産業構造の転換　*83*

●し

自営社会　*262*
自己規律　*266*
自己実現　*149*
　──の権利　*32*
自己投資　*103*
仕事と生活の調和　→　ワーク・ライフ・バランス
自助　*100, 107, 112, 204*
市場原理主義　*102*
市場の失敗　*94*
社会人基礎力　*233, 311*
社会人大学院　*224*
社会法　*129*
社会保障制度　*148*
社会連帯　*15*
就業可能性　*62*
就業継続　*74*
終身雇用　*3*
就労請求権　*156*
準内部労働市場　*52*
生涯学習　*31, 41*
障害者雇用促進法　*17*
消極的労働市場政策　*18*
情報通信技術（ICT）　*252, 271, 279*
処遇の均衡　*106*
職業安定法　*17, 23*
職業キャリア　*144, 149*
職業キャリア権　*176*
職業キャリア論　*309, 326*
職業訓練局　*46*
職業社会　*72, 167*
職業紹介所　*18*
職業紹介法（1921年）　*21*

職業人生　*65*
職業生活　*40, 76, 104, 189*
　──の安定　*108*
職業生活設計　*42*
職業大学院　*20*
職業の安定　*27, 107*
職業能力開発　*3*
職業能力開発協会　*42*
職業能力開発局　*46*
職業能力開発促進法　*17*
職業能力検定　*39*
職業補導課　*46*
職業倫理　*266*
職住分離　*263*
職人　*148*
職務は財産　*148*
女性活用　*74*
女性の活躍　*77*
ジョブ・カード　*14, 73*
ジョブカフェ　*72*
人口オーナス　*13*
人口ボーナス　*10*
人材開発競争　*105*
人材ビジネス　*92*
人事権　*107*
人事戦略　*115*
人的資源　*5, 14, 104*
人的資本　*5*
人的資本論　*128*
人的ネットワーク　*74*

●せ

成果主義　*3*
生活保障　*149*
政策形成力　*84*
精神的規定　*194*
制度派経済学　*127*
政府の失敗　*94*
セクシュアル・ハラスメント　*78*
積極的労働市場政策　*18*

専門家による個人支援　78

●そ
ソフトロー　194
SOHO　269

●た
ダイバーシティ・マネジメント　72
多様性の保障　86
単純労務者　80
団体的労使関係　37

●ち
地域間移動　82
地域雇用開発促進法　17,98
地域雇用計画　83
地域雇用政策　82
地域労働市場　82
知識社会　5
仲介機能　94
陳腐化　74

●て
適職選択　73
テレコミューティング　251
テレワーカー　258
テレワーク　250,268,279
転職支援　75
転職市場　70

●と
統計的差別　77
統制経済　21
徒弟　148
トライアル雇用　72
努力義務　194

●な行
内職　244
内部労働市場　20,144

ナショナル・ミニマム　28
ニート　71
日本型雇用慣行　3,144
日本型デュアリズム　73
ネガティブ・リスト方式　23,91
年功序列　3
年齢差別禁止法　75

●は行
配置転換　232
ハローワーク　94
非典型雇用　71
秘密遵守　156
不法就労　79
プログラム規定　27,152
変化対応能力　203
法解釈学　125
法と経済学　122
ポジティブ・リスト方式　23,91

●ま行
マッチング機能（就職・転職）　224
マルクス経済学　127
ミスマッチ（労働力の需要と供給の）　88
ミッド・キャリア（世代）　235,238
民営職業紹介　18
無料職業紹介制度　21
モバイルワーカー　258
モバイルワーク　251

●や行
有料職業紹介所　18

●ら行
理論法学　125
労使関係　15
労働義務　151
労働権　148
労働市場　2
労働市場サービス事業　23

労働市場法　*16*
労働者供給事業　*22*
労働者派遣法　*17, 23*
労働力移動　*63*
労働力の供給サイド　*87*

労働力の需要サイド　*87*
労務統制　*21*

●わ行
ワーク・ライフ・バランス　*78, 86, 288*

著者紹介

諏訪　康雄（すわ　やすお）
- 1970年　一橋大学法学部卒業
- 1972年　一橋大学大学院法学研究科修士課程修了
- 1974年～1976年　ボローニャ大学留学
- 1977年　東京大学大学院法学政治学研究科博士課程単位取得退学
　　　　　法政大学社会学部専任講師、助教授、教授を経て
- 2004年　法政大学大学院政策科学研究科教授
- 2008年　法政大学大学院政策創造研究科教授
- 2009年　労働政策審議会会長
- 2013年　法政大学退職、法政大学名誉教授
- 2013年　中央労働委員会会長

主　著　『雇用と法』（放送大学教育振興会・1999年）
　　　　　『労使コミュニケーションと法』（日本労働研究機構・2001年）
　　　　　『キャリア・チェンジ！』（編著、生産性出版・2013年）

雇用政策とキャリア権―キャリア法学への模索

2017（平成29）年2月15日　初版1刷発行

著　者　諏訪　康雄
発行者　鯉渕　友南
発行所　株式会社　弘文堂　101-0062　東京都千代田区神田駿河台1の7
　　　　　　　　　　　　　　TEL 03(3294)4801　振替 00120-6-53909
　　　　　　　　　　　　　　http://www.koubundou.co.jp

装　丁　宇佐美純子
印　刷　三美印刷
製　本　牧製本印刷

© 2017 Yasuo Suwa. Printed in Japan
JCOPY 〈（社）出版者著作権管理機構　委託出版物〉
本書の無断複写は著作権法上での例外を除き禁じられています。複写される場合は、そのつど事前に、（社）出版者著作権管理機構（電話03-3513-6969、FAX 03-3513-6979、e-mail:info@jcopy.or.jp）の許諾を得てください。
また、本書を代行業者等の第三者に依頼してスキャンやデジタル化することは、たとえ個人や家庭内での利用であっても一切認められておりません。

ISBN978-4-335-35454-0